Collection dirigée
par Gérard Vigner

Fatima CHNANE-DAVIN et Jean-Pierre CUQ

Enseigner la francophonie : principes et usages

hachette
FRANÇAIS LANGUE ÉTRANGÈRE
www.hachettefle.fr

Collection F

• Titres parus

Collection dirigée par Gérard Vigner

Interactions, dialogues, conversations : l'oral en FLE, É. Jouis, É. Ravazzolo, V. Traverso, G. Vigner
Systématisation et maîtrise de la langue : l'exercice en FLE, G. Vigner
Inclure : français de scolarisation et élèves allophones, G. Cherqui, F. Peutot
Élaborer un cours de FLE, J. Courtillon
Enseigner la prononciation du français, B. Lauret
L'enseignement en classe bilingue, J. Duverger, édition revue et corrigée
Le français sur objectif spécifique, J.-M. Mangiante, Ch. Parpette, édition revue et corrigée
Faire classe en FLE, Une approche actionnelle et pragmatique, J.-P. Robert, É. Rosen, Cl. Reinhardt
L'intercompréhension : une autre approche pour l'enseignement des langues, S. Caddéo, M.-Ch. Jamet
La littérature en classe de FLE : état des lieux et nouvelles perspectives, J.-M. Defays, A.-R. Delbart, S. Hammami, F. Saenen
Paroles et musique : le français par la chanson, L. Gourvennec
Formation en ligne et MOOC : apprendre et se former en langue avec le numérique, F. Mangenot
Classe de FLE multiniveaux et pédagogie différenciée, C. David, D. Abry
Pratiques d'écriture : Apprendre à rédiger en langue étrangère, M.-O. Hidden
Lire et comprendre en FLE : textes et démarches d'apprentissage, E. Riquois
Le BELC : 50 ans d'expertise au service de l'enseignement du français dans le monde, collectif, en collaboration avec France Éducation international
Enseigner le français aux adultes migrants, H. Adami
Le fait culturel en classe de FLE, É. Argaud
Français et langues du monde : comparaison et apprentissage, D. Levet, E. Soare, A. Zribi-Hertz

Hors-série

L'enseignement des langues étrangères, L. Porcher
Professeur de FLE, F. Barthélemy
Le rythme du français parlé, D. Pagel, É. Madeleni, F. Wioland
Démarche qualité et évaluation en langues, P. Riba, B. Mègre

• Sur le site www.hachettefle.fr

➤ Retrouvez les podcasts de la collection F pour entrer dans l'univers du FLE à partir d'un titre de la collection.
➤ Consultez le résumé et le sommaire des titres en vous inscrivant sur le site.

Collection « Pratiques de classe »

Elle s'adresse aux enseignants et aux formateurs de FLE, débutants ou confirmés. Elle propose des démarches et des activités qui sont le résultat de l'expérience d'enseignants de FLE.

Jouer, communiquer, apprendre, F. Weiss
Photos-expressions, F. Yaiche

Collection « Pratiques de classe » sous la direction de Martine Stirman

Oral et gestion du tableau, E. Daill, M. Stirman
Écrit et gestion du tableau, E. Daill, M. Stirman
Animation et médiation, V. Lemeunier, M. Stirman

Édition : Christine Delormeau
Conception graphique et couverture : Amarante, Atelier des 2 Ormeaux
Réalisation : Atelier des 2 Ormeaux (Franck Delormeau)

ISBN 978-2-01-628653-1

Sommaire

Deuxième partie : Aspects méthodologiques

4. La francophonie : du savoir à la compétence

5. Appréhender les contextes d'enseignement

6. Principes méthodologiques

Troisième partie : Aspects pédagogiques

7. Francophonie, francophonie, variation linguistique

8. Culture anthropologique et francophonie

9. Culture savante : la littérature

10. Culture savante : la chanson et le cinéma

11. Approche actionnelle et projets pédagogiques

12. Ressources numériques

INTRODUCTION

Parmi les quelques milliers de langues du monde, le français a le rare privilège d'être une des langues les plus parlées et les plus répandues sur la planète. C'est pour ceux qui le parlent et pour ceux qui l'apprennent, la chance de participer à l'une des communautés linguistiques et culturelles les plus larges et les plus diversifiées.

Mais cette langue qui permet à quelques centaines de millions de personnes de communiquer entre elles est loin d'être un objet monolithique. Telle que nous la connaissons aujourd'hui, elle est le produit d'une évolution interne et de l'histoire que les hommes qui la parlaient avant nous ont dessinée pour elle, pour le meilleur mais aussi parfois pour le pire. Comme l'eau des torrents use et façonne insensiblement les galets, chaque bouche qui la parle, chaque oreille qui l'entend, la transmettent et la transforment. Et comme l'eau des grands fleuves, chaque goutte transporte aussi avec elle un peu de la terre où elle coule. Une mais jamais vraiment la même, pleine d'alluvions diverses, elle enrichit hommes et territoires où elle passe, parfois bien loin de sa source. Comme l'eau est un unique élément, le français est une seule langue mais il n'est pas partout exactement le même. De même, si la culture de France en est souvent prise pour le prototype, elle n'en est pas, tant s'en faut, l'unique dépositaire.

Il nous semble que l'enseignement du français pourrait être encore plus enrichissant s'il tenait davantage compte de cette diversité, dont on peut réunir les éléments sous le vocable de francophonie. Cependant, un tour d'horizon des publications tant en français langue maternelle qu'en français langue étrangère ou seconde ne nous a pas permis de trouver un ouvrage qui réunisse de façon théorique et pratique les moyens de cet enrichissement.

L'ambition de ce livre est donc de fournir à tous les enseignants et à tous les étudiants qui se destinent à enseigner le français comme langue maternelle, étrangère ou seconde des éléments qui leur permettront d'élargir le champ de référence linguistique et culturel de leur enseignement du français. Bien entendu, tous les aspects de la francophonie ne pourront être traités, mais il s'agit avant tout de montrer comment développer un réflexe méthodologique nouveau et de donner des pistes et des exemples pédagogiques qu'il leur faudra actualiser en fonction du contexte fin de leur enseignement. Il s'agit aussi, et peut-être surtout, grâce à cet élargissement même, de contribuer à faire naître et à fortifier chez chaque apprenant de français le sentiment qu'il participe à un ensemble qui le respecte et auquel il a vocation à apporter légitimement sa contribution : c'est ainsi que le terme de *communauté* linguistique et culturelle prend son sens.

Au fur et à mesure de la lecture de ce livre, chaque enseignant s'apercevra bien entendu que la francophonie n'est pas pour lui une terre inconnue : les savoirs que chaque enseignant de français a acquis dans sa formation comme professeur de français langue maternelle, de langue étrangère ou de langue seconde, sa connaissance intime de la variété de langue française qu'il pratique sont des savoirs par nature francophones et constituent des bases solides qu'il suffit parfois seulement de compléter sur tel ou tel aspect. C'est pourquoi nous avons choisi, avant même le premier chapitre, de proposer un petit test qui permettra à chacun de faire un premier état des lieux de ses connaissances en matière de francophonie, de situer son contexte d'enseignement et ses apprenants dans le monde francophone.

C'est que l'avantage d'adopter une perspective francophone dans l'enseignement du français est de faire de chaque situation d'enseignement un point de départ possible à partir duquel s'organisent les divers aspects linguistiques et culturels de la langue. De ce fait, le français de France et des pays de français langue maternelle deviennent, avec leurs légitimes spécificités qu'il ne s'agit pas de minimiser ou de dévaloriser, des contextes comme les autres et non plus seulement des images qui cristallisent parfois trop les attentes ou les déceptions des autres apprenants du français.

On le voit, il ne s'agit pas seulement de connaissances : acquérir le réflexe méthodologique d'élargir son enseignement du français conduira l'enseignant à se doter d'une compétence nouvelle, qu'il partagera avec ses élèves et qu'on peut appeler la compétence francophone. C'est pourquoi nous avons conçu ce livre en trois parties complémentaires, qui correspondent à notre conception générale de la didactique des langues vivantes. La première partie est composée de trois chapitres qui proposent des repères factuels théoriques destinés à alimenter la réflexion méthodologique sur laquelle est centrée la seconde, composée elle aussi de trois chapitres. Elle donne les cadres des propositions pédagogiques qui sont l'objet des chapitres de la troisième partie.

Après avoir défini le sens du mot *francophonie*, le **chapitre 1** retrace rapidement le processus historique qui a conduit à l'état géographique et institutionnel de la francophonie contemporaine. Le lecteur y trouvera les connaissances de base dont il a besoin pour situer et mettre en perspective les points sur lesquels il désire faire travailler ses élèves.

Le **chapitre 2** montre en quoi la francophonie est marquée par la diversité. Certains francophones ont le français comme langue « maternelle », vocable convenu pour dire qu'ils l'ont reçu en héritage dans leur premier cercle de socialisation. D'autres l'ont appris dans un pays où ils ont immigré ou dans un pays où l'Histoire les a amenés et où ils sont restés après les décolonisations : ce sont les francophones de langue seconde. D'autres enfin ont choisi de l'apprendre parmi d'autres langues étrangères. Tous usent de la langue de façon fondamentalement identique mais à chaque fois un peu particulière, à l'oral mais aussi à l'écrit.

Le **chapitre 3** montrera à partir d'une large enquête effectuée par la Fédération Internationale des Professeurs de Français (FIPF) comment la francophonie est appréhendée par les enseignants de français dans le monde. Il posera aussi la question de la nécessaire réflexion éthique qui doit accompagner tout enseignement d'une langue étrangère ou seconde et se demandera enfin dans quelle mesure la francophonie peut être un objet didactique.

La deuxième partie ouvre la réflexion méthodologique par le **chapitre 4** qui montre comment à partir d'une simple prise de conscience, un enseignant de français a intérêt à élargir sa palette d'enseignement à une dimension francophone, à une sorte de réflexe dans le choix de ses références qui se transforme alors en une véritable compétence. Il traite du rapport intrinsèque de la francophonie au plurilinguisme et à la diversité culturelle, notamment par le biais de la littérature.

Le **chapitre 5** étudie la manière dont les savoirs enseignés sont tributaires d'un ajustement dans le temps et comment l'enseignant peut en tenir compte et appréhender le contexte d'enseignement dans lequel il se situe.

L'objectif du **chapitre 6** est de proposer des principes méthodologiques pour la mise en place d'un enseignement de la francophonie dans le contexte de français langue maternelle, de français langue seconde et de français langue étrangère qui ont été définis dans les chapitres précédents.

Nous avons volontairement donné une grande importance aux aspects pédagogiques, qui sont l'objet de la dernière partie de l'ouvrage, en leur consacrant six chapitres. Ils sont construits autour d'entrées qui se retrouvent régulièrement dans chacun d'entre eux et qui structurent l'intervention pédagogique dans l'objectif de définir, de s'informer, d'analyser, et de concevoir. Ils s'organisent en trois phases :

- **Découvrir** en situation de recherche la thématique, le contexte, les contenus et les catégoriser (savoir linguistique ? culturel ? historique ? géographique ?...) ;
- **Retenir** l'essentiel des savoirs et savoir-faire pour réaliser des tâches ;
- **Réinvestir** les apprentissages dans de nouvelles situations d'innovation et de créativité pour aller vers la tâche finale. Les chapitres de cette dernière partie proposent systématiquement des activités ou des pistes d'activités qui ne sont pas des fiches pédagogiques mais qui sont destinées à présenter les éléments de savoir et des références qui permettront à chaque enseignant de bâtir ses propres fiches en fonction de son contexte propre, du niveau de ses élèves (que ce soit en FLE-FLS ou en FLM) ou de leur âge. C'est à lui de fixer à chaque fois les modalités des activités et des projets, le nombre des séances et le temps imparti à chacune, la part du travail en classe et du travail en autonomie.

Les objectifs pédagogiques du **chapitre 7** sont de montrer comment on peut faire découvrir le monde francophone aux élèves et de les faire entrer dans son univers culturel et linguistique. Le chapitre fournit des éléments qui permettent d'aborder en classe la distinction entre la Francophonie (institutionnelle) et la francophonie (culturelle et linguistique). Il initie également à l'étude des variations linguistiques, notamment sur le plan phonétique et sur le plan lexical, qui sont les plus immédiatement accessibles aux élèves.

Le **chapitre 8** montre plus particulièrement comment entrer concrètement dans les aspects culturels de la francophonie. Il s'agit de découvrir et de comprendre les spécificités culturelles des autres francophones et par là même, en creux, certains aspects de sa propre identité.

Les **chapitres 9** et **10** abordent des aspects de la culture francophone dite savante ou cultivée. Le chapitre 9 s'attache spécifiquement à la littérature. Il insiste particulièrement sur le choix des supports et des thèmes qu'on peut traiter en classe et propose un parcours dans les différentes littératures de langue française. Le chapitre 10 est consacré à d'autres aspects artistiques de la francophonie : la chanson et le cinéma, très exploités en classe de langue.

Le **chapitre 11** complète sur le plan pédagogique la partie « Tâche finale et projet de classe » du chapitre 6 mais avec une spécificité : il s'agit de concrétiser les pistes de l'élaboration de projet pour réinvestir les apprentissages et enrichir les connaissances par une recherche documentaire sur la francophonie dans le monde. Ce travail s'inscrit dans une pédagogie active et de projet.

Enfin, le **chapitre 12** s'attache plus particulièrement au numérique. On y montre comment le numérique peut être au service de la francophonie et on y donne des propositions de pistes de ressources pédagogiques sur Internet.

Ce livre peut être utilisé de plusieurs manières. L'idéal est bien sûr, en première lecture, de suivre le fil de la cohérence qui a guidé sa conception. Mais dans un second temps, il peut être utilisé comme une sorte de manuel d'enseignement de la francophonie, non pas sur le mode du « prêt à enseigner », mais dans lequel chaque chapitre peut être repris indépendamment des autres pour une adaptation et une exploitation en classe. Les auteurs espèrent en tout cas qu'il permettra aux enseignants de français de mieux connaître la francophonie, de la percevoir de manière moderne et lucide, et comme une ouverture à l'altérité offerte à leurs élèves.

Test

Connaissez-vous l'enseignement de la francophonie ?

Répondre à ce questionnaire vous permettra de tester vos connaissances et de situer votre contexte et vos apprenants par rapport à cet enseignement.

0. Contexte

Pays : ______________________________

Profession : ______________________________

Âge : ______________________________

Niveau d'études de vos élèves : A1 ? A2 ? B1 ? B2 ? C1 ? C2 ?

1. Citez tous les mots qui évoquent pour vous la francophonie ?

____

____

____

____

____

2. Pouvez-vous définir les termes suivants ?

Francophonie : ______________________________

____

francophonie : ______________________________

____

Aires francophones : ______________________________

____

Exemples : ______________________________

____

Culture francophone : ______________________________

____

Didactique de la francophonie : ______________________________

____

Compétence francophone : ______________________________

____

Éducation interculturelle francophone : ______________________________

____

3. Enseignement de la francophonie :

Avez-vous été formé à la francophonie ? ______________________________

Si oui, comment ? ______________________________

____

Citez des références pour aider à enseigner la francophonie.

____

____

Pouvez-vous citer des exemples de contenus ?

____

____

Citez 5 pays francophones proches de votre contexte et 5 très éloignés de votre contexte.

____

____

Quel rapport établissez-vous entre francophonie et mondialisation ?

Quel rapport établissez-vous entre francophonie et interculturalité ?

4. Dans le cadre de votre enseignement, avez-vous besoin de vous informer sur la francophonie ?

Ce concept est-il utile pour vous ?

Connaissez-vous l'histoire de la francophonie ?

Pouvez-vous citer une institution spécialisée dans la francophonie ?

Que signifie pour vous « être francophone » ?

5. On vous propose une formation à la *francophonie*, quelles sont vos attentes ?

1

De la francophonie à la Francophonie

L'objectif de ce chapitre n'est pas de refaire en détail ce que d'autres ouvrages, dont on trouvera les plus importants en bibliographie, font régulièrement depuis plusieurs décennies maintenant. Il est seulement de donner aux enseignants le minimum de repères factuels dont l'absence rendrait difficile toute réflexion didactique sur la francophonie.

1. Le sens des mots

Malgré son âge relativement jeune (il aurait été créé en 1880 par le géographe français Onésime Reclus), le terme *francophonie* est devenu aujourd'hui assez banal : on le lit parfois dans les journaux et on l'entend à la radio ou à la télévision, au moins le 20 mars, jour où on « *fête* » la francophonie en une Journée internationale de la Francophonie, et lors d'événements politiques médiatisés. Mais de quoi parle-t-on réellement lorsqu'on utilise le mot *francophonie* ?

La lexie *francophonie* est composée des deux lexèmes *français* et *phonie* dont la signification est en apparence, mais en apparence seulement, évidente.

La dérivation en *-phonie*, aujourd'hui couramment comprise au sens du *fait de parler régulièrement la langue désignée par le premier terme de* *la composition*, ici le français, est elle-même le produit d'une évolution sémantique issue du grec ancien φωνή (*phônê*) qui signifiait la *voix*, et qu'on retrouve dans de nombreux dérivés appartenant à la langue « savante », comme *phonème*, *phonétique*, ou *phonologie*, chez les linguistes, *aphone* ou *phoniatre*, en médecine, ou à la langue technique comme *téléphonie*.

Bien que le lexème libre « phonie » soit très rare et n'ait jamais exactement ce sens, on a gardé du sens initial de voix la valeur générale d'oralité lorsqu'il entre en dérivation : les composés terminés par *-phonie*, désignent donc d'abord un élément en rapport avec le fait de parler.

Même si le travail sur l'oral en français a récemment pris une certaine importance dans le système scolaire, ce n'est pourtant pas la partie orale de la langue qui est prioritairement visée par le ministère français de l'Éducation nationale lorsqu'il utilise le terme *francophonie*, mais la langue écrite, dans la *littérature francophone*. Une petite place lui est ainsi faite dans les programmes de lycée proposés par le Conseil supérieur des programmes. Pour la classe de Seconde, on peut lire (p. 13) que le professeur proposera « un tableau varié de la littérature française et francophone » et pour la classe de Première on trouve aux pages 24-25 que « dans la mesure du possible [...] le professeur veille à ménager, parmi les lectures proposées aux élèves, des ouvertures vers les littératures francophones et étrangères, depuis les textes fondateurs de l'antiquité jusqu'aux grands textes de la littérature moderne et contemporaine, en s'appuyant sur des traductions de qualité ». Bref : *une ouverture dans la mesure du possible*, et dans le rayon des littératures étrangères ou antiques, en un mot lointaines dans le temps ou dans l'espace. Faut-il aussi une traduction ? On salue l'ouverture mais on mesure la prudence...

En France au moins, *enseigner la francophonie*, c'est donc d'abord faire une (petite) place à l'écrit littéraire en français. On devrait donc plutôt dire dans ce cas : enseigner la *francographie*. On reviendra longuement dans ce livre sur l'intérêt de la littérature, qu'il ne s'agit bien entendu nullement de déprécier. Mais la francophonie ne se résume pas à la littérature : il s'agit aussi des cultures des gens qui vivent et qui disent tout ou partie de leur vie en français.

Car c'est bien le français qui donne son nom à cette « phonie » particulière. Et il n'est pas de français que de France. De même qu'il a connu des variations dans son histoire (*variations diachroniques*), le français connaît aussi des variations dans l'espace où on le parle et où on l'écrit (*variations diatopiques*). L'intérêt de ce qu'on appellera d'une façon un peu raccourcie mais commode un *enseignement de la francophonie* est de montrer aux apprenants qu'il n'est pas une seule façon de dire ou d'écrire le français mais une grande variété d'accents, de vocabulaire et même de structures syntaxiques, et surtout que ces variétés disent des cultures et des hommes. Enseigner la francophonie, c'est avant tout ouvrir à une altérité accessible par le partage d'une langue commune.

2. Le développement historique et géographique de la francophonie

2.1. La France, un pays francophone et multilingue

La francophonie est un héritage paradoxal de l'expansion de la langue française et de la colonisation. Si on le considère au sens large, le fait de parler français est d'abord le résultat de l'expansion et de la création continue de la langue française en France même et en Wallonie.

Bien des Français ne parlent que le français : ils sont francophones monolingues. Mais de plus en plus de Français parlent aussi, à des degrés divers, deux ou plusieurs langues : ils sont francophones bi- ou plurilingues. Ces langues autres que le français peuvent être soit apprises à l'école comme langues étrangères soit des langues de la famille. Ce sont des langues dites régionales, parce qu'elles coexistent depuis toujours avec le français dans les régions, ou bien des langues de l'immigration.

Il y a des endroits de l'Hexagone où une partie plus ou moins importante de la population parle encore régulièrement une langue régionale : en Alsace, en Corse, au Pays basque et en Bretagne par exemple. Dans d'autres provinces, comme en Provence ou dans le Languedoc, l'utilisation quotidienne de ces langues est plus faible mais partout l'École propose maintenant, même si c'est de façon réduite, des possibilités de les apprendre à ceux qui le désirent. Globalement, en grande partie à cause des guerres où s'est produit l'amalgame des soldats venus de toutes les régions dans les armées et grâce à l'action de l'École, on peut dire que la francisation linguistique du territoire s'est à peu près achevée vers la seconde moitié du XXe siècle, ce qui est somme toute récent.

Dans les départements et régions d'outre-mer (DROM), la situation est un peu différente.

Aux Antilles, en Guadeloupe et à la Martinique, occupées par la France au XVIIe siècle, les langues autochtones ont disparu avec les populations qui les parlaient. Il s'est en revanche développé des créoles, langues issues dans les sociétés de plantation des mélanges entre le français et des langues africaines, qui sont très largement parlés quotidiennement par une grande partie de la population qui est de fait bilingue.

La situation est à peu près la même à la Réunion, mais il semble que l'île n'ait pas connu d'habitants avant l'arrivée des Européens et sa prise de possession par la France au milieu du XVIIe siècle. La population y est plus métissée qu'aux Antilles et, outre le créole qui est parlé par une grosse majorité des Réunionnais, on peut aussi y entendre l'arabe et des langues parlées par des populations venues plus récemment d'Asie (Chine, Inde,

Sri Lanka) mais aussi, bien entendu venues aussi d'îles géographiquement plus proches, comme Madagascar, les Comores ou Mayotte.

L'île de Mayotte n'a été acquise que vers le milieu du XIXe siècle par la France et, comme elle n'a pas connu d'économie de plantation, il ne s'y est pas développé de créole. Outre l'arabe, on y parle des langues mahoraises, malgaches et comoriennes. Le français s'y développe peu à peu, au fur et à mesure des progrès récents de la scolarisation et d'une administration de type départemental.

Comme aux Antilles, la présence française s'est implantée en Guyane à partir du milieu du XVIIe siècle. La situation linguistique y est très complexe car, outre le français et le créole guyanais, on y compte près d'une quinzaine de langues autochtones et des langues de l'immigration.

En Polynésie, on compte aussi sept langues insulaires en plus du français. En Nouvelle-Calédonie, on en compte près d'une trentaine, plus les langues de l'immigration comme le futunien, le wallisien, le bichelamar du Vanuatu et des langues asiatiques comme le japonais ou les langues de Chine.

Considérée comme le plus grand pays francophone, la France est donc également riche de près d'une centaine de langues, porteuses de traits culturels propres. Si elle est juridiquement un État monolingue, elle partage donc, dans l'hexagone et dans son outre-mer, avec beaucoup d'autres pays dits francophones, une histoire linguistique marquée par le multilinguisme, c'est-à-dire par le contact des langues et des cultures. Si en effet une grande partie de sa population est effectivement francophone monolingue, une partie importante est francophone bi- ou plurilingue. C'est pour cette raison que, succédant elle-même à plusieurs organismes destinés à la défense et la promotion de la seule langue française, la Délégation générale à la langue française (DGLF), créée en 1989, est devenue en 2001 Délégation générale à la langue française et aux langues de France (DGLFLF)[1].

2.2. Autres pays francophones d'Europe

La France n'est pas le seul berceau historique de la langue française et il existe aussi une francophonie native dans plusieurs de ses pays voisins.

C'est le cas de la Belgique dont la population est partagée en trois langues principales : une variété de néerlandais, communément appelée flamand, au nord, l'allemand à l'est et le français, langue première d'environ 40 % de la population belge, au sud. Comme en France, il existe en Belgique des langues régionales et des langues de l'immigration.

1. www.culture.gouv.fr

Au Luxembourg, même si le français est parlé par la quasi-totalité des Luxembourgeois, il n'est pourtant la langue première que d'une petite partie d'entre eux, qui parlent pour la plupart le luxembourgeois comme langue maternelle et, pour un petit nombre, l'allemand.

En Suisse, le français est la langue première des cantons occidentaux du pays, qui comptent environ un quart de la population totale du pays. Dans les autres cantons, on parle majoritairement l'allemand à l'est, l'italien au sud des Alpes et le romanche, résiduel dans une vallée des Grisons. Comme en Belgique, la francophonie première ne couvre donc pas l'ensemble du territoire national. Belgique, Suisse et Luxembourg sont des pays officiellement plurilingues.

En Italie, la région autonome du Val d'Aoste est officiellement bilingue mais le français y régresse peu à peu au profit de l'italien. Même si le territoire est petit et assez peu peuplé, on y parle aussi des variétés de franco-provençal.

Toutes les régions européennes où le français est la langue première de tout ou partie de la population peuvent être considérées comme faisant partie du berceau historique de la francophonie

2.3. Autres pays francophones dans le monde

L'aire « naturelle » du français, si on peut le dire ainsi, occupe donc un territoire assez homogène à l'ouest de l'Europe. On a mentionné plus haut les expansions nationales de la France hors de ce cadre, dans l'Océan Pacifique, l'Océan Indien, l'Océan Atlantique et sur le continent sud-américain.

Mais, dès le XVIe siècle, alors qu'il n'était pas encore, tant s'en faut, la langue de tous les Français, le français est sorti de son aire native par la colonisation de nombreux territoires qui dessinent aujourd'hui une géographie francophone à l'échelle mondiale.

Si les Suisses n'ont pas participé aux aventures coloniales, tel ne fut pas le cas des Belges et des Français.

Dès la fin du XIXe siècle, la Belgique avait colonisé un immense pays sur la rive sud du fleuve Congo. C'est aujourd'hui la République Démocratique du Congo (RDC) qui a pour langue officielle le français mais compte bien entendu, comme tous les pays d'Afrique ou presque, de nombreuses langues nationales. À l'est du Congo, le Burundi et le Rwanda ont échu en protectorat à la Belgique à l'issue de la première guerre mondiale et le français y est une des langues officielles.

Outre les territoires qui sont restés partie intégrante de la République française et dont on a parlé plus haut, la colonisation française des XIXe et XXe siècles a donné naissance à un grand nombre d'États, essentiellement situés à l'ouest et au centre du continent africain. À l'époque coloniale, ces territoires formaient l'Afrique Équatoriale Française (AEF), dont la capitale était Brazzaville et l'Afrique Occidentale Française (AOF), dont la capitale était Dakar. Ce sont aujourd'hui les États suivants : Bénin, Burkina-Faso, Cameroun, Côte d'Ivoire, Congo, Gabon, Guinée, Mali, Mauritanie, Niger, République centrafricaine, Sénégal, Tchad et Togo. À l'est de l'Afrique, on compte aussi Djibouti et, au large du Mozambique, la grande île de Madagascar.

Les pays de l'Afrique du Nord, Tunisie, Algérie et Maroc, ont aussi connu une plus ou moins longue période de colonisation ou de protectorat : près d'un demi-siècle pour le Maroc, environ soixante-quinze ans pour la Tunisie et cent trente ans pour l'Algérie. Le français n'y est pas resté langue officielle mais il y est encore compris et parlé par une importante partie de la population.

Tous ces pays où le français est la ou une des langues officielles ou bien les pays où il a gardé une place importante, sont caractérisés par un plus ou moins grand morcellement linguistique et le degré de francophonie de leur population est très variable, dépendant largement du degré de la scolarisation et de sa qualité.

En Amérique du Nord enfin, la grande province canadienne du Québec, issue de la cession de la province appelée Nouvelle-France par les Français aux Anglais après la guerre de sept ans, a su rester essentiellement de langue première française. Le français y est la langue première d'environ 80 % de la population. Une minorité est anglophone native et, comme tous les grands pays développés, le Québec connaît aussi de nombreuses langues venues avec l'immigration. Une autre Province canadienne, le Nouveau-Brunswick, est officiellement francophone. Aux États-Unis, une francophonie résiduelle existe dans l'État de Louisiane.

3. Le nombre des francophones et l'importance de la langue

Même s'il est intéressant de le connaître, le nombre de locuteurs d'une langue ne reflète pas complètement son importance. En 1991, nous proposions déjà (Cuq, 1991) un certain nombre d'autres critères : la répartition géographique, le paramètre économique, le paramètre politique et le paramètre culturel. Refusant la simple addition des populations des pays dits francophones, ou, à l'inverse le simple décompte des francophones dits de langue maternelle, nous évaluions la population francophone mondiale à environ 120 millions.

Beaucoup plus précis aujourd'hui, *le Baromètre Calvet des langues du monde* propose onze critères parmi lesquels le nombre des universités et surtout la présence sur Internet, fondamentale dans le monde moderne. Tous critères croisés, le français est pour *le Baromètre Calvet* la troisième langue la plus importante après l'anglais et tout de suite après l'espagnol.

BAROMÈTRE CALVET DES LANGUES DU MONDE

Le Baromètre des langues 2012 est proposé sous la responsabilité de ses auteurs, Alain Calvet et Louis-Jean Calvet. Sont ici prises en compte les 563 langues de plus de 500 000 locuteurs (selon *Ethnologue*)[2]. Les données utilisées ont été recueillies en 2012. La même valeur 1 est accordée par défaut à chacun des onze facteurs.

Le Baromètre des langues 2010 prenait en compte les 137 langues de plus de 5 millions de locuteurs (selon *Ethnologue*).

En déplaçant les curseurs ci-dessous, chacun pourra pondérer le coefficient des différents facteurs en fonction de l'importance qu'il souhaite leur accorder.

L'importance des langues du monde selon les critères du *Baromètre Calvet des Langues du monde*

FACTEURS	PONDÉRATION
Nombre de locuteurs	1
Entropie	1
Véhicularité	1
Langues officielles	1
Traduction langue source	1
Traduction langue cible	1
Prix littéraires internationaux	1
Articles Wikipedia	1
Indice de Développement Humain	1
Taux de fécondité	F1
Taux de pénétration Internet	1

RANG	LANGUE	SCORE
1	anglais ▸	9.062
2	espagnol ▸	7.806
3	français ▸	7.733
4	allemand ▸	6.987
5	russe ▸	6.335
6	japonais ▸	6.187
7	néerlandais ▸	6.138
8	italien ▸	6.131
9	portugais ▸	5.97
10	mandarin ▸	5.964
11	suédois ▸	5.543
12	turc ▸	5.321
13	norvégien ▸	5.232
14	polonais ▸	5.2
15	danois ▸	5.104
16	finnois ▸	5.103

2. https://www.ethnologue.com/

L'Organisation internationale de la francophonie donne bien entendu sa propre estimation du nombre des francophones grâce aux travaux de son Observatoire de la francophonie qui réévalue et publie régulièrement ses estimations[3]. Selon cet organisme, on compte en 2018 environ 300 millions de francophones dans le monde et, compte tenu de l'accroissement démographique prévisible, il y en aurait près de 700 millions au milieu de ce siècle.

Toute la difficulté consiste à définir qui est francophone. S'agit-il seulement des personnes qui comprennent, parlent, lisent et écrivent régulièrement le français ? À quel degré de connaissance de chacune de ces compétences faut-il s'arrêter ? Peut-on prendre en compte ceux qui ne possèdent que l'une ou l'autre d'entre elles ? Les francophones occasionnels sont-ils comptabilisables dans les calculs ? On voit bien que selon ce qu'on veut montrer, le choix des paramètres sera différent. Il est donc raisonnable de s'en tenir à des ordres d'idées : tout montre que le français est l'une des dix langues les plus utilisées dans le monde.

Mais du point de vue de l'enseignement, c'est pour chaque individu apprenant de français qu'il a dans sa classe qu'il faut se demander si l'enseignant a intérêt à utiliser le critère francophone et, si oui, comment il peut le faire.

4. La francophonie linguistique

Quand une langue est utilisée par un si grand nombre de locuteurs et quand elle connaît une répartition géographique telle que nous l'avons décrite plus haut, il est normal qu'elle soit soumise plus que d'autres à ce que les linguistes appellent la variation diatopique, qu'on peut aussi appeler variation régionale. Nous avons tous l'expérience des différences que nous percevons lorsque nous communiquons avec d'autres personnes qui parlent le français.

C'est évidemment à l'oral que les variations sont les plus nettes. D'un bout à l'autre de l'Hexagone, les Français sont capables de différencier des accents régionaux, des mots voire des structures qui signent leur appartenance régionale. Il en va de même pour les autres pays francophones. Par exemple, un francophone belge fera facilement la différence entre un Bruxellois et un Namurois, là où un Français ne percevra qu'un « accent belge » qui n'existe pas plus qu'un « accent français ». Mais, sauf pour des locuteurs experts, il est parfois plus difficile de distinguer ces accents qui en Belgique, en Suisse, au Québec ou dans les différents pays d'Afrique du

3. http://observatoire.francophonie.org/

Nord ou subsaharienne, sont bien différenciés par les locuteurs natifs de ces pays.

Le lexique est aussi un marqueur régional important. Même si la très grande majorité du lexique est commune à tous les francophones, il existe dans toutes les régions francophones des termes qui signalent une appartenance de ceux qui les utilisent. Ces termes sont immédiatement compris par les membres de la communauté linguistique du locuteur, mais ils peuvent parfois l'être moins voire pas du tout par les autres francophones. Mais une caractéristique commune à ces éléments du lexique est qu'ils ne contreviennent pas aux modes fondamentaux de création des mots en français : dérivation, composition ou autres procédés linguistiques. Plus que leur aspect « exotique » pour qui ne les utilise pas spontanément, c'est cette continuité linguistique qui est intéressante à exploiter dans l'enseignement de la langue car elle montre que le français est capable d'une créativité quasi illimitée. Elle permet aussi de réfléchir utilement sur les limites de l'intercompréhension et sur les risques de fragmentation dialectale.

Dans la communication ordinaire, les différences régionales du français ne sont généralement pas très perceptibles à l'écrit qui, sans toutefois être exempt de variation, est beaucoup plus stable dans le temps et dans l'espace. C'est une des raisons pour lesquelles c'est sur le modèle de la langue écrite que se fonde la norme grammaticale communément admise pour l'enseignement du français. Cependant la littérature de langue française propose, par sa nature même, un très large éventail de variations, non seulement lexicales mais aussi syntaxiques, qui peuvent être exploitées avec profit dans l'enseignement de la langue.

On retiendra surtout qu'il n'y a donc pas qu'une seule et bonne façon de parler le français : elles sont toutes dignes de la même considération. Dans cette perspective, un élargissement de la vision du français à la francophonie est un choix didactique fondamental.

5. La Francophonie institutionnelle

5.1. « francophonie » et « Francophonie »

La francophonie institutionnelle est celle qu'on a pris désormais l'habitude de désigner à l'écrit par *Francophonie*, avec un F majuscule, par opposition à *francophonie* (avec un f minuscule), qui désigne l'ensemble des locuteurs francophones et qui en regroupe les autres traits définitoires. Dans certains cas, il n'est pas inutile d'utiliser cette distinction en classe, ne serait-ce que pour faire comprendre aux élèves qu'une langue de grande diffusion comme le français est aussi étayée par des institutions fortes, qui définissent (ou non...) une politique linguistique et influent plus ou moins directement sur son aménagement[4].

Alors donc que la francophonie (avec f minuscule) renvoie à l'ensemble des locuteurs francophones, la Francophonie (avec F majuscule) est l'ensemble des pays aujourd'hui regroupés dans l'Organisation Internationale de la Francophonie (OIF). Cette organisation regroupe en 2020 54 États et gouvernements membres,7 États associés et gouvernements et 27 États et gouvernements observateurs. C'est donc près de la moitié des États représentés à l'ONU qui se sentent concernés, à un titre ou à un autre, par le fait francophone : à soi seul, ce fait pourrait justifier l'adoption d'une perspective francophone dans l'enseignement de la langue française.

L'Organisation internationale de la francophonie est chargée, sous la direction de son ou sa Secrétaire général(e), de mettre en œuvre les orientations générales de la politique de la Francophonie qui est définie tous les deux ans par le Sommet des chefs d'État et de gouvernement des pays ayant le français en partage.

Pour mettre en œuvre ses politiques et sa coopération, la Francophonie dispose aussi de plusieurs organismes ministériels, comme la Conférence des ministres de l'Éducation des pays ayant le français en partage (Confemen) ou la conférence des ministres de la Jeunesse et des Sports des pays ayant le français en partage (Confejes) et d'organismes dits opérateurs, comme l'Agence Universitaire de la Francophonie (AUF)[5], l'Association internationale des maires francophones (AIMF), la chaîne internationale de télévision TV5 Monde et l'Université Senghor d'Alexandrie. Elle dispose aussi d'une assemblée consultative, l'Assemblée parlementaire de la Francophonie.

5.2. Quelques jalons dans l'histoire de la Francophonie[6]

La Francophonie institutionnelle n'est pas apparue en une seule fois après qu'Onésime Reclus a lancé l'idée francophone en 1880. Rappelons qu'il s'agissait pour lui de désigner en géographe l'ensemble des peuples et par conséquent des territoires où l'on parle français. Mais comme beaucoup de progressistes de son époque, s'il espérait certes dégager aussi de

4. La Francophonie institutionnelle n'a pas de mandat dans le domaine de la politique et de l'aménagement linguistiques.

5. L'AUF a succédé en 1989 à l'Association des Universités partiellement ou entièrement de langue française (AUPELF), créée en 1961 et devenue en 1987 AUPELF-UREF quand elle s'est adjoint l'Union des Réseaux d'Expression française (UREF).

6. Voir entre autres le numéro 40/41 (Mollier J.-Y. et Vigner G., dir., 2008) de la revue *Documents L'émergence du domaine et du monde francophones*, Actes du colloque tenu à l'université de Versailles Saint-Quentin-en-Yvelines.

cette façon « une solidarité linguistique à travers le partage culturel », il ne récusait pas pour autant, sous couvert d'apporter la civilisation à des peuples qu'on en jugeait alors dépourvus, le projet impérialiste et colonial qui se développait alors en France et en Europe. Il s'agissait, prétendait-on, de faire bénéficier ces peuples des idéaux d'égalité et de fraternités issus de la Révolution française et de la Commune autant que d'exploiter des territoires qu'il fallait seulement se donner la peine de conquérir. De cette ambivalence entre une idée nouvelle (décrire les peuples non par leur race ou leur religion mais par la langue qu'ils parlent) et éventuellement généreusement idéaliste et, d'autre part, la dure réalité coloniale, la francophonie gardera toujours une marque qui en rend aux yeux de beaucoup le projet rédhibitoire. Une réflexion didactique honnête sur la francophonie ne peut faire l'économie de ce paramètre historique et éthique. En particulier, il n'est pas acquis pour tous, dès lors qu'il subsiste des territoires ultramarins français, que la colonisation soit une période totalement terminée. Quoi qu'il en soit du positionnement politique et philosophique de chacun sur cette question, on considérera seulement ici l'état de fait actuel.

En tant que projet politique lié à des États, l'idée francophone avait naturellement disparu pendant toute la période coloniale et elle resurgit paradoxalement en 1962, au début de l'époque postcoloniale, c'est-à-dire non seulement à un moment d'importance majeure dans l'histoire des peuples francophones, ex-colonisateurs comme ex-colonisés, mais aussi de l'histoire des mentalités. L'époque était en effet ouverte au tiers-mondisme et à l'émancipation des peuples. Or, outre quelques intellectuels comme l'artiste peintre et écrivain Camille Bourniquel, alors directeur de la revue *Esprit* qui publia un numéro en novembre 1962 intitulé *le français langue vivante*, ce furent des grands leaders politiques de pays fraîchement décolonisés qui la relancèrent, lui conférant par là même une grande légitimité : Habib Bourguiba, père de l'indépendance tunisienne et président de son pays, Léopold Sédar Senghor, président du Sénégal et chantre après Aimé Césaire de la négritude, Hamani Diori, enseignant et premier président du Niger et Norodom Sihanouk, roi du Cambodge.

En fait, avant la Seconde guerre mondiale, l'idée francophone avait survécu essentiellement sous la forme de manifestations culturelles dans la société civile, comme la création de plusieurs associations professionnelles ou culturelles francophones, comme en 1937 la création de l'association des Écrivains de Langue Française.

On peut dire que la période allant de l'après-guerre jusqu'à la fin de l'époque coloniale fut celle d'un élargissement de la conscience francophone, c'est-à-dire d'appartenir à une communauté culturelle et linguistique plus large que chacun des États où on parlait le français.

C'est sans doute cette conscience culturelle d'inspiration humaniste qui forgea la conviction des chefs d'État qu'on vient de citer qu'il était de l'intérêt de leurs concitoyens de fortifier l'idée francophone une fois leur indépendance acquise.

Sous l'impulsion forte d'Hamani Diori, une première organisation intergouvernementale fut créée en 1970 à Niamey, sous le nom d'Agence de coopération culturelle et technique (ACCT). Peu à peu, l'ACCT dépassa le cadre strict de la coopération culturelle et technique et, après le premier sommet des chefs d'États francophones qui se tint à Versailles en 1986, la nécessité d'une organisation plus politique se fit sentir. La charte qui régissait l'ACCT fut transformée en 1997 en charte de la Francophonie et l'ACCT elle-même disparut en 1998 au profit de l'Agence intergouvernementale de la Francophonie (AIF), dotée d'un secrétariat général en charge de mettre en œuvre les décisions des chefs d'État. Une conférence ministérielle mit au point une nouvelle charte à Antananarivo en 2005 et dès le début 2006, l'AIF se transforma en l'Organisation internationale de la francophonie que nous connaissons aujourd'hui et dont les missions traditionnelles liées à la promotion de la langue française à l'éducation et au dialogue des cultures sont considérablement élargies.

5.3. Et l'avenir ?

Le renforcement de l'autonomie des instances de la Francophonie, et par conséquent de l'OIF, est d'une importance cruciale pour l'avenir de la francophonie. C'est ce que disait en 2008, le directeur de l'Institut des Sciences de la Communication du CNRS, Dominique Wolton :

> L'OIF ne doit pas rester uniquement, le reflet de l'organisation des États. Elle doit, comme cela s'est passé pour l'Europe avec la Commission, et comme cela se fait pour toutes les organisations multilatérales, renforcer son autonomie et être capable pour certains domaines, comme l'immigration, l'identité francophone, le dialogue des civilisations, l'Europe élargie... d'avoir ses propres positions.
>
> Dominique Wolton, *L'identité francophone dans la mondialisation*, CRSF, p. 67, 2008.

Mais plus encore que dans ses institutions, l'avenir de la francophonie sera celui que les francophones construiront eux-mêmes. Rien n'est écrit : elle peut connaître un déclin inexorable ou au contraire un essor extraordinaire. Mais tous les spécialistes de la question francophone s'accordent à penser que, pour relever les défis de l'avenir, la francophonie peut et doit s'appuyer sur ce qui fait sa force principale : la langue, la culture et la jeunesse.

Dans les deux tiers de ses propositions, le même auteur insistait déjà sur ces aspects :

3 - Un Erasmus francophone
4 - Attirer les jeunes et les francophones
6 - L'Institut de la Francophonie
7 - Enseigner la Francophonie
8 - Un pacte du plurilinguisme
9 - Un office de la langue française en Francophonie
10 - Étendre le réseau des jeunes volontaires francophones
11 - Le visa francophone
12 - L'Académie de la francophonie
13 - Une Fondation de la francophonie
15 - La production culturelle en français

Dominique Wolton, *L'identité francophone dans la mondialisation*, CRSF, 2008, pp. 54-64.

Parmi elles, nous retiendrons évidemment la septième, « Enseigner la Francophonie » :

Intégrer un cours sur la Francophonie dès le secondaire dans les établissements de tous les pays membres de l'OIF est une priorité. L'Agence universitaire de la francophonie (AUF) pourrait concevoir un module de formation de quelques heures (1 journée par exemple) intégré dans un tronc commun et rendu obligatoire pour toutes les universités membres du réseau de l'AUF. Dans le même esprit, un travail conjoint de l'OIF et de l'AUF viserait à faire inscrire dans les cursus des programmes intégrant la littérature, l'histoire, les arts, la science, le cinéma francophones… (par exemple au programme de l'agrégation).

Enfin, il faut multiplier dans l'enseignement supérieur les départements d'études francophones qui élargissent leurs compétences au-delà de la littérature et des sciences humaines, aux domaines si essentiels des technologies, de la communication, de l'économie et du rapport science-société. D'abord en France, où ils manquent cruellement, mais aussi dans les grandes capitales du monde.

Dominique Wolton, *L'identité francophone dans la mondialisation*, CRSF, 2008, p. 59.

À la fin de son rapport de 2014 au président de la République française, (*La francophonie et la francophilie, moteurs de croissance durable*), l'économiste et écrivain Jacques Attali faisait lui aussi 53 propositions volontaristes dont il est notable que la moitié concerne encore la langue et la culture :

SYNTHÈSE DES PROPOSITIONS de Jacques Attali

Proposition n° 1 : Renforcer les politiques d'intégration par l'apprentissage du français aux étrangers non francophones, en France.

Proposition n° 2 : Soutenir le développement du réseau de la Mission laïque française, groupe privé regroupant des écoles homologuées par le ministère de l'Éducation nationale.

Proposition n° 3 : Favoriser l'émergence d'un nouveau groupe privé d'écoles en français.

Proposition n° 4 : Favoriser la création d'écoles maternelles francophones partout dans le monde.

Proposition n° 5 : Adapter l'offre du CNED aux évolutions sociologiques et technologiques, en le rapprochant du ministère des Affaires étrangères.
Proposition n° 6 : Structurer une offre de FLOTs[7] francophones interactifs et diplômants.
Proposition n° 7 : Développer l'offre d'apprentissage du français professionnel au sein des instituts français, des alliances françaises et des groupes français privés dans les pays émergents.
Proposition n° 8 : Apporter un appui aux systèmes éducatifs d'Afrique francophone, dans le cadre de programmes accordant au français toute sa place.
Proposition n° 9 : Former plus de professeurs de français pour enseigner le français dans les pays francophiles et francophones.
Proposition n° 10 : Distribuer aux écoles francophilophones des pays en développement des manuels scolaires et des logiciels.
Proposition n° 11 : Promouvoir l'apprentissage du français par la musique et le cinéma.
Proposition n° 12 : Enseigner la musique francophone.
Proposition n° 13 : Transformer le bac de français en bac francophone.
Proposition n° 14 : Développer les partenariats entre écoles de commerce, de médecine et d'ingénierie dans l'espace francophone.
Proposition n° 15 : Rendre l'obtention d'un visa étudiant quasi-automatique pour les boursiers francophones ayant obtenu le droit de poursuivre leurs études en France.
Proposition n° 16 : Créer un Netflix francophone.
Proposition n° 17 : Construire des salles de cinéma dans les pays francophilophones en contrepartie de la diffusion de films francophones.
Proposition n° 18 : Lier l'obtention d'une aide du CNC au sous-titrage du film en 5 langues.
Proposition n° 19 : Développer une appétence pour les films français partout dans le monde en mettant en place un programme d'éducation cinématographique dans les lycées français et les filières bilingues.
Proposition n° 20 : Promouvoir l'offre culturelle francophone.
Proposition n° 21 : Soutenir l'exception culturelle francophone.
Proposition n° 22 : Faire des alliances françaises et des instituts français les ambassadeurs du tourisme en France.
Proposition n° 24 : Créer un festival francophone au niveau mondial et y associer les acteurs français du tourisme.
Proposition n° 25 : Créer un site internet de promotion du tourisme en pays francophones.
Proposition n° 41 : Faire en sorte que les étudiants qui viennent étudier en France (dans le cadre d'échanges ou de cursus complets) repartent en ayant appris le français et la culture française.
Proposition n° 44 : Créer une plateforme numérique recensant les étudiants ayant suivi une partie de leur scolarité dans un lycée français de l'étranger ou dans une université française ou francophone.

7. FLO T: Formations en ligne ouvertes à tous.

Enfin, en 2019, dans leur ouvrage *Et le monde parlera français*[8], Roger Pilhion et Marie-Laure Poletti plaçaient eux aussi trois priorités fondées sur l'importance fondamentale de l'enseignement et de la jeunesse parmi les cinq axes d'action qu'ils proposaient :

> « – *Favoriser la mobilité des élèves, des étudiants et des enseignants ;*
> – *Favoriser la reconnaissance institutionnelle des apprentissages et des enseignements ;*
> – *Favoriser un environnement francophone* » (R. Pilhion et M.-L. Poletti, 2019, p. 255)

8. Pilhion R. et Poletti M.-L. : ... *Et le monde parlera français*, pdf offert gratuitement par les auteurs à tous les professeurs de français sur le site de la FIPF : http://fipf.org/sites/fipf.org/files/contenu-2020/etlemondeparlerafrancais_offert_aux_professeurs_de_francais.pdf

2

La francophonie, les francophonies ?

Comme on l'a vu dans le chapitre précédent, l'expansion géographique très importante de la langue française dans le monde montre qu'en fait la plus grande partie de la population dite francophone est une population plurilingue et pluriculturelle, dans la vie de laquelle le français joue un rôle plus ou moins important et par qui il est connu de façon plus ou moins solide à l'oral comme à l'écrit. C'est cette hétérogénéité qu'il convient de toujours garder à l'esprit lorsqu'on parle d'enseigner la francophonie. Les propositions pédagogiques pour cet enseignement doivent être le plus possible contextualisées, c'est-à-dire adaptées aux situations que définissent les conditions d'appropriation du français par les apprenants, et par les rapports que cette langue entretient avec les autres langues et avec les cultures avec lesquelles elle est en contact.

1. Francophonie, langue maternelle, seconde et étrangère

Il existe trois manières d'être francophone.

1.1. Les francophones « natifs »

La première est celle qui paraît la plus évidente : la personne ainsi qualifiée a reçu le français comme *langue maternelle*. On appelle couramment *langue maternelle* la première langue qui s'impose à chaque individu. C'est le plus souvent celle avec laquelle sa mère lui parle dès sa petite enfance. Mais il existe de très nombreuses situations différentes. D'abord, la mère peut parler à son enfant dans une langue qui n'est pas sa propre langue maternelle, mais la langue en usage dans le couple ou celle de l'environnement. Par exemple, un couple franco-espagnol peut choisir l'espagnol langue du père pour la vie courante. Le même couple vivant en Allemagne peut finir par utiliser l'allemand en usage domestique. Il existe aussi des situations où seul le père élève l'enfant et, dans certaines cultures, des situations où les deux parents sont du même sexe. Pour éviter cette lexie culturellement très connotée, linguistes et didacticiens proposent d'autres dénominations en fonction de l'objet du discours qu'ils tiennent. On trouve ainsi l'expression de *langue source*, qui désigne le système idiomatique initial de la personne lorsqu'elle est en voie de bilinguisme. On utilise aussi langue *de départ*, qui insiste plus sur l'aspect dynamique de l'appropriation. On trouve enfin assez souvent *langue de référence* car, en période d'appropriation d'une langue non première, on se réfère souvent, de façon volontaire ou non, à une autre langue qu'on connaît déjà, le plus souvent la première. Lorsqu'il s'agit de l'appropriation d'une troisième ou d'une quatrième langue, on peut aussi se référer à une autre langue qu'on connaît bien et qui n'est pas pour autant la première.

Ce qu'on appelle *langue maternelle* est en réalité la *langue de première socialisation* de l'enfant. On l'appelle ainsi parce qu'elle s'acquiert de façon sociale, par interaction avec les membres de la famille et des groupes sociaux auxquels l'enfant a affaire : son école, son quartier...

Si les enseignants doivent garder à l'esprit les paramètres décrits si dessus, il n'en reste pas moins que c'est la lexie *langue maternelle* qui est la plus courante. Sa connotation psychoaffective lui confère aussi chez beaucoup une valeur forte de participation et d'appartenance à un groupe, car les langues sont des éléments importants de définition des ethnies et des nationalités. C'est alors l'aspect collectif qui l'emporte sur celui d'individu et la valeur symbolique l'emporte sur l'aspect communicatif proprement dit. Par exemple, au nord-est des États-Unis, beaucoup de personnes se déclarent francophones non pas parce qu'elles parlent plus ou moins le français, mais parce qu'elles ont le sentiment d'appartenir à un groupe différent d'autres groupes identifiés d'Américains. On peut alors parler de *langue d'appartenance*.

Dans certains pays, comme en Belgique par exemple, il y a des cas où le fait de parler français provoque chez certains non francophones des réactions antagonistes, parfois violentes. Enfin, même parmi les locuteurs de français langue de première socialisation (on dira par commodité *de langue première*), certains peuvent ressentir le fait d'appartenir à un groupe dont l'usage de la langue est dévalorisé : langue des régions reconnaissable par un « accent », langue des banlieues, ou même façons de parler de groupes socialement déconsidérés. C'est pourquoi la valeur d'appartenance de la langue, souvent peu prise en compte dans l'enseignement, est d'autant plus importante lorsqu'il s'agit de travailler sur la francophonie. L'inclusion de la francophonie dans l'enseignement dit de langue maternelle n'est pas destinée *a priori* à l'appropriation des fondamentaux de la langue mais elle peut aider à prendre conscience de la variation et de ces valeurs d'appartenance.

1.2. Les francophones de langue étrangère

Le concept de *langue étrangère* s'est construit par opposition à celui de *langue maternelle* et, en tant que phénomène touchant l'individu, on peut dire que toute langue non maternelle est une langue étrangère. Les francophones de langue étrangère sont donc les personnes qui ont appris ou acquis le français comme langue non première.

Mais dans son acception la plus courante, le terme d'*étranger* renvoie au fait de ne pas appartenir au pays. Le français est donc dit langue étrangère lorsqu'il est appris dans un pays francophone par des personnes étrangères à ce pays ou lorsqu'il est appris dans un pays où il n'a pas d'usage social courant, comme par exemple en Chine ou en Russie. Devenir francophone relève dans ces cas d'une démarche volontaire.

Il s'agit d'abord de la volonté des États ou des instances administratives et politiques concernés (comme les Communautés en Espagne par exemple) d'introduire la langue dans le système éducatif ou universitaire. Lorsqu'il est ainsi choisi comme une des langues étrangères du système scolaire, le français bénéficie d'horaires d'enseignement, de programmes, d'enseignants, bref de tout un appareillage de soutien plus ou moins important et il est constitué comme une discipline. Il peut s'agir aussi d'initiatives privées, comme les écoles de langue, ou semi-privées, comme les Alliances françaises qui bénéficient aussi, pour les plus importantes d'entre elles, d'aides françaises pour l'enseignement ou l'administration. On notera que, malheureusement, le fait d'appartenir à l'Organisation internationale de la francophonie, malgré les engagements pris pour le soutien au français et pour son utilisation dans les instances internationales, ne préjuge pas pour beaucoup de pays d'une augmentation réelle du degré de francophonie. Quoique peu agréable, cette contradiction peut être intéressante à faire observer.

Il peut s'agir aussi de la volonté des États francophones (Belgique, Québec, Suisse, mais surtout France) de soutenir leur langue à l'extérieur de leurs frontières. Cette volonté se manifeste par exemple par la présence ou non d'instituts français, d'établissements scolaires français, par l'envoi de professeurs ou de lecteurs, par les aides accordées aux associations francophones. Là encore, toute une série de recherches et de comparaisons peuvent être des tâches intéressantes à faire accomplir aux élèves ou aux étudiants.

L'Organisation internationale de la francophonie met également en œuvre différentes actions de promotion de l'enseignement du français, en tant que langue d'enseignement à travers l'Institut de la Francophonie pour l'éducation et la formation (IFEF) comme en tant que langue étrangère, notamment à travers ses centres régionaux francophones situés à Sofia, Bulgarie (CREFECO), Ho chi Minh-Ville, Vietnam (CREFAP) et plus récemment, à Djibouti, (CREFA). Elle est aussi un soutien important de la Fédération internationale des professeurs de français.

Mais il s'agit surtout de volonté personnelle ou au moins familiale, lorsque les parents choisissent de faire apprendre le français à leurs enfants. Dans ce cas, comme pour toutes les disciplines, l'adhésion de l'individu à l'apprentissage n'est pas toujours avérée... De façon générale toutefois, les raisons d'entrer dans la francophonie peuvent être très différentes : tradition familiale, attrait pour la culture française ou d'autres pays francophones, la littérature, espérance d'utilité pratique, ou autres. La francophonie est alors une appartenance choisie.

Les compétences de ces francophones peuvent être de tous niveaux, et porter partiellement ou en totalité aussi bien sur l'écrit que l'oral. Comme pour les francophones de langue première, ils peuvent souvent être repérés par leur « accent » qui leur confère une identité particulière. Parmi eux, certains ont atteint un degré d'excellence dans le maniement de la langue et un degré d'expertise parfois supérieur aux francophones de langue première. C'est le cas de beaucoup de personnes qui résident depuis longtemps dans des pays francophones mais aussi d'enseignants ou d'écrivains dont les œuvres constituent un corpus de premier ordre pour une exploitation didactique.

1.3. Les francophones de langue seconde

On parle de francophonie de langue seconde pour les régions du monde où le français, tout en n'étant pas la langue maternelle d'une partie de la population, n'est pas une langue étrangère comme les autres, que ce soit pour des raisons statutaires ou sociales. C'est sans doute en pensant prioritairement à ces régions qu'Onésime Reclus avait inventé le terme même de francophonie. Ces pays, ou même les régions ultramarines françaises, ont pour la plupart été en contact avec la langue française par le biais de la colonisation. On en a fait le compte au chapitre précédent. Aujourd'hui, les francophones de langue seconde sont devenus les plus nombreux et, à moyen terme, l'avenir même du français repose sans doute sur eux.

Le français langue seconde est un concept ressortissant aux concepts de langue et de français. Sur chacune des aires où il trouve son application, c'est une langue de nature étrangère. Il se distingue des autres langues étrangères éventuellement présentes sur ces aires par ses valeurs statutaires, soit juridiquement, soit socialement, soit les deux et par le degré d'appropriation que la communauté qui l'utilise s'est octroyé ou revendique. Cette communauté est bi- ou plurilingue. La plupart de ses membres le sont aussi et le français joue, dans leur développement psychologique, cognitif et informatif, conjointement avec une ou plusieurs autres langues, un rôle privilégié.

J.-P. Cuq, *Le Français langue seconde*, Hachette, coll. « F », 1991, p. 139.

Comme pour la francophonie de langue première, le français a un usage social réel dans les pays concernés mais cet usage est plus ou moins important selon les pays, les villes ou les campagnes, les professions ou les classes sociales. La francophonie de langue seconde se déploie donc sur un continuum de compétences allant, dans un même pays, du minimum à l'excellent. Mais pour l'individu, à l'exception de certaines familles généralement urbaines pour lesquelles il est devenu langue première, il reste une langue de nature étrangère, telle que nous l'avons définie plus haut.

La francophonie de langue seconde partage donc des caractéristiques importantes avec les deux autres types de francophonie. Comme une langue étrangère, il faut se l'approprier principalement à l'école. Comme une langue maternelle, il possède des variations linguistiques et culturelles qui le différencient parfois assez fortement d'un endroit à l'autre, sans toutefois que l'intercompréhension globale en soit totalement altérée.

Contrairement à la francophonie de langue étrangère, l'appartenance francophone de langue seconde n'est pas choisie mais imposée par l'histoire. De ce fait, elle s'impose à l'individu comme elle s'impose aux locuteurs francophones de langue première. À cause de son origine coloniale, la francophonie de langue seconde suscite parfois chez ses locuteurs des sentiments ambivalents qui peuvent aller du rejet pur et simple à des revendications de propriété vigoureusement affirmées, comme on a pu en lire de magnifiques chez beaucoup d'écrivains. Faire percevoir ces variations au sein du monde francophone, montrer leur égal degré de dignité relève non seulement d'un travail linguistique et culturel très important, c'est aussi une part de l'indispensable éducation à l'altérité.

Dans une acception plus récente, le français est dit langue seconde pour des migrants venus s'installer dans des régions de français langue première. Ces personnes, adultes ou enfants, ne proviennent pas toutes, tant s'en faut, de régions francophones mais c'est le cas pour une partie d'entre elles. L'école a intérêt à tenir compte de leur variété propre de français et à valoriser les cultures de leurs pays d'origine par des activités variées. C'est une aide considérable à leur insertion mais aussi un apport d'ouverture au monde pour les autres enfants de la classe.

2. Variations idiomatiques du français

On appelle *variété idiomatique* le résultat systématique des variations d'une langue (géographiques, sociales ou autres) qui la font plus ou moins reconnaître comme typique. On parle parfois dans la conversation courante du français de Marseille, du français de Belgique ou d'Afrique du Nord par exemple. En librairie, beaucoup d'ouvrages plus ou moins folkloriques en donnent des exemples souvent plaisants. Mais, sans nier l'existence de sous-systèmes du français, les linguistes sont généralement beaucoup plus prudents et ils y regardent à deux fois avant d'accorder à tel ou tel trait linguistique la dénomination de provençalisme, de belgicisme ou de québécisme, et encore moins, vu l'immensité du continent, d'africanisme. Il serait vain de tenter de dresser la liste de ces régionalismes du français et ce serait le plus souvent un exercice assez périlleux pour le professeur. Il nous paraît cependant didactiquement intéressant d'attirer l'attention des élèves sur un certain nombre de paramètres distinctifs, parfois facilement observables dans la classe, l'école ou la région même : la francophonie permet cette sorte d'initiation à la linguistique variationnelle.

2.1. À l'écrit

L'écrit, beaucoup plus conservateur, ou plutôt devrait-on dire stabilisateur, permet moins de variations que l'oral, à l'exception de celles portant sur le lexique et un peu sur la syntaxe. Plus l'écrit est technique, moins il est sujet à variation : le français professionnel ou le français administratif par exemple obéissent sensiblement à la même norme sur toute l'aire francophone. Les écrits ordinaires, selon l'expression de Michel Dabène (1990), sont eux plus sujets à des variations personnelles que sociales. À l'opposé, l'écrit le plus valorisé, celui des écrivains, réussit le paradoxe d'être en même temps celui qui est autorisé à la plus grande variation personnelle (le fameux « style ») et d'être admis comme une sorte d'idéal à atteindre par tout francographe. Le « niveau de langue littéraire », qu'on ne sait d'ailleurs pas vraiment définir autrement que par le plaisir de lecture qu'il procure, est le parangon de la langue. Les écrivains de langue française, natifs, seconds ou étrangers fournissent au professeur de français qui sait élargir son champ à la francophonie une mine inépuisable d'exemples linguistiques qui permettent, au-delà de leur sémantisme, d'observer la remarquable stabilité des procédés morphologiques, c'est-à-dire de formation des mots en français.

Généralement, les francophones de langue première étrangère ne s'autorisent pas à créer des mots nouveaux : ils craindraient de « faire une faute » si le terme n'est pas déjà présent dans un dictionnaire. Les mots nouveaux ou les expressions nouvelles, lorsqu'ils ne sont pas directement empruntés à une langue étrangère, sont créés par des francophones natifs ou seconds et pour ce faire ceux-ci utilisent régulièrement les procédés de linguistique générale sélectionnés par le français comme :

- la dérivation morphologique : la fameuse *essencerie* (commerce de carburants) du Sénégal sur le modèle de l'épicerie, de la boulangerie ou de la boucherie ;
- la dérivation sémantique : le *calepin* (cartable) en Belgique ;
- les mots-valises : le *courriel* (ou courrier électronique) ou le *pourriel* (courriel... pourri !) des Québécois ;
- le calque : *tomber en amour* au Québec ;
- la composition : *librairie-trottoir*, bouquiniste qui a son étal sur le trottoir au Sénégal ;
- l'antonomase : une *poubelle* en France.

Bien entendu, ces « mots de la Francophonie », comme les appelle Loïc Depecker, ne sont pas seulement écrits et ils peuvent tout aussi bien s'entendre ou se dire.

2.2. À l'oral

C'est à l'oral qu'on repère le plus facilement les variétés francophones au moins dans leurs grandes lignes. De même qu'on peut entendre dire « il parle anglais avec l'accent français » (parisien, alsacien, marseillais ?), on peut entendre « il a l'accent belge, suisse, québécois, arabe, africain... » comme s'il existait une seule façon de parler le français en Belgique, en Suisse au Québec, dans les pays arabes ou africains ! Même si ces approximations courantes font à juste raison frémir les linguistes, elles peuvent être un bon point de départ pour faire entendre, reconnaître et apprécier les diverses façons de dire en francophonie.

Comme pour l'écrit, on peut dégager des phénomènes réguliers comme l'opposition fondamentale en phonétique française entre les voyelles nasales et voyelles orales. Même si la réalisation des voyelles nasales [ɛ̃] (*main*), [ɑ̃] (*champ*), [ɔ̃] (*mon*), [œ̃] (*aucun*, prononcé [ɔkɛ̃] en français standard) s'effectue de manière plus ou moins fermée à Alger, à Marseille ou à Paris, celles-ci s'opposent toujours par le trait de nasalité à des voyelles orales : [ɛ] (*bec*), [a] (*lac*), [ɔ] (*robe*) ou [œ] (*bœuf*).

On repère aussi des oppositions phonétiques mineures, comme les différentes façons de prononcer le *r* (« roulé » comme à Carcassonne ou « grasseyé », comme à Paris) ou, comme on vient de l'évoquer, l'existence de l'opposition entre [ɛ̃] et [œ̃], audible dans le midi de la France (*brin vs brun*), mais neutralisée en français standard. Il en va de même pour la prononciation ou non du [ə], qui provoque une différence entre le nombre des syllabes (Il y a deux syllabes dans « je te vois » [ʒtəvwa] à Paris et à Montréal, mais couramment trois [ʒətəvwa] à Montpellier et à Rabat). On peut aussi noter en Belgique une prononciation plus en arrière du [ɥ] (*huit* [ɥit]) qui devient [w] (prononcé [wit]) chez beaucoup de locuteurs.

De même la prononciation de certaines voyelles comme le [a], plus fermé, ou de certaines consonnes dentales [t] ou [d] qui connaissent une assibilation (apparition d'un léger sifflement après l'occlusion), n'est pas exactement la même au Québec qu'en Europe francophone.

Mais le trait qui permet le plus facilement de reconnaître certains « accents » est l'opposition phonologique perdue en français standard entre les voyelles longues et les voyelles brèves. Au Québec, comme en Suisse, en Belgique mais aussi dans quelques régions de France comme la Savoie, il subsiste pour certaines voyelles des allongements phonétiques sans pour autant que cela ne provoque généralement de changement de signification du terme. C'est cet allongement qui donne à des oreilles habituées à un français plus standardisé l'impression d'un phrasé un peu plus lent.

Enfin, remarque évidemment valable aussi bien pour l'écrit que pour l'oral, les régionalismes se reconnaissent bien entendu à des différences lexicales plus ou moins marquées. Outre les procédés morphologiques qu'on a évoqués plus haut, il faut aussi mentionner des termes qui ne vivent pratiquement que dans certains pays ou régions, soit qu'ils dénomment des *realia*, c'est-à-dire des éléments qui n'existent que dans certaines cultures (par exemple un *canoun*, en Afrique du Nord, qui désigne un petit fourneau bas pour cuire ou se chauffer au charbon de bois), soit qu'ils dénomment autrement les choses (exemple : *huitante* en Suisse pour désigner la huitième dizaine). Lexicologues et lexicographes ont répertorié depuis longtemps la plupart de ces termes et de très nombreuses études localisées ou à visées universalistes sont disponibles. Un dictionnaire collaboratif numérique ouvert, *Le dictionnaire des Francophones*[1], permet maintenant une mise à jour permanente des évolutions lexicales de la francophonie. Disponible sur tablettes et téléphones, il peut être une aide précieuse pour les enseignants.

DDF

Dictionnaire
des francophones

Présentation du projet

Le *Dictionnaire des francophones* est un dictionnaire collaboratif numérique ouvert qui a pour objectif de rendre compte de la richesse du français parlé au sein de l'espace francophone. C'est un projet institutionnel novateur qui présente à la fois une partie de consultation au sein de laquelle sont compilées plusieurs ressources lexicographiques, et une partie participative pour développer les mots et faire vivre la langue française.

Dictionnaire

Le *Dictionnaire des francophones* est un ouvrage singulier. En effet, il se rapproche et s'inspire fortement des dictionnaires traditionnels, mais constitue un objet nouveau. Dans les dictionnaires

1. https://www.dictionnairedesfrancophones.org
Voir aussi une page explicative sur https://www.mnemotix.com/ddf

imprimés traditionnels, les mots sont organisés par ordre alphabétique. Comme le DDF est une ressource en ligne, les données qu'il contient peuvent être constamment réorganisées en fonction des critères de recherche des utilisateurs. Par ailleurs, les utilisateurs sont encouragés à contribuer au dictionnaire en ajoutant du contenu et en validant les informations présentes. Les données du DDF sont donc appelées à s'enrichir et à se préciser de manière dynamique. Les dictionnaires généraux du français se focalisent sur le français standard, commun, par rapport auquel les variétés sociales (argot, mots familiers, etc.) ou géographiques (belgicismes, québécismes, etc.) sont situées. Le but du DDF est de décrire dans une même ressource tous les mots du français, quel que soit la région ou le registre de langue où ils sont utilisés, pour donner accès à une image instantanée, sans cesse renouvelée, du français dans le monde. Il ne s'agit donc pas de prescrire un français correct qui devrait être utilisé plutôt qu'un autre, c'est-à-dire une norme de langue, mais de rendre compte le plus précisément possible de l'usage pour permettre aux utilisateurs de choisir l'expression la plus adaptée à la situation.

Un point sur les données ouvertes

Les données ouvertes ou *open data* sont des données numériques dont la structure est documentée ouvertement et qui sont encadrées par une licence garantissant leur réutilisation sans restriction technique, juridique ou financière. L'ouverture des données s'inscrit dans une tendance qui considère l'information comme un bien commun. La majeure partie des données du *Dictionnaire des francophones* sont publiées comme données ouvertes.

Perspective francophone

Dans le *Dictionnaire des francophones*, toutes les variétés du français sont présentées ensemble et placées sur un pied d'égalité. Chacune de ces variétés est une norme au sein de la région de la francophonie dans laquelle elle est parlée.

Le terme *francophonie*, ou *espace francophone*, désigne l'ensemble des personnes et institutions qui utilisent le français que ce soit en tant que langue maternelle (première langue apprise par l'enfant), langue d'usage (standard, utilisée dans la vie de tous les jours), administrative, d'enseignement ou langue officielle (utilisée dans la vie publique, à chaque moment de la vie et dans chaque domaine). Est donc francophone toute personne ou institution utilisant le français, que ce soit partiellement ou majoritairement.

Le nombre de ces francophones s'élève à plus de 300 millions de personnes dans le monde, dont environ 240 millions qui en font quotidiennement usage. Le français est devenu une langue-monde. Ces chiffres rendent compte de l'ampleur de la langue française sur les cinq continents. Rendre compte de la diversité des usages au sein de ce vaste ensemble n'est pas tâche aisée, c'est pourquoi le *Dictionnaire des francophones* compte sur l'apport des utilisateurs pour s'enrichir et proposer la plus grande palette d'information possible.

2.3. Aux limites du français : les créoles

Si la variation est une richesse, il existe néanmoins pour le français, comme pour toutes les langues de grande expansion géographique, des risques de dialectalisation, c'est-à-dire de fragmentation puis de perte d'intercompréhension. Les phénomènes que nous venons d'évoquer en sont les marques. Mais ce qui est remarquable, c'est qu'aucun ne provoque à ce jour d'incompréhension totale entre francophones : si on ne comprend pas ou ne connaît pas un terme, on peut toujours en demander l'explication à son interlocuteur en utilisant le français. Cela marque que, malgré la perception des différences, les francophones évoluent dans le même système linguistique. La limite de l'intercompréhension est franchie avec les créoles. Robert Chaudenson (2002) les a définis comme des formes d'approximation du français nées dans les sociétés de plantation, avec des apports de langues africaines qui peuvent être très hétérogènes. Ils ont donc une parenté génétique avec le français mais ont développé un système linguistique totalement indépendant. Il ne suffit pas de parler français pour comprendre ou parler créole : cela demande un véritable apprentissage, celui d'une autre langue.

3. Francophonie et diversité culturelle

Il existe une valeur internationale du terme de *culture* : c'est celle qu'après Pierre Bourdieu, relayé en didactique par Louis Porcher, on nomme *culture savante*, ou parfois *cultivée*. Elle est internationale au sens que, même si Chopin était polonais, Goya espagnol, Gershwin Américain, ou Goethe allemand, ils appartiennent en quelque sorte au patrimoine culturel de tous les humains. De façon courante, on appelle *cultivée* une personne qui a des connaissances plus ou moins profondes en peinture, musique, littérature, etc., sans que ces connaissances soient forcément limitées à celles de son pays.

Mais on peut aussi comprendre la culture comme le domaine de référence qui conditionne une production langagière et hors duquel elle ne fait pas sens. Ce sont toutes les façons de vivre, de penser et de croire d'un groupe humain, que Bourdieu appelait *culture anthropologique* et que Porcher, qui l'a fait connaître en didactique du français, définissait comme un héritage partagé par chaque membre de ce groupe et qui contribue à son identité (Porcher, 1994).

En ce sens, si on ne peut pas dire qu'il existe réellement une *culture francophone*, il y a en revanche une variété de cultures que le français contribue à définir, à réunir et à diffuser.

L'élargissement culturel à la francophonie bonifie l'apprentissage des apprenants de français langue étrangère : cela leur permet de ne plus s'intéresser seulement à la culture des pays de langue première française, souvent limités à la France en vérité, mais de s'ouvrir à celle de tous les pays où on parle français. La valeur du supplément culturel que le français leur apporte s'en trouve d'autant augmentée.

Pour chacun des locuteurs de langue seconde, il s'agit aussi, en plus d'aider à une meilleure perception de la part complémentaire que la langue seconde apporte à sa définition identitaire personnelle, de se percevoir comme appartenant à un espace commun, l'espace francophone non limité à la France.

Pour les francophones de langue première, la francophonie peut être également ressentie comme un espace culturel constitutif de l'identité :

un Français peut, par exemple, se définir sans contradiction comme provençal, français et européen mais aussi comme francophone. Cela veut dire se sentir membre d'un groupe humain qui partage non seulement une langue mais aussi une histoire et peut-être un avenir.

Pour cette raison, les francophones, particulièrement seconds ou étrangers mais aussi francophones natifs, peuvent parfois éprouver une crainte de *déculturation*, c'est-à-dire de perte de tout ou partie de leur identité première, et au contraire celle d'une trop grande *acculturation*, c'est-à-dire d'intégration à une culture autre, plus ou moins perçue comme aliénante. Travailler sur les cultures anthropologiques francophones contribue à dépasser cette crainte. On peut le faire en travaillant des catégories considérées comme universelles par les anthropologues. On compare par exemple les rapports qu'entretiennent les diverses communautés francophones avec le temps ou avec l'espace, ou encore comment les gens vivent les rapports entre le corps et la société, comment ils conçoivent les rapports entre l'être humain et la nature, comment ils se nourrissent, la place de la religion, de la mort, et plus largement comment s'organisent les relations sociales, privées ou publiques.

Avec la distance géographique et la distance linguistique, la distance culturelle est un des critères de ce que Louise Dabène (1994) avait appelé pour les langues le degré de *xénité* (ou d'étrangeté, si on préfère). Malgré le lien que constitue la langue, on peut certainement dégager des degrés de xénité culturelle à l'intérieur même de l'espace francophone et cet écart peut parfois être plus important que celui qui sépare des cultures considérées comme étrangères. Par exemple, il y a sur beaucoup de points plus de ressemblances entre les cultures françaises et italiennes qu'entre les cultures françaises et telle ou telle culture d'Afrique francophone.

4. Conséquences didactiques

L'intérêt de donner à l'enseignement du français une perspective francophone est avant tout celui d'un apprentissage de la décentration.

Du point de vue linguistique proprement dit, l'élève (comme d'ailleurs parfois le professeur !) comprend peu à peu que sa façon de parler le français n'est pas marquée par l'évidence : elle est une parmi d'autres tout aussi légitimes pour ceux qui les emploient. La prise de conscience des variétés lui montre aussi que la norme n'est qu'une convention utile mais relative, une représentation idéalisée de la langue. À ce titre, elle est comme un horizon qu'on n'atteint jamais parfaitement, malgré les progrès qu'on peut réaliser. Mais de même que l'horizon est utile pour se repérer, la reconnaissance de la norme est nécessaire pour fixer un cap à l'apprentissage.

Néanmoins, il est légitime que tous les francophones ne se fassent pas exactement la même image de la norme. Pour les francophones natifs, c'est la variété écrite de la langue qui est généralement privilégiée par l'école et qui s'impose peu à peu dans les esprits au fur et à mesure de l'apprentissage. Pour les francophones de langue étrangère, c'est généralement le français de France (si tant est, comme on l'a vu, qu'on puisse le définir) qui est le plus souvent désirable. Pour les francophones de langue seconde comme pour les francophones natifs, il est important de prendre conscience et de légitimer les variétés locales sans perdre de vue la nécessité de rester à l'intérieur d'une aire d'intercompréhension maximale.

Travailler dans une perspective francophone permet aussi une décentration culturelle. Là encore, comme c'est le cas lorsqu'on apprend une langue étrangère, l'élève perçoit peu à peu que ses façons de vivre et d'appréhender le monde ne sont pas des évidences et qu'elles ne sont que partiellement partagées. Cela ne signifie pas qu'il doive renoncer à elles mais apprendre à respecter celles des autres.

3

Qu'est-ce qu'enseigner la francophonie ?

1. Un désir de francophonie ?

Le *Livre blanc* de la Fédération internationale des professeurs de français (Cuq, dir., 2016), qui rend compte d'une grande enquête menée en 2015-2016 dans les associations de professeurs de 108 pays, ainsi qu'une enquête que nous avons effectuée par Internet (Cuq, 2018) et qui a apporté des indications provenant de 53 pays autour du monde, montrent que la francophonie prend peu à peu sa place dans l'enseignement du français, qu'elle jouit d'une opinion très favorable, et qu'elle est susceptible d'une grande marge de progression car elle intéresse un très grand nombre d'enseignants.

En effet, pour beaucoup de professeurs de français, l'insertion d'un enseignement spécifique de la francophonie dans les programmes de langue française apparaît aujourd'hui comme un souhait, voire comme une nécessité. D'ailleurs, nombreux sont ceux qui, sous une forme ou une autre et à des degrés divers, l'ont déjà mis en pratique dans leur classe.

Dans la plupart des pays de français langue maternelle, ils y sont clairement incités par les programmes mêmes : c'est le cas de la Suisse, du Québec et de la Belgique, mais malheureusement pas de la France où les programmes ne sont pas aussi nets sur ce point. Les programmes de littérature n'y sont certes pas limités au patrimoine classique français mais, même si une ouverture est permise sur les œuvres étrangères en français ou traduites, les textes francophones ne sont pas explicitement mentionnés comme tels.

Malgré cette restriction, on peut dire que dans ces pays, les enseignants souhaitent de façon générale une ouverture des curriculums aux littératures francophones, aux différents patrimoines nationaux et aux variations linguistiques et culturelles. Ils souhaitent même l'inscription d'une référence explicite à la francophonie dans tous les programmes de leur pays.

Un peu paradoxalement, dans les pays africains dits francophones, excepté au Sénégal, les programmes ne font généralement pas de référence à la Francophonie bien que, au Tchad par exemple, soit parfois mentionnée l'étude d'auteurs d'expression française, souvent issus du continent africain.

Dans les pays du Maghreb, la francophonie institutionnelle est très peu présente dans les programmes mais on la retrouve sous son aspect culturel par l'incitation à l'étude de textes d'auteurs francophones. Les professeurs accordent aussi une grande importance aux activités culturelles en français comme le théâtre, la chanson et le cinéma francophones ou les clubs de littérature.

La situation est très contrastée en revanche dans les programmes des pays où le français est langue étrangère, où la présence de la francophonie peut aller de l'absence totale à une existence non négligeable.

Ainsi, en Asie, la francophonie demeure souvent une notion encore assez abstraite et elle est peu connue par les enseignants de français qui ne s'y réfèrent généralement pas, hormis dans les pays de l'espace dit francophone de l'Asie du Sud-Est : Cambodge, Laos, Vietnam.

Dans le monde arabe, la francophonie semble paradoxalement un peu plus apparaître dans les programmes des pays non-membres de l'OIF que dans des pays qui en sont membres voire, comme la Tunisie, fondateurs. En Afrique anglophone, la diversité francophone est également prise en compte dans de nombreux programmes au niveau des textes littéraires et beaucoup d'enseignants déclarent faire référence dans leurs cours à la francophonie et à ses institutions.

En Europe centrale et orientale, la francophonie existe plutôt dans les pratiques enseignantes que dans les programmes mais elle suscite un fort désir de connaissance.

C'est dans les programmes de la plupart des pays de l'Europe de l'Ouest que les références à la francophonie (très rarement à la Francophonie) sont les plus présentes. Bien que, comme partout, la France demeure le pôle d'attraction majeur, presque tous mentionnent les pays francophones et, là où on étudie la littérature, les auteurs francophones figurent dans le programme, sauf, semble-t-il, en Irlande et au Royaume-Uni.

Au total, la situation de la francophonie dans l'enseignement du français occupe une place très variable, toujours plus importante dans les programmes universitaires que dans ceux des niveaux inférieurs d'enseignement. Cela s'explique en partie par le fait que dans plusieurs pays d'Asie par exemple, l'enseignement du français est essentiellement universitaire mais aussi par le fait que nombreuses sont aujourd'hui les universités à avoir un département de littérature francophone.

Mais, malgré leur grande importance, les programmes ne sont qu'un indicateur. En fait, la présence des références à la francophonie dans l'enseignement du français dépend surtout de la sensibilisation des enseignants, et, de ce point de vue, les remontées d'informations venues des associations sont encourageantes : la francophonie est un sujet qui intéresse. Dans l'enquête par Internet que nous avons mentionnée, près de deux tiers des répondants déclarent parler souvent de la francophonie à leurs élèves, et seul un tout petit nombre avoue ne jamais le faire.

Dans la pratique, les usages sont variables selon les intérêts et connaissances des enseignants. Or, sauf lorsqu'ils ont la chance de profiter de certains stages pédagogiques d'été comme en France, ceux du BELC à Nantes, du CLA à Besançon, du CAVILAM à Vichy ou de Francophonia à Nice, les professeurs de français sont très peu formés à la francophonie. Les trois quarts des répondants de l'enquête de 2017 disent n'avoir jamais suivi une telle formation. Quand c'est le cas, ils mentionnent des unités d'enseignement spécifiques dans les cursus de master, surtout en littérature francophone ou, dans le cas des universitaires, citent parfois leur propre sujet de thèse en littérature francophone, en linguistique variationnelle ou en sociodidactique.

Presque partout en tout cas s'exprime la volonté de développer des activités culturelles en français et de dépasser les seules occasions annuelles comme, chaque 20 mars, la fête de la francophonie. Les domaines où les enseignants pensent pouvoir décliner la francophonie sont bien entendu en premier lieu la littérature, puis la langue et la culture, saisies dans leur dimension variationnelle, et enfin la question géopolitique. La dimension, économique, si importante pourtant, et le plus souvent évoquée par les associations d'Asie, est moins perçue comme tenant à la francophonie qu'à l'apprentissage du français en général.

2. Considérations éthiques

L'histoire même de la diffusion du français dans le monde, comme d'ailleurs celle de toutes les grandes langues de communication internationales, incite à la plus extrême prudence lorsqu'il s'agit d'intervenir d'une manière ou d'une autre sur son enseignement. En d'autres termes, la proposition d'inclure un volet francophone à l'enseignement du français est-elle de nature à modifier sensiblement voire à changer radicalement la valeur profonde de cet enseignement ? La question n'est pas seulement d'ordre didactique ou, plutôt, elle est un préalable fondamentalement didactique à toute prise de position et à toute action dans un champ dont les origines sont d'origine historique et politique. En réalité, elle ne se pose pas seulement à propos de la francophonie, mais à chaque fois qu'on enseigne une langue non maternelle : une langue nationale par rapport à une langue régionale, une langue étrangère et plus encore une langue seconde. Elle est la même pour l'enseignement du français que pour l'enseignement de l'anglais, de l'arabe, du castillan, du portugais, du russe ou du chinois...

Pour le dire de façon simple : qu'est-ce que je fais lorsque j'enseigne *la* francophonie ? À qui est ce que je l'enseigne ? Quel est le degré de liberté que ceux qui reçoivent cet enseignement possèdent pour l'accepter ou le refuser ? Sont-ils eux-mêmes une force de proposition dans ce domaine ?

D'une certaine manière, le fait qu'il existe une Francophonie institutionnelle complique la réponse car le français est, parmi les grandes langues de diffusion celle qui est le plus politiquement structurée. Qu'on le veuille ou non, inclure un volet francophone dans l'enseignement du français ne peut ni ne doit occulter cet aspect. Patrick Chardenet (2018, 141) perçoit bien cette difficulté lorsqu'il écrit que « nous naviguons aujourd'hui entre un domaine démo-sociolinguistique culturel à la fois comptable des locuteurs, des pratiques langagières et culturelles et un domaine institutionnel construit à la fois par des orientations stratégiques politiques et des systèmes d'action ». De plus, cette complexité est non seulement synchronique mais aussi diachronique car l'idée francophone contemporaine est largement différente de celle de ses origines. Elle est le fruit d'une longue évolution idéologique que Valérie Spaëth résume dans la formule : « la francophonie selon Reclus et Senghor : de la colonisation à la décolonisation » (Spaëth, 2018 : 35). L'enseignement de l'histoire de la francophonie ne relève pas seulement de la didactique du français et, même si elle peut légitimement prendre place dans une formation académique de professeurs de français, Valérie Spaëth plaide plutôt pour enseigner l'histoire de la notion de francophonie. Cela permettrait, dit-elle, « de prendre conscience de processus historiques globaux et notamment des deux régimes d'historicité dans lesquels elle est apparue (la colonisation et la décolonisation) » (Spaëth, *op.cit.* : 4).

3. Valeurs

De même que le français n'a pas le triste monopole d'être une langue dont la diffusion est largement due à la colonisation, il n'a pas non plus celui d'être le vecteur de valeurs dont les autres langues seraient dépourvues. À vrai dire, aucune langue n'est en elle-même porteuse de quelque valeur que ce soit, ce sont les Hommes et les sociétés qui les parlent qui, en bien ou en mal et au fil de leur histoire, peuvent l'être.

Sans donc en réclamer l'exclusivité, les associations de professeurs de français, réunies dans la Fédération internationale des professeurs de français (FIPF) se sont penchées sur les valeurs positives dont on accorde généralement au français d'être le vecteur lors de leur congrès mondial qui s'est tenu à Liège en 2016. Elles y « prennent acte que la langue est un objet politique » et en tirent des propositions à caractère social susceptibles de rendre attractive l'idée francophone. « Par nos propositions, déclarent-elles, nous entendons contribuer à faire advenir ce modèle d'organisation sociale que promeut la francophonie : un monde plus juste, mis à l'abri de la barbarie, respectueux des identités et des diversités. » Elles entendent ainsi « faire de la langue française un moyen de lutter contre les inégalités et de promotion de la "citoyenneté" » (dans la résolution 7) et de « lutter contre l'uniformisation culturelle » (dans les résolutions 5 et 6)[1].

Ces résolutions reflètent une volonté d'utiliser l'outil linguistique qu'est la langue française pour une évolution progressiste du monde des rapports interculturels. Elles se situent dans le courant de pensée qui défend l'idée que, sans occulter le fait que la Francophonie est une construction de nature historique et politique, la *francophonie* est avant tout une réponse particulière à la globalisation, une offre culturelle alternative, c'est-à-dire la proposition d'une vision du monde qui se veut à la fois originale et universaliste (Cuq, 2018). C'est une perspective, que défendent aussi de nombreux professeurs et chercheurs comme Amor Séoud (2001 : 90) qui présentait la francophonie comme « un espace de résistance » à la mondialisation et à l'uniformisation culturelle.

Nous avons dit que le projet francophone jouit généralement d'un jugement positif auprès des enseignants : dans l'enquête de 2017, un peu plus de 2 % des informateurs seulement en ont une opinion négative. Pour la très grande majorité d'entre ceux qui la voient positivement, ce qui est le plus important dans le fait d'insérer un volet francophone dans l'enseignement du français est justement la volonté de montrer la variété des cultures et le désir de faire connaître les pays francophones, les aspects de variétés linguistiques, quoiqu'importants aussi, n'arrivant qu'en troisième position. De leur côté, plusieurs chercheurs francophones (Domingues de Almeida, Marzouki, Thiam, 2018) laissent entendre ou insistent sur le fait qu'un enseignement de la francophonie dans leur pays respectif, où le français est langue étrangère ou langue seconde, permet de revaloriser ou de se réapproprier une partie de la culture nationale, notamment littéraire. Mais nombreux sont aussi les enseignants qui veulent dépasser les seules considérations culturelles et interculturelles et proposent de faire réfléchir les élèves sur les enjeux mêmes de la francophonie. Certains enseignants

1. http://fipf.org/sites/fipf.org/files/resolutions_congres_liege_2016.pdf

de FLM, qui se déclarent « francophones de France », déclarent tenter d'amener leurs élèves à une réflexion sur la place que la France y occupe, tant du point de vue historique que linguistique. Ils tentent ainsi de corriger ce que plusieurs chercheurs jugent comme un « handicap » de la francophonie dans la mondialisation :

> « *la centralisation exclusive et excessive de la France (voire de Paris) dans les représentations et références associables à la langue, mais aussi la permanence de concentration des instances de légitimité culturelle et de tutelle de la langue. Cet état de fait nuit gravement à un enseignement du FLE que l'on souhaiterait davantage représentatif des réalités francophones.* » (Domingues de Almeida, 2018 : 91-92)[2]

4. La francophonie est-elle un objet didactique ?

Une fois admises les légitimes interrogations voire oppositions idéologiques, et après avoir pesé les aspects éthiques de la question, il faut maintenant se demander, décision prise, ce que signifie réellement, d'un point de vue didactique, enseigner *la* francophonie. Autrement dit, peut-on faire de la francophonie un objet unitaire de savoir qui puisse subsumer par la seule existence d'un code commun, la langue, l'hétérogénéité des identités culturelles ? Existe-t-il un concept didactique « francophonie » ou la francophonie n'est-elle, et c'est déjà beaucoup, qu'une notion commode et aujourd'hui souhaitable voire indispensable pour donner à l'enseignement du français la valeur réellement universaliste qu'on lui accorde par des entrées méthodologiques et pédagogiques renouvelées ?

La Francophonie institutionnelle est aujourd'hui communément considérée comme un élément indispensable à la description et à la structuration du champ de l'enseignement du français. On la retrouve ainsi dès le premier chapitre du *Cours de didactique du français langue étrangère et seconde* (Cuq et Gruca, 2002 ; 4e édition, 2017). Mais on a vu qu'elle appartient tout autant aujourd'hui à la sphère des préoccupations des enseignants de français langue maternelle. Comme on l'a dit plus haut, elle n'appartient pas spécifiquement à la didactique des langues mais relève tout autant de plusieurs disciplines qui l'ont déjà bien documentée et fournissent une bonne part des savoirs établis en la matière : l'histoire, la géographie, les sciences politiques, et en leur sein, la politique linguistique qui est reconnue comme partie prenante de la didactique des langues. Elle ne pose pas de problème majeur pour être constituée en tant qu'objet d'enseignement non seulement en termes de savoirs mais aussi

2. Domingues de Almeida J. (2018), « Élargir les repères. Étude de cas sur la présence francophone dans les manuels de FLE au Portugal : Magie des mots », dans Chnane-Davin F., Lallement F. et Spaëth V. (dir.), *Enseigner la Francophonie, enseigner les francophonies, Recherches et Applications*, n° 64, pp. 91-92.

en termes de référent diachronique et synchronique. Elle sera donc utilisée à plusieurs reprises dans la suite de ce livre.

La question est plus difficile pour la francophonie, qui peut certes s'envisager comme une approche méthodologique (l'organisation de l'entrée francophone dans l'enseignement du français), ou comme un concept pédagogique (en tant que pratiques de classe à partir de matériel et de savoirs francophones). Ce sont ces entrées méthodologiques et pédagogiques que nous avons majoritairement choisies pour les chapitres suivants. Cette attitude pragmatique ne dissimule pas la difficulté théorique qu'il y a à faire de la francophonie un objet didactique unitaire, c'est-à-dire un objet d'enseignement indépendant et cohérent. Se pose en effet la question de la nature et de la genèse des savoirs à enseigner mobilisables sous l'étiquette francophone, qui proviennent, nous l'avons vu, d'horizons bien différents.

Depuis les travaux du didacticien des mathématiques Yves Chevallard (1985), on appelle *savoirs à enseigner* la forme que les savoirs prennent lors de la deuxième étape du processus dit de transposition didactique. Longtemps, les didacticiens des langues ont été réticents à utiliser cette théorie car une langue n'est pas un savoir comme peut l'être un théorème par exemple. Néanmoins, enseigner une langue suppose la mobilisation de certains savoirs (grammaticaux, littéraires, culturels) qui sont, eux, susceptibles de subir une certaine transposition avant d'arriver en classe et même au moment de leur utilisation conjointe par l'enseignant et les apprenants. Selon Chevallard, les savoirs sont d'abord conçus dans des lieux de création (universités, laboratoires, ou autres...) et par des personnes dont c'est en quelque sorte le métier. C'est ce qu'il regroupe sous le nom de *noosphère*. Chevallard appelle *savoirs savants* ces savoirs fondamentaux. Ceux-ci subissent ensuite une première transformation externe, institutionnelle, pour devenir ce qu'il nomme des *savoirs à enseigner*. Ce sont les savoirs qu'on retrouve dans les programmes ou dans les manuels, et qui, dans le domaine de la francophonie qui nous préoccupe, sont l'objet d'une demande de définition plus précise par les enseignants. Enfin, dans la classe, les savoirs à enseigner deviennent des *savoirs enseignés*.

Pour être enseignable en tant qu'objet d'enseignement spécifique, et non pas seulement en tant qu'agrégat d'autres objets ou partie d'objets plus ou moins déjà établis et reconnus comme des objets d'enseignement (la « littérature francophone » par exemple), la francophonie devrait donc elle aussi être justiciable d'un tel processus.

Mais existe-t-il des savoirs savants en matière d'enseignement de la francophonie, et quels sont leurs lieux de production ? En 2015, a été créé à Dakar un Institut Francophone pour L'Enseignement et la Formation[3], mais

3. https://ifef.francophonie.org/

ses objectifs et ses programmes ne visent pas pour le moment au moins, la création de savoirs didactiques spécifiquement francophones. Depuis plus d'un demi-siècle (1961 exactement), une Agence Universitaire de la Francophonie[4] fédère les universités qui partout dans le monde mènent des recherches en français ou sur la littérature, la langue ou la culture françaises. Ces universités seraient, nombre considérable, environ 850 aujourd'hui et on observe un peu partout, notamment dans le domaine littéraire, une tendance à dépasser le domaine proprement français pour une certaine ouverture sur ce qu'on peut appeler les études francophones. Mais il ne semble pas pour autant qu'on assiste à l'émergence d'un objet unitaire qui pourrait constituer le noyau de savoirs savants d'une discipline scolaire ou universitaire qu'on pourrait nommer francophonie, comme le sont par exemple les mathématiques, la littérature ou même la linguistique. Or, sans ces savoirs savants, c'est toute la chaîne de transposition qui se trouve privée de son ancrage.

Même s'ils sont généralement plus intéressés par l'étape des savoirs à enseigner, par nature plus proche de leurs préoccupations quotidiennes, les enseignants que nous avons interrogés dans l'enquête citée au début de ce chapitre ressentent ce manque d'assise théorique sur l'enseignement de la francophonie.

À la question « Connaissez-vous des ouvrages théoriques sur l'enseignement de la francophonie ? », qui visait à savoir si l'enseignement de la francophonie constitue ou non un savoir savant chez les professeurs, près des trois quarts des répondants ont répondu non. Lorsque des ouvrages sont cités, les titres montrent souvent que la francophonie est plus ou moins confondue avec l'enseignement du FLE-FLS, même si certains ouvrages cités peuvent comprendre un chapitre ou des renseignements historiques sur la francophonie (*Dictionnaire de didactique du français langue étrangère et seconde, Cours de didactique du français langue étrangère et seconde, Histoire des méthodologies*...). De même, les titres proposés sont parfois assez disparates et peuvent aller du manuel scolaire à des ouvrages théoriques de didactique dont certains, dit un des informateurs, « pourraient être appliqués à l'enseignement de la francophonie. »

Tous les domaines sont abordés, mais certains sont visiblement mieux connus que d'autres. Si les aspects culturels et les questions de variation linguistique en francophonie sont assez peu connus, (à l'exception de *Civilisation progressive de la Francophonie*, de Noutchié Njiké, dont l'enseignant qui le cite reconnaît cependant que « c'est plutôt un manuel pour préparer des cours qu'un ouvrage » et d'un livre québécois plutôt destiné aux enseignants du secondaire, celui de Boucher et Pilote, *La culture en classe de français*, ce sont en revanche les auteurs et les ouvrages portant sur la littérature ou sur la politique linguistique qui sont les plus

4. http://www.auf.org

cités (Ager, Bal, Chaudenson et Rakotomalala, Calvet, Deniau, Dumont, Manessy, Maugey, Testu, Valdman). Toutefois, dans ce dernier domaine, les répondants se rendent parfois bien compte qu'il ne s'agit pas toujours d'ouvrages « SUR (*sic*) l'enseignement de la francophonie, mais pour l'enseignement de la francophonie ». Bien sûr, c'est le domaine de la francophonie littéraire qui est le plus connu et le mieux référencé (en particulier l'ouvrage de Provenzano, *Vies et mort de la francophonie. Une politique française de la langue et de la littérature.*)

Un autre indice important qui montre que l'enseignement de la francophonie n'est pas (encore ?) un champ didactique établi, est qu'aucune revue théorique ou méthodologique ne lui est spécifiquement dédiée et que chercheurs comme enseignants doivent chercher dans les revues généralistes, où on peut parfois trouver des dossiers ou des articles plus précisément consacrés à la francophonie (*Le français dans le monde* ou la collection « Synergie, Repères », et même *Jeune Afrique* ou *Droit international*). On peut considérer comme une exception le supplément de la revue *Le français dans le monde, Francophonies du monde* qui paraît trois fois par an et qui contient toujours un petit dossier pédagogique[5].

Même lorsqu'ils sont connus, les ouvrages de politique linguistique ne fournissent naturellement qu'une petite partie des matériaux de classe, et les méthodes à peine plus. Près des deux tiers des enseignants qui parlent de francophonie à leurs élèves recherchent surtout leurs documents sur la toile, et utilisent en particulier les ressources numériques que les institutions francophones, surtout TV5 monde[6], mettent à leur disposition. Mais, ils exploitent surtout, de façon classique en FLE, la chanson et les textes littéraires et en sont souvent réduits à un « bricolage » pédagogique qui témoigne de leur savoir-faire professionnel.

Au total, on peut dire que la documentation sur l'enseignement de la francophonie n'est pas inexistante mais qu'elle est souvent peu spécifique, disparate, dispersée, mal diffusée et donc difficile d'accès. Si les bibliothèques universitaires sont aujourd'hui mieux fournies, tel n'est pas le cas de la documentation des collèges et des lycées dans de nombreux pays francophones, et l'accès à la toile est encore moins partagé.

On peut dire pour conclure que les enquêtes menées auprès des enseignants montrent qu'ils éprouvent une certaine perplexité vis-à-vis de la complexité de la notion de francophonie dont il est difficile, en l'absence de réelle conceptualisation, de faire un objet didactique unitaire de savoir et d'enseignement. Pour Ousseynou Thiam, qui précise qu'actuellement environ un tiers seulement des Sénégalais sont francophones (c'est-à-dire parlent français), la francophonie « n'est pas un savoir, c'est un devenir par une appropriation linguistique, par une construction d'une identité

5. www.fdlm.org
6. http://www.tv5monde.com/

culturelle et interculturelle » (2018 : 123-124). Il parle de « communauté francophone » et décrit la francophonie comme « ce qu'il faut savoir ou croire pour se conduire de façon acceptable pour les membres de cette communauté, et ce dans tous rôles qu'ils accepteraient pour chacun des leurs ».

Il s'agit donc d'un domaine particulièrement complexe à enseigner. Parmi les difficultés que l'enseignant doit surmonter, Céline Mézange (2018 : 167) avance que, du point de vue de la variété de langue, chacun enseigne naturellement « la variété francophone qu'il connaît le mieux » (= la sienne). Comme d'autres chercheurs, elle constate que « les supports surreprésentent le français de France » mais aussi que « les apprenants nourrissent une vision d'une langue française normée, voire unique » où « les accents peuvent être perçus de façon négative ».

Pourtant, si la tâche est ardue, elle n'en est pas pour autant impossible et elle correspond à un vrai désir d'ouverture des sociétés démocratiques contemporaines auquel l'enseignement du français doit contribuer.

Savoir si la francophonie est ou n'est pas un objet spécifique est un chantier important et encore largement ouvert aux études théoriques sur l'enseignement de la francophonie. On peut sans doute s'accorder, *a minima*, sur l'existence d'un champ qu'on peut nommer *études francophones*.

Mais ce qui est le plus important, c'est que la référence à la francophonie devient de plus en plus, chez beaucoup d'enseignants une attitude, un réflexe pédagogique, qui leur permet d'élargir la classique vision francocentrée de l'enseignement du français.

Enseigner la francophonie est donc une expression discutable mais commode pour dire d'une part qu'on adopte dans tous les domaines de l'enseignement du français une attitude méthodologique et pédagogique ouverte à tous les savoirs et matériaux issus du monde francophone au sens complet du terme, c'est-à-dire provenant aussi bien de régions où le français est langue maternelle que de celles où il est langue seconde et même parfois langue étrangère.

C'est ce que nous allons faire dans la suite de cet ouvrage.

4

La francophonie : du savoir à la compétence

Nous avons vu dans le chapitre précédent qu'il n'est pas établi que la francophonie puisse être considérée comme un savoir spécifique unitaire, un *savoir savant*, selon la terminologie de Chevallard, et soit donc, en tant que telle, susceptible de transposition dans la classe. Ce type de processus didactique qui part du concept ou de la théorie à l'objet enseigné en classe est le plus courant dans les disciplines scolaires. On peut le qualifier de didactique descendante, sans bien sûr ajouter de connotation négative à cet adjectif.

On a dit aussi qu'il existe en revanche un faisceau de connaissances organisables selon un dénominateur commun que l'on peut appeler *francophonie*. C'est sur cette base, certes disparate mais bien réelle, que peut s'organiser une réflexion méthodologique et pédagogique, qu'on peut appeler cette fois de type ascendant.

1. De la prise de conscience au réflexe

La présence en France et en Belgique des populations migrantes, pour beaucoup originaires de régions anciennement colonisées, a favorisé chez beaucoup d'enseignants de ces pays la prise de conscience que la vision traditionnelle de la langue qu'ils enseignent, fondée sur une histoire littéraire bien balisée et une norme grammaticale peu contestée, ne résiste pas à la réalité des performances discursives de beaucoup de leurs élèves et aux éléments culturels que, bon gré mal gré, ils font entrer avec eux dans la classe. Peu à peu, au réflexe professionnel de stigmatisation de ces éléments différentiels, se substitue, dans la limite bien sûr des exigences des programmes et des objectifs officiels, une attitude plus compréhensive et plus positive. Beaucoup de professeurs ont en effet compris que ces différences culturelles et linguistiques, qui peuvent *a priori* constituer un handicap scolaire et qui le sont réellement si elles ne sont pas dépassées et subsumées par le projet éducatif commun, peuvent au contraire constituer un riche apport pédagogique pour tous les élèves de la classe.

C'est cette attitude nouvelle, qu'on pourrait appeler la *conscience francophone*. Lorsqu'elle dépasse la simple appréhension ponctuelle des variations mais qu'elle devient un des axes méthodologiques importants de l'enseignement, elle se transforme en un réflexe professionnel, de la même manière que tous les autres réflexes que les enseignants ont intégrés et mettent en œuvre dans leur savoir-faire professionnel quotidien. Avoir le réflexe francophone consiste à prendre systématiquement en compte un cadre de référence élargi pour l'enseignement du français langue étrangère, seconde ou maternelle, le cadre francophone. Ce cadre est le champ de référence dans lequel l'enseignant de français peut aller puiser le plus largement tous les éléments nécessaires à son enseignement du français.

Cette perspective d'enseignement linguistique et culturel, qui dépasse le cadre « franco-français » qui est généralement celui de l'enseignement de notre langue dans le monde, est susceptible d'ouvrir les apprenants, qu'ils soient de FLM, de FLS ou de FLE, à d'autres horizons, à des régions des cinq continents, grâce à une langue médiatrice entre des locuteurs francophones qui partagent des valeurs, des symboles et des émotions, c'est-à-dire finalement à des références culturelles de tous les pays où s'enseigne le français, rendues accessibles et partageables par la langue.

2. Francophonie : globalisation et mondialisation

En fait, les termes de *globalisation* et de *mondialisation* sont en France et plus largement dans le monde francophone deux termes qui ne sont pas totalement équivalents. Le terme américain de *globalization* est traduit en français par *globalisation* mais il est en concurrence avec *mondialisation*. On attribue l'origine du terme de globalisation dans cette acception à l'économiste américain Jonathan Levitt, qui l'a utilisé dans un article publié en 1983. Il s'agit avant tout d'une notion économique, fondée sur une conception transnationale du capitalisme, qui tente au maximum de s'affranchir des frontières nationales, notamment par la circulation des capitaux et la communication interpersonnelle et interentreprise en temps réel grâce aux moyens numériques. Il ne s'agit pas d'une proposition culturelle explicite, impliquant une nouvelle conception du futur humain, mais, ce qui n'exclut évidemment aucune arrière-pensée de cet ordre, du constat d'une révolution économique affranchie des considérations géographiques et culturelles d'éloignement ou de proximité.

La mondialisation n'est pas vraiment le contraire de la globalisation puisqu'elle concerne elle aussi prioritairement la question des échanges économiques. Mais elle inclut aussi une vision à long terme de l'évolution vers un modèle unique des sociétés et des cultures. L'acceptation ou le rejet de cette perspective uniformisante à l'échelle mondiale sont à la base de choix économiques mais aussi politiques sociaux et culturels majeurs, qui ont bien entendu des conséquences importantes pour les langues et pour les cultures qu'elles véhiculent et contribuent à diffuser.

Sous peine de tomber sous le coup des mêmes reproches que ceux qui sont adressés à la globalisation ou même à la mondialisation, il est fondamental d'envisager la perspective francophone non pas comme une mini-mondialisation en français et encore moins comme une mini-globalisation, mais au contraire comme un cadre culturel dans lequel chaque élément trouve une place égale en droit et en dignité à celle des autres, et de montrer que cela est possible non seulement dans l'espace dit francophone, mais plus largement en français. Enseigner la francophonie n'est pas tenter de substituer une autre hyperlangue à celle qui joue ce rôle actuellement mais, en quelque sorte, d'organiser une concurrence constructive sur la base de la complémentarité entre les langues en contact sur les aires géographiques et politiques concernées. En Europe par exemple, où le français souffre aujourd'hui d'une forte concurrence (essor de l'espagnol, reprise de l'allemand et du russe en Europe centrale...), l'élargissement à la francophonie est souvent vu par les professeurs de français comme un argument susceptible de revivifier l'enseignement du français car il offre aux apprenants une ouverture sur les cinq continents.

Envisager l'enseignement du français dans une perspective francophone donne à chaque apprenant la possibilité de définir une partie (et une partie seulement) de son identité selon ce critère et de s'insérer non seulement à la partie de l'humanité qui a le français en partage mais, par-delà même, à l'ensemble de l'humanité. Par l'éducation à la connaissance et au respect des différences culturelles et linguistiques internes et externes, la perspective francophone est donc une contribution à un projet éducatif fédérateur et humaniste.

3. Francophonie, plurilinguisme et construction identitaire

Les notions de plurilinguisme et de pluriculturalisme sont un des piliers du projet éducatif européen et figurent un peu partout en bonne place dans le *Cadre européen de référence pour les langues* (*CECR*). À ce titre, elles devraient constituer un des éléments majeurs de l'éducation des jeunes Européens. L'enseignement du français s'inscrit pleinement dans cette perspective européenne mais il peut s'appuyer aussi sur un autre pilier, la francophonie. Or le fait qu'il existe autour du monde des francophonies de langue maternelle, de langue seconde et de langue étrangère dépasse le cadre strictement européen et amène les enseignants de français qui choisissent cette entrée à opter pour une démarche réflexive, c'est-à-dire une démarche qui permet d'amener les élèves à réfléchir sur des éléments linguistiques et culturels qui participent comme on l'a dit à la définition de leur propre identité et sur des éléments culturels qui leur sont *a priori* étrangers mais auxquels le français leur permet d'accéder et de se confronter.

La perspective francophone permet de montrer aux apprenants de français, qu'ils soient de langue maternelle ou de langue étrangère, ce que les apprenants de langue seconde savent bien : dans de nombreux pays dits francophones, le français n'est le plus souvent qu'un des éléments d'un système culturel et linguistique plus large et donc une partie du répertoire verbal plurilingue de très nombreux francophones.

Pour nous limiter à une seule des zones dites francophones (mais majeure pour l'avenir du français), ne prenons que deux exemples sur le continent africain :

Le premier est celui du Sénégal, qu'on donne souvent comme le parangon des États francophones. Dans sa thèse, Ousseynou Thiam (2014) rappelle d'abord que « les ethnies et les langues de son pays sont issues de trois grandes civilisations : la civilisation négro-africaine, l'arabo-islamique et la française » :

> *« En définissant l'ethnie comme un groupe humain possédant un héritage socioculturel, la langue, la religion, les traditions, nous pouvons dénombrer beaucoup d'ethnies au Sénégal. Selon le recensement de 1988 du ministère de l'Économie, des Finances et du Plan, il y a dix-neuf ethnies parmi lesquelles : le Wolof, le Pular, le Sérère, le Diola, le Mandingue, le Bambara le Soninké ou Sarakholé, le Maure, le Mandiack, le Balante, le Laobé, le Mancagne, le Bassarie, le Bedik, le Bainouk... »* (Thiam, 2014 : 28)[1]

1. Thiam O. (2014), *Didactique du français langue seconde au Sénégal. Le cas du français dans les établissements moyen et secondaire*, thèse de doctorat, dir. Chnane-Davin F., Aix-Marseille Université.

Et il ajoute :

> « *Aucune de ces langues n'est dans l'isolement qui l'exclurait des contacts avec les autres. C'est un fait presque naturel, au Sénégal les langues interagissent et créent une complexité linguistique.* » *(*ibidem*)* « *Pour toutes ces raisons [conclut-il,] nous pouvons soutenir que* le français *est une* langue africaine. » *(*ibidem*)*

Dans ce contexte, le français jouit certes d'une place privilégiée car il est la langue des institutions politiques dans leur communication officielle et internationale et de l'enseignement, mais il n'est qu'une partie du répertoire linguistique des Sénégalais. Chacun d'entre eux ne parle certes pas toutes les langues de son pays, mais il en possède souvent plusieurs : un bon exemple de réflexion pour les jeunes Européens.

Le second exemple est celui du Maghreb où l'arabe est partout langue officielle et est présenté comme la langue maternelle des habitants (encore faudrait-il s'entendre sur la variété dont on parle et de quels habitants il est question : Le Maroc a par exemple récemment accepté aussi l'amazigh, langue des Berbères, comme seconde langue officielle (depuis 2011). Là aussi, la place du français, évolutive elle-même, fait évoluer les conceptions monolingues et monoculturelles de la société. Selon Mohamed Miled[2],

> « *l'attachement au monolinguisme et par là même à une identité arabo-musulmane (même s'il convient de distinguer ici l'identité arabophone et l'identité musulmane), et corrélativement le rejet, surtout du français sont de moins en moins attestés et revendiqués.* » (Miled, 2008 : 198)

Pour autant, la place du français dans la construction identitaire et dans le répertoire verbal des apprenants n'est pas facile à définir, dit Mohamed Miled :

> « *à la frontière entre le bilinguisme et le plurilinguisme : la francophonie maghrébine se construit pour les uns dans le bilinguisme et pour les autres dans le plurilinguisme* ». (Miled, *ibidem*)

Au Maghreb comme au Sénégal, l'élargissement de l'enseignement du français à la francophonie offre aux apprenants une autre perspective sur la langue seconde et une représentation plus propice à son appropriation : non plus (seulement) celle d'un héritage colonial, mais celle d'une participation de droit, d'une colocation, comme disait Sony Labou Tansi, ou même d'une copropriété (Kourouma).

En fait, nulle part sur l'immense continent africain, les positions du français ne sont identiques et nulle part les descriptions et les enjeux du plurilinguisme auquel il participe ne sont non plus les mêmes. Le plurilinguisme des locuteurs ne se manifeste pas seulement par un usage diglossique des langues,

2. Miled M. (2008), *Identité linguistique et didactique convergente dans un contexte bilingue : l'exemple du français et de l'arabe au Maghreb*, dans *Plurilinguismes et enseignement : identités en construction*, Riveneuve, pp. 197-203.

ni même par l'alternance codique. On le trouve également dans les stratégies véritablement plurilingues de certains locuteurs. Pascale Prax-Dubois[3] en donne un exemple à La Réunion, où elle a recueilli certains témoignages :

> « *Mais elle [Johanna] déclare aussi "mélange[r] un peu" le malgache de Tamatave avec le français car, selon elle, "c'est plus précis en français" : "par exemple, on dit prépare le couvert, prépare, on dit ça en malgache mais couvert ça reste en français [...] une cuillère aussi, c'est comme ça ou alors, mets la table, on dit* anbora *couvert". Ainsi, le malgache n'entre pas en compétition avec le français, devenu l'une des composantes de son répertoire plurilingue, mais lui est complémentaire.* » (Prax-Dubois, 2020 : 72)

Aux limites de la francophonie, il arrive même parfois que des langues en contact naisse une langue nouvelle, à fonction véhiculaire mais surtout identitaire. C'est ce qu'explique Carole de Féral[4] sur l'exemple du francanglais au Cameroun :

> « *Le francanglais est né d'une intention délibérée de faire appel à un lexique différent de celui qu'ils avaient appris, chez les locuteurs qui en avaient déjà une bonne compétence. On doit donc considérer le francanglais non comme résultant d'un processus de pidginisation mais comme étant une manifestation de l'appropriation vernaculaire du français. C'est aussi le cas par exemple du nouchi en Côte d'Ivoire, même si le français sur lequel il se greffe est généralement moins proche/plus éloigné du standard qu'au Cameroun.* » (de Féral, 2010 : 9)

4. Francophonie et formation à la diversité culturelle

Le simple fait de nommer la francophonie trace une frontière avec ce qu'elle n'est pas. Or on vient de voir que certaines transgressions linguistiques frontalières créent d'autres espaces linguistiques et culturels, d'autres dynamiques humaines, tant diachroniques, que diastratiques. Du coup, en francophonie, plurilinguisme et pluriculturalisme se définissent autant par les nouveaux paysages intérieurs qu'ils dessinent que par leur extérieur, et participent de prises de conscience identitaires diverses.

Pour en revenir aux exemples ci-dessus :

Au Maghreb, dit Mohamed Miled en faisant notamment allusion au français,

---

3. Prax-Dubois P. (2020), « Histoires langagières et dynamiques circulatoires à La Réunion. Comment penser la mobilité internationale à l'école aujourd'hui en Outre-mer ? », *Recherches et Applications*, n°72.

4. Féral C. de (2010), « Pratiques urbaines et catégorisations au Cameroun, français, francanglais, pidgin, anglais : les frontières en question », dans Blanchet P. et Marinez P., *Pratiques innovantes du plurilinguisme*, AUF-EAC, pp. 7-22.

> *« une évolution sociolinguistique favorable aux langues étrangères, du moins au plan institutionnel, ainsi que le brassage des cultures, fait dire à certains que les langues en contact, et par là même leurs cultures, participent aussi de cette identité maghrébine. »* (Miled, 2008 : 198)

Au Cameroun, écrit Carole de Féral, « en transcendant les diversités ethniques et socioculturelles, parler pidgin ou francanglais permet à leurs locuteurs de poser une identité « camerounaise » et essentiellement « anglophone » dans le cas du pidgin et aussi « jeune » et « francophone », dans le cas du francanglais. » (de Féral, *loc. cit.*)

Ces exemples montrent que la pluralité linguistique n'induit pas seulement la pluralité culturelle, c'est-à-dire la coexistence plus ou moins poreuse de plusieurs cultures. Elle peut aussi, comme le dit Pierre Dumont (2008), être l'indice d'une nouvelle culture ou de nouvelles cultures de la francophonie ou à ses frontières.

Mais de quel type de culture s'agit-il ? On a évoqué au chapitre 2 la distinction entre la « culture savante », celle de la littérature, de la musique, de la peinture, etc., et la « culture anthropologique » qui réunit toutes les façons de vivre et de se conduire dans une société. Sans nier l'importance de la première, que nous illustrerons au point suivant par l'exemple de la littérature, c'est sur les cultures anthropologiques que la perspective francophone permet une ouverture particulièrement féconde.

Pour les apprenants de français langue étrangère et de français langue seconde, travailler sur les cultures anthropologiques francophones contribue sans aucun doute à dépasser les craintes d'une trop grande acculturation à la langue étudiée et contribue à la définition identitaire personnelle par le fait de se percevoir comme appartenant aussi à un espace commun, l'espace francophone non limité à la France. Si cette acculturation n'est bien sûr pas à craindre chez les élèves de français langue maternelle, l'apprentissage d'une appartenance à l'espace francophone commun les ouvre incontestablement à des richesses nouvelles.

Pour tous, on voit que la fonction symbolique de la langue est aussi importante que sa fonction communicative. La fonction symbolique n'est pas pour nous la fonction dénotative de Jacobson, qui décrit la capacité de la langue à représenter les éléments du monde non linguistique en symboles linguistiques, mais est plus proche de la fonction symptomatique du langage de son prédécesseur le psychologue allemand Bühler (1934), en relation avec la fonction expressive vue par Jean-Marie Klinkenberg selon qui « Tout message, même le plus froid, met en évidence la condition de son émetteur. » (1996 : 53), c'est-à-dire celle qui fait que les interlocuteurs laissent, plus ou moins volontairement, des traces de leur être et de leurs appartenances. Or prendre conscience de ses appartenances multiples et apprendre à mesurer le plus clairement possible l'adhésion ou la distanciation qu'il ressent par rapport à elles est pour un individu un fait éducatif majeur.

5. Francophonie et littérature

Du côté de la culture dite savante ou cultivée, la littérature est à l'évidence le territoire majeur où se développe, en lien osmotique avec la fonction poétique, cette fonction symbolique. De plus, la littérature est traditionnellement un centre d'intérêt majeur pour l'apprentissage des langues étrangères et notamment du français. Les auteurs privilégiés par les programmes de FLM ou de FLS mais aussi par les professeurs de FLE sont souvent les grands noms des siècles passés bien que les auteurs modernes soient maintenant mieux considérés dans les programmes. Cependant, certains écrivains contemporains majeurs parmi lesquels on peut citer les deux derniers prix Nobel Jean-Marie Le Clézio (2008) et Patrick Modiano (2014) qui témoignent de la vitalité et de la reconnaissance internationale des écrivains français, ne sont pas encore totalement devenus des auteurs classiques, c'est-à-dire régulièrement étudiés en classe.

Mais il existe aussi pour la littérature en langue française une perspective mondialisée, sans frontières étatiques. Ce sont les œuvres écrites en français par des écrivains non Français, qu'ils soient de langue étrangère ou de langue seconde.

C'est ce qu'on appelle couramment mais un peu vite la « littérature francophone ». Cette lexie a suscité bien des polémiques et on lui préfère maintenant celle de « littérature en langue française », ou, après le manifeste de plusieurs écrivains de très grand renom, Français ou non, « littérature monde en langue française »[5]. Ce texte a le très grand mérite de remettre fondamentalement en question la notion de centre et de plaider, plus que pour les marges, pour une littérature polycentrée. On peut dire qu'avec la littérature, la francophonie secrète en elle-même, ses propres antidotes à toute tentation impérialiste et néocolonialiste. À cet égard, une phrase de ce manifeste des écrivains de langue française est particulièrement percutante :

> « *Soyons clairs : l'émergence d'une littérature-monde en langue française consciemment affirmée, ouverte sur le monde, transnationale, signe l'acte de décès de la francophonie. Personne ne parle le francophone, ni n'écrit en francophone. La francophonie est de la lumière d'étoile morte. Comment le monde pourrait-il se sentir concerné par la langue d'un pays virtuel ?* » (*Le Monde*, 2007)

Si personne en effet ne parle le francophone, on laissera aux auteurs de ce texte militant la responsabilité de la déclaration d'acte de décès de la francophonie, comme il y en eut naguère de l'histoire. Pour ce qui concerne l'enseignement du français, on retiendra davantage l'idée fondamentale

5. Voir le manifeste paru dans *Le Monde* du 16 mars 2007, « Pour une littérature monde en français ».

du texte, à savoir l'égalité de considération à apporter à tous les écrits littéraires de langue française, que le français soit pour leurs auteurs une langue maternelle, seconde ou étrangère et, pour les apprenants les plus avancés, un thème argumentatif intéressant.

On trouve souvent les mêmes réticences idéologiques dans les études critiques sur la littérature, qui ont maintenant une cinquantaine d'années dans les universités (années 1970 en France). On ne citera pour illustrer cette position qu'un passage virulent de l'introduction d'un ouvrage de Véronique Crinus et Mireille Hilsum[6] :

> *« La critique littéraire (francophone) [...] a voulu déconstruire les discours mystificateurs de la Francophonie institutionnelle sous-tendus par d'évidents enjeux économiques et politiques ». C'est une école "d'indépendance idéologique".* (2019 : 9)

Là encore, on laissera aux auteures la responsabilité de leur propos mais ces deux textes suffisent nous semble-t-il, à confirmer la valeur hautement formatrice pour l'esprit critique de la littérature en langue française.

6. La compétence francophone

Adopter une perspective francophone dans l'enseignement du français n'est pas faire allégeance à quelque discours institutionnel que ce soit. Toute conviction personnelle par ailleurs sauvegardée, c'est au contraire, où que se trouve le professeur de français, grâce au réflexe de pratique de la décentration linguistique et culturelle, engager les apprenants dans un apprentissage réflexif, entendu non seulement sur la manière d'apprendre mais aussi sur le contenu même de l'apprentissage.

Cela suppose chez l'enseignant une curiosité du monde francophone dans son entier, l'acquisition de connaissances nouvelles, d'ordre linguistique, littéraire et culturel. Cela suppose aussi la volonté et la capacité d'en faire profiter les apprenants, appuyées sur des principes méthodologiques comparatistes et variationnistes et sur des pratiques pédagogiques spécifiques. C'est cette capacité qu'on nommera chez l'enseignant de français la compétence francophone. Quant à leurs élèves, s'ils ne « parlent pas le francophone », ils ne deviendront plus seulement des apprenants de français, mais, apprenant ainsi le français, de véritables francophones.

---

6. Crinus V. et Hilsum M. (2019), *Nouvel état des lieux des littératures francophones*, PUL.

5

Appréhender les contextes d'enseignement

La question de la définition des contenus pour enseigner la francophonie est centrale : il s'agit de ne pas confondre cet enseignement avec celui de la langue française même si les deux sont complémentaires. Mais dès lors qu'il s'agit d'intégrer à des savoirs linguistiques et culturels un objet au départ idéologique et politique, la construction et la modélisation de la francophonie en objet enseignable ne sont pas une tâche facile. L'intégration des savoirs est une opération méthodologique d'autant plus délicate qu'elle ne touche pas que les identités des communautés nationales mais, comme on l'a vu, qu'elle contribue aux définitions identitaires individuelles, où le contexte géographique, politique, voire idéologique ou religieux atteint au plus profond de chaque individu, enseignant comme apprenant.

À cet effet, outre la transposition externe proposée par Chevallard dans le processus de transposition (*cf.* chapitre 3), il est nécessaire de procéder à une transposition interne des savoirs (Chnane-Davin, 2018). Selon Develay (1992), cet élargissement se fait selon deux processus : le premier est celui de la didactisation qui permet d'organiser et d'adapter Les contenus nécessaires à la réalisation des objectifs et qui peut aboutir à la création de nouveaux objets enseignables. Le second est celui de l'axiologisation qui est centrée sur les finalités éducatives des contenus et sur les valeurs. C'est au processus de didactisation que nous nous intéresserons principalement dans la suite.

1. Le temps didactique

Avec le temps, les objets de savoir ont besoin de régulation et d'actualisation :

> « *L'objet enseigné est ainsi le résultat d'une construction temporelle progressive qui implique des transformations, des mises en scène successives de l'objet, recontextualisées en classe, construites de proche en proche, pour assurer la nécessaire continuité entre elles.* » (Sales Cordeiro et Schneuwly, 2007 : 71[1]).

Mais comme on le sait, les savoirs eux-mêmes sont influencés par les conditions ethnographiques du milieu de leur circulation et par les réalités socioculturelles. Si la distance est très éloignée entre les savoirs et le contexte des apprenants, des obstacles peuvent empêcher la réalisation des objectifs attendus. D'où l'importance d'élaborer des savoirs adaptés à leur environnement d'apprentissage et à leur degré de francophonie.

Cette transformation subie par le savoir en circulation relève d'une transposition didactique interne lorsque le savoir « effectivement enseigné » diffère du savoir à enseigner et/ou doit être complété. Cela peut créer en quelque sorte un écart qui permet d'intégrer des savoirs externes qui n'étaient pas prévus initialement dans les programmes. Pour faire évoluer le savoir dans le temps de la classe, il faut procéder à un ajustement local qui nécessite ce que Chevallard (1985, 1991) nomme une *chronogenèse* bien structurée. Le concept de chronogénèse renvoie au déroulement dans le temps des actions didactiques. Elle est bien structurée lorsque les élèves sont le plus longtemps possible de véritables apprenants, c'est-à-dire lorsqu'ils apprennent effectivement quelque chose.

En d'autres termes, l'enseignant doit être capable de dégager du temps pour insérer un savoir non programmé. Un autre facteur est important dans l'introduction d'un nouveau savoir : c'est le type d'environnement, qui détermine le choix des contenus et leur élargissement aux autres contextes. Par exemple, comment partir de l'environnement immédiat pour aller vers le plus éloigné dans l'enseignement de la francophonie ?

2. L'environnement francophone

Parler d'environnement francophone (FLM, FLE, FLS) relance la question de la définition de ce qu'est un francophone. Si on se contente, selon le sens commun, de la définition liée à l'individu, un francophone est quelqu'un qui s'exprime en français, quel que soit son degré de maîtrise ou de compétence dans cette langue. Or, le fait d'être francophone de langue

1. Sales-Cordeiro G. et Schneuwly B. (2007), « La construction de l'objet enseigné et les organisateurs du travail enseignant », *Recherche et Formation*, n° 56, pp. 67-80.

maternelle (FLM), de langue seconde (FLS) ou de français langue étrangère (FLE), implique parfois des performances linguistiques différentes, dont vont dépendre les contenus de savoir à enseigner et les compétences à développer. Vivre en français dans un milieu francophone et apprendre le français dans un milieu non francophone se réfèrent certes à une langue commune, la langue française, mais n'induisent pas les mêmes objectifs d'enseignement-apprentissage. Dans le premier cas, le français est une langue de scolarisation et dans le second une langue de communication. L'enseignement de la francophonie qui se greffe sur ces apprentissages n'implique pas les mêmes démarches et ne nécessite pas la définition des mêmes objectifs ni des mêmes contenus. Comme on l'a dit, il n'existe pas de texte de savoirs sur l'enseignement de la francophonie dans les programmes, et cet enseignement est souvent réduit à la journée, à la semaine ou au mois de la francophonie. Dans chaque contexte, le bricolage est roi et chaque enseignant ou chaque établissement fait un choix de contenus. Mais la francophonie peut-elle être enseignée dans n'importe quel contexte où le français est enseigné ?

Les cartes de la francophonie en montrent une représentation réduite qui peut induire une confusion entre « francophonie » et « Francophonie ». Par exemple l'observation de la carte 1 p. 64 pourrait laisser penser qu'il suffit d'apparaître dans le nombre des pays dits francophones pour qu'on y enseigne la francophonie.

Être représenté sur la carte comme adhérent à la Francophonie ne signifie pas que toute la population, ou même la majorité, est effectivement francophone, et encore moins que la francophonie y soit un objet d'enseignement scolaire. Inversement, la carte 2 montre qu'un pays comme l'Algérie, qui n'est pas représenté sur la première carte et qui est officiellement bien peu favorable à la francophonie, a une partie importante de sa population qui parle français.

Comparer ces deux cartes peut être une activité orale intéressante dès la fin du niveau A2.

La réalité, comme on peut le voir aussi sur une vidéo[2] de l'OIF sur l'enseignement du français dans le monde, montre au contraire que la francophonie peut être enseignée dans tous les contextes où le français est étudié comme langue maternelle, étrangère ou seconde.

Même si la définition du « contexte » selon Porquier et Py (2004) renvoie d'abord au lieu, comme « cadre socio-institutionnel », nous entendrons ici *contexte* comme une situation d'enseignement-apprentissage du français. Autrement dit, un contexte est considéré comme francophone qu'il soit celui d'une société (pays francophone), d'un établissement (bilingue par exemple) ou d'une classe (enseignement du FLE).

---

2. https://www.youtube.com/watch?v=yR7c58l_GJk

■ Carte 1

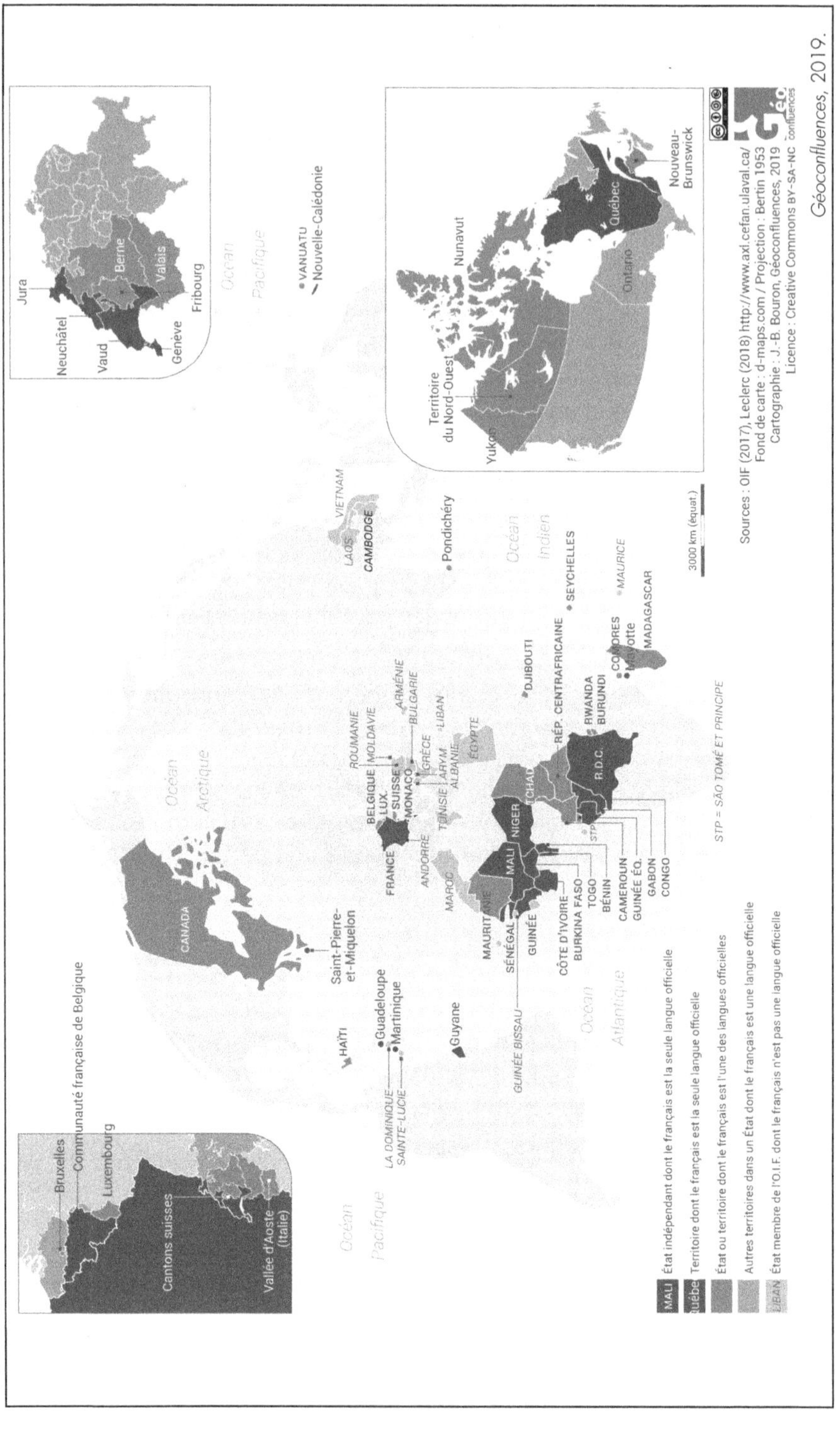
Communauté française de Belgique
Bruxelles
Luxembourg
Cantons suisses
Vallée d'Aoste (Italie)
Jura
Neuchâtel
Vaud
Genève
Fribourg
Berne
Valais
Territoire du Nord-Ouest
Yukon
Nunavut
Ontario
Québec
Nouveau-Brunswick
CANADA
Saint-Pierre-et-Miquelon
HAÏTI
Guadeloupe
Martinique
LA DOMINIQUE
SAINTE-LUCIE
Guyane
Océan Pacifique
Océan Arctique
Océan Atlantique
Océan Indien
FRANCE
BELGIQUE
LUX.
SUISSE
MONACO
ANDORRE
ROUMANIE
MOLDAVIE
ARMÉNIE
BULGARIE
GRÈCE
ARYM
ALBANIE
LIBAN
ÉGYPTE
TUNISIE
MAROC
MAURITANIE
MALI
NIGER
TCHAD
SÉNÉGAL
GUINÉE BISSAU
GUINÉE
CÔTE D'IVOIRE
BURKINA FASO
TOGO
BÉNIN
CAMEROUN
GUINÉE ÉQ.
GABON
CONGO
STP
R.D.C.
RÉP. CENTRAFRICAINE
RWANDA
BURUNDI
DJIBOUTI
SEYCHELLES
COMORES
Mayotte
MADAGASCAR
MAURICE
Pondichéry
LAOS
CAMBODGE
VIETNAM
VANUATU
Nouvelle-Calédonie
STP = SÃO TOMÉ ET PRINCIPE
3000 km (équat.)
MALI État indépendant dont le français est la seule langue officielle
Québec Territoire dont le français est la seule langue officielle
État ou territoire dont le français est l'une des langues officielles
Autres territoires dans un État dont le français est une langue officielle
LIBAN État membre de l'O.I.F. dont le français n'est pas une langue officielle
Sources : OIF (2017), Leclerc (2018) http://www.axl.cefan.ulaval.ca/
Fond de carte : d-maps.com / Projection : Bertin 1953
Cartographie : J.-B. Bouron, Géoconfluences, 2019
Licence : Creative Commons BY-SA-NC
Géoconfluences, 2019.

■ Carte 2

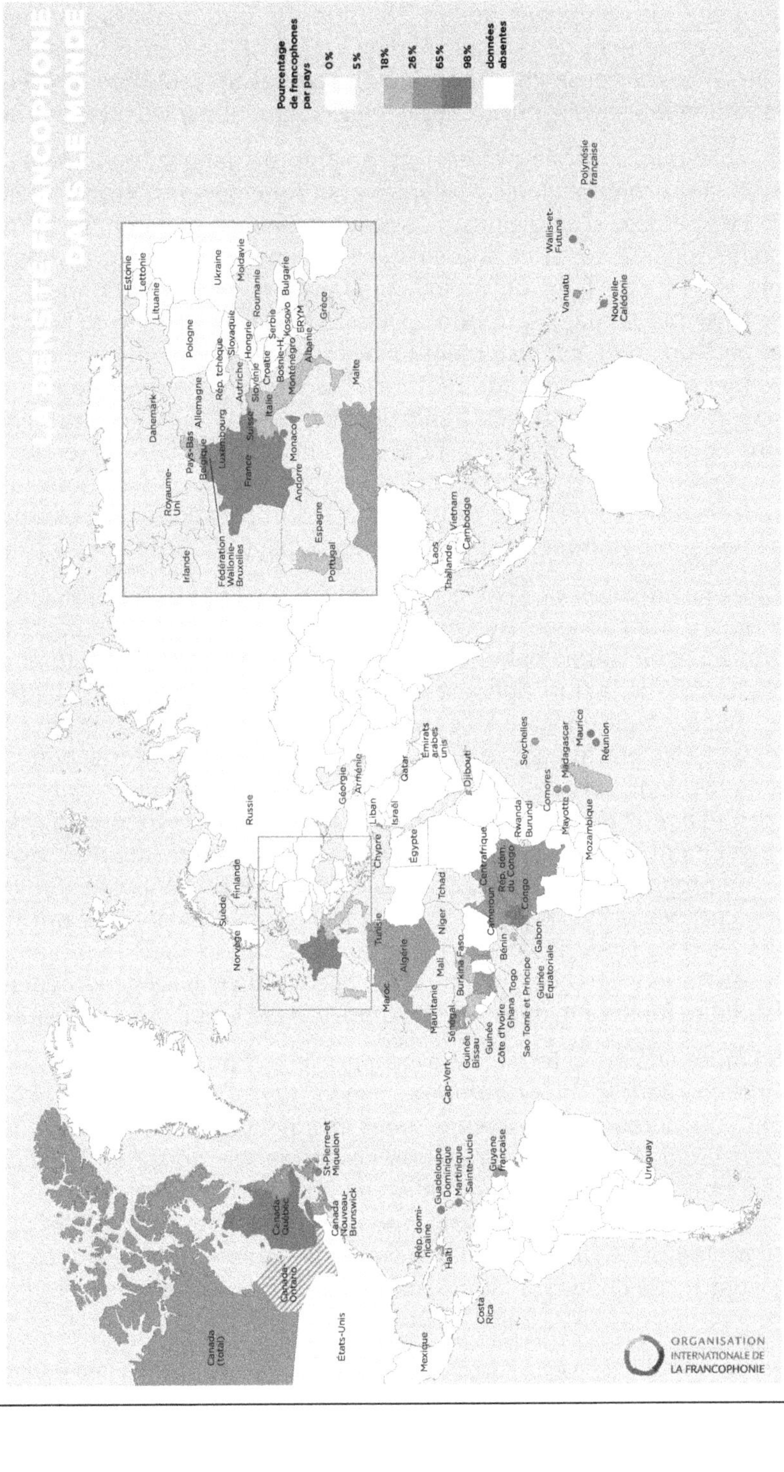

La langue française dans le monde, Édition 2019, OIF/Gallimard, pp. 91-92 (www.francophonie.org)

2.1. Dans le contexte des « francophones natifs »

L'enquête du *Livre blanc* de la FIPF a montré que dans les différents pays, l'enseignement de la francophonie est variable selon les intérêts et connaissances des enseignants mais qu'il s'agit avant tout d'un problème de définition des savoirs qui doit être réglé en amont par les programmes.

On note que pour les professeurs de français langue maternelle, la question de la méthodologie à adopter pour faire passer la francophonie à la classe se pose d'emblée car l'objet lui-même est mal défini. La francophonie apparaît en effet appréhendée comme appartenant d'abord à la sphère politique (plus ou moins : la Francophonie institutionnelle) et relève ainsi du « langage commun ». Or faire passer une notion du langage commun à un savoir est justement un des rôles fondamentaux de l'école. Le premier réflexe est donc tout naturellement de préconiser d'« ouvrir les curriculums : aux littératures francophones, aux différents patrimoines nationaux, aux variations linguistiques et culturelles et plus largement à la francophonie » mais aussi d'en préciser le cadre par l' « inscription d'une référence explicite à la francophonie et à ses implications géopolitiques dans tous les programmes de tous les niveaux/pays. » (Cuq, dir. 2016, p. 30)

Dans une situation de FLM, comme celle de la France, de la Belgique, de la Suisse francophone, du Québec ou le Luxembourg où le contexte est principalement francophone, il serait tout à fait possible d'intégrer un enseignement de la francophonie à des entrées de programme déjà existantes. Par exemple en France, l'enseignement de la francophonie pourrait facilement être greffé dans le programme du collège dans les séquences didactiques dont l'un des objectifs est *Regarder le monde, inventer des mondes, Imaginer des univers nouveaux (Classe de 5e)*. De même au lycée, l'enseignement des cultures francophones pourrait être intégré dans la partie du programme de français intitulée *Découverte du monde et pluralité des cultures*. Dans l'entrée *Méditerranée*, il est mentionné ce qui suit « Dans les trois classes, l'axe "Méditerranée" propose, dans le prolongement des notions étudiées, une mise en valeur d'un espace géographique et historique fondateur, dans ses principes, son évolution et sa cohésion. »

En France encore, le terme de francophonie ne figure pas dans les programmes ou dans le *Socle commun de connaissances de compétences et de culture*[3]. Les auteurs francophones n'ont pas non plus une grande place dans les programmes de l'agrégation de lettres. On trouve en revanche régulièrement sur le site du ministère de l'Éducation nationale une annonce sur la semaine de la francophonie, qui est un temps fort de l'opération du ministère de la culture « Dis-moi dix mots ». Chaque année, dix mots sont mis à l'honneur. Pour l'année scolaire 2020-2021, les dix mots

3. https://www.education.gouv.fr/semaine-de-la-langue-francaise-et-de-la-francophonie-7643

retenus sont : *aile / allure / buller / chambre à air / décoller / éolien / foehn / fragrance / insuffler / vaporeux*. Une série d'outils de sensibilisation à la langue française (fiches pédagogiques, animations audiovisuelles...) sont disponibles sur le site : http://www.dismoidixmots.culture.fr.

Chaque année, de nombreux établissements scolaires profitent de la semaine de la francophonie pour organiser des manifestations et des activités pédagogiques comme des rencontres avec des personnalités francophones, des expositions, des analyses de films ou de pièces de théâtre francophone ou des partenariats avec d'autres établissements francophones à l'étranger.

LES CONTENUS SUIVANTS PEUVENT AUSSI VOUS INTÉRESSER

Action éducative

Français

DIS-MOI DIX MOTS

"Dis-moi dix mots" est une opération nationale de sensibilisation à la langue française qui se déroule tout au long de l'année scolaire. Elle est organisée par le ministère de la Culture. Dans ce cadre, le ministère chargé de l'Éducation nationale organise un concours de création littéraire ouvert aux élèves des écoles, collèges et lycées. Les élèves sont invités à jouer avec dix mots et à les mettre en scène sur tous les modes : écriture, chanson, dessin, etc.

Action éducative

Art et culture

LE CÉSAR DES LYCÉENS

Fédérer les jeunes autour du cinéma français et continuer à en faire un mode d'expression privilégié de leur créativité, c'est l'objectif du César des lycéens, créé par le ministère chargé de l'Éducation nationale et de la Jeunesse et l'Académie des Arts et Techniques du Cinéma.

Action éducative

Art et culture

"LES FABRIQUES À MUSIQUE"

"Les Fabriques à Musique" permettent à des auteurs-compositeurs et à des structures et lieux de musiques labellisés de s'associer, par le biais d'un appel à candidature unique, à des élèves issus des écoles, des collèges et des lycées afin de "fabriquer" ensemble une œuvre musicale.

De nombreux établissements ont su en faire usage. Ainsi, sur le site d'un **établissement scolaire**, on retrouve la transposition pratique du texte du ministère :

SEMAINE DE LA FRANCOPHONIE

La semaine de la francophonie a lieu du 16 au 24 mars 2019 en France et à travers le monde. À cette occasion, et dans le prolongement de son projet annuel consacré à la francophonie, le lycée THIERS proposera un programme d'activités et de manifestations à destination des élèves sous forme de :

- rencontre avec des journalistes francophones, le jeudi 21 mars 2019
- exposition de travaux d'élèves sur le Sénégal, pays témoin de l'espace francophone
- analyse d'extraits de films francophones (Belgique, Canada-Québec)
- analyse d'extraits de pièces de théâtre francophones (Canada-Québec)
- projection du film sur le projet danse d'élèves de Seconde (danses d'Afrique de l'ouest-Sénégal)

– journée de partenariat avec le lycée Adonis de Kfarchima, près de Beyrouth
– rencontre avec Wilfried N'Sonde, romancier français d'origine congolaise, pour son ouvrage *Un océan, deux mers, trois continents*

D'autres activités autour de l'espace francophone sont programmées pour le mois de mai 2019 : étude du thème de la négritude en français ; étude du franc CFA dans l'Afrique francophone, dans le cadre du cours de SES sur la monnaie ; étude du potentiel de l'espace francophone en cours de géographie (collège).

https://semainelanguefrancaise.culture.gouv.fr/

En Belgique[4], on trouve peu de références à la francophonie dans les programmes de l'enseignement du français. Ce qui est mentionné est uniquement en rapport avec la fête de la francophonie :

> « *À Bruxelles, Paris, Liège, Avignon et dans le monde entier, la francophonie se prépare à célébrer sa richesse commune : celle de la langue française et de ses 220 millions d'interprètes quotidiens autour du thème "J'aime, je partage".* »

Dans une rubrique intitulée « Dans les écoles », on retrouve des propositions d'activités, comme par exemple :

> « *Quoi de mieux qu'une fête pour inviter nos élèves à explorer la richesse de leur langue ? Pour vous aider dans cette tâche, quelques idées d'activités :*
>
> *Découvrez la langue française en fête, une initiative du Ministère de la Fédération Wallonie-Bruxelles, et notamment son livret des dix mots, ses chroniques vidéos et ses 22 jeux-concours.*
>
> *Surfez sur TV5MONDE et regardez Made in Belgium (culture belge), en français dans le texte (web documentaire interactif sur les procédés d'écriture d'artistes), Destination francophonie (émission sur l'actualité de la langue française dans le monde) ou encore Merci professeur (700 épisodes sur des expressions et mots). Et, pour les plus courageux, pourquoi ne pas vous essayer à la dictée d'Archibald ?* »

Quant à **la Suisse**, pays multilingue tout comme la Belgique, les programmes linguistiques y fonctionnent par région et sont essentiellement centrés sur des objets linguistiques et littéraires. Depuis l'adhésion de la Suisse à l'OIF en 1989, la francophonie est une préoccupation plus politique qu'éducative. Elle est le quatrième principal bailleur de fonds derrière la France, le Canada et la Communauté française de Belgique. Elle participe activement depuis plusieurs années aux célébrations de la Fête de la Francophonie. Mais l'enseignement de la francophonie n'occupe pas de place précise et il est confondu avec l'enseignement de la langue française. On peut trouver par exemple sur le net, https://www.fondation-esprit-francophonie.ch/ des titres tels que La Fondation Esprit Francophonie, la référence suisse pour la langue française.

Au Québec, le programme français de l'enseignement du français comme langue première vise à faire d'un élève un francophone bilingue.

4. http://enseignement.be/index.php?page=28008

On retrouve une ouverture en littérature mais pas d'approche interculturelle malgré la présence de la diversité culturelle à l'école. Toutefois, deux objectifs affichés sont intéressants pour intégrer un enseignement de la francophonie :

- avoir le sentiment d'appartenance à la communauté francophone ;
- apprécier les cultures de l'espace francophone.

Ce tour d'horizon des pays de FLM confirme ce que *le Livre blanc* de la FIPF avait montré : les programmes scolaires des pays de français langue maternelle font vraiment peu de place à l'enseignement de la francophonie. C'est sans doute parce que le fait d'être francophone est vécu inconsciemment comme allant de soi. L'intérêt d'un enseignement du français officiellement élargi à la francophonie serait, par la découverte régulière d'autres variétés linguistiques et d'autres cultures que leur langue véhicule, de faire prendre conscience aux élèves de FLM qu'ils sont des francophones comme les autres.

2.2. Dans le contexte des « francophones de langue seconde »

Le français connaît une forte expansion en Afrique et 59 % des francophones du monde s'y trouvent aujourd'hui. En contexte de FLS, particulièrement en Afrique subsaharienne, la fonction de langue d'enseignement de la langue française augmente à chaque génération le nombre de locuteurs francophones. Souvent pour des raisons d'échanges économiques, mais pas seulement, la nécessité de parler français se fait plus prégnante même dans des pays comme le Nigéria par exemple qui ne sont pas historiquement francophones et où le français est langue étrangère, ce qui fait dire à l'ancienne secrétaire générale de l'OIF Mickaele Jean, que le français est une « langue de coopération, d'affirmation, de socialisation, de concertation stratégique, d'action politique et de communication internationale » (Jean, 2018)[5].

Mais cela suffit-il pour parler de francophonie ? Comme l'explique Thiam qui décrit toute la complexité de ce que veut dire *francophonie* dans son pays, « le Sénégal est francophone non pas parce que son peuple est francophone mais parce que sa langue officielle est le français et qu'une partie de son peuple parle la langue française » (Thiam, 2018 : 123). Dans son enquête réalisée en 2018, il montre que certaines finalités de l'enseignement de la francophonie (Loi d'Orientation de l'Éducation nationale n°91-22) invitent à intégrer la francophonie dans l'enseignement. L'article 14 de cette loi demande que les élèves soient familiarisés avec « les grandes œuvres de la francophonie ». Mais la culture savante suffit-elle pour lire et comprendre

5. *Langue française dans le monde, Synthèse*, 2018 : https://www.youtube.com/watch?v=yR7c58l_GJk

les contextes francophones si on n'a pas de références sur la culture anthropologique transposée dans les œuvres ? Quels rapports les apprenants peuvent-ils entretenir avec un texte littéraire s'ils ne connaissent pas le contexte de sa création et ses éléments socioculturels ?

En dehors des textes officiels, un *Référentiel général d'orientations et de contenus* (Dumont et *alii*, 2000) traçait dès l'année 2000 ce que pouvaient être les grandes lignes de l'enseignement du français langue seconde (objectifs, compétences, activités...), de l'année 0 début d'apprentissage du français jusqu'à la dernière année de l'enseignement secondaire. La parution l'année suivante du *Cadre européen commun de référence pour les langues* l'a malheureusement un peu éclipsé. Destiné en priorité à l'Afrique francophone, il n'a pas été exploité alors qu'il aurait pu fournir une base importante pour contextualiser l'enseignement du français resté trop lié à une méthodologie de type FLM (Thiam, 2014). Dans le *Référentiel général d'orientation et de contenus*, une proposition intitulée « Le programme francophone » arrive au 3e et dernier niveau du secondaire. On y considère la francophonie comme une « matière d'enseignement avec des objectifs, des contenus et des approches pédagogiques qui tiennent compte de l'âge, des motivations et des possibilités des élèves. C'est ainsi qu'elle devient, à ce niveau, sujet de réflexion en prenant appui sur les grands thèmes qu'elle véhicule » (p. 73)

Cette proposition relie d'une part l'enseignement de la francophonie à l'enseignement de la langue puis, une fois que les élèves en ont une maîtrise suffisante, à la littérature, et d'autre part aux futures professions des apprenants qui impliquent des relations avec les pays francophones. Dans les deux cas, l'objectif est « l'ouverture culturelle, l'attitude intellectuelle à l'égard des textes, le développement des capacités de réflexion et de jugement » pour « préparer efficacement à l'entrée dans les enseignements supérieurs en français ou l'entrée dans la vie active francophone » (*op. cit.*). Les auteurs conseillent d'éviter « le placage fastidieux d'un cours de francophonie sur les institutions et leur histoire ou un enseignement dogmatique et vain d'une idéologie francophone » (*op. cit.* : 73). Pour éviter cet écueil, on trouve la proposition pratique suivante dans le tableau de synthèse :

TROISIÈME NIVEAU. ANNÉES 10 À 12. 5.6. LE PROGRAMME FRANCOPHONE		
OBJECTIFS	COMPÉTENCES	ACTIVITÉS
Approfondir et construire une culture francophone plurielle, large et ouverte	Connaissance organisée de la littérature et de la culture francophones (sciences et arts)	Lecture et travail thématique : comptes rendus de lectures, productions écrites diverses Étude des textes fondateurs de la francophonie Commentaires de textes

OBJECTIFS	COMPÉTENCES	ACTIVITÉS
Faire de la francophonie un sujet de réflexion	Développer les capacités d'analyse et de jugement sur les grands thèmes véhiculés par la francophonie Développer une attitude intellectuelle critique sur des textes vecteurs idéologiques de la francophonie	Constitution d'argumentaires Préparation et organisation de débats Constitution de dossiers Lectures méthodiques
Faire découvrir et analyser des situations francophones	S'initier à une méthodologie d'enquête	Manipuler et utiliser des grilles simplifiées d'analyse des situations francophones appliquées à l'environnement proche des élèves
Faire analyser quelques aspects des variations linguistiques au sein de la francophonie	Connaître les mécanismes d'appropriation du français par les locuteurs et les écrivains francophones	Examen d'exemples, étude du lexique, de quelques champs sémantiques et figures de style révélateurs Discussion sur les normes
Se préparer aux métiers impliquant des échanges avec des partenaires francophones	Développer le goût du contact, le sens de l'écoute, l'aptitude à la négociation Savoir écrire différents types de lettres Acquérir des stratégies de communication en français	Débats, jeux de rôles Identification des actes de parole nécessaires
Se préparer à des études universitaires francophones	Développer l'attitude intellectuelle « universitaire » face aux textes	Observation et manipulation des solutions linguistiques pour réaliser ces actes Études de textes Lecture d'œuvres complètes

L'enseignement du français langue seconde : un référentiel général d'orientations et de contenus, EDICEF/AUF, p. 95, 2000.

2.3. Dans le contexte des « francophones de langue étrangère »

Dans les pays où le français est langue étrangère, la diffusion de la langue ne s'est pas faite de la même façon que dans les pays de langue seconde. Cette diffusion est pourtant très importante puisque la langue française est aujourd'hui la deuxième langue étrangère enseignée dans le monde que ce soit dans les systèmes scolaires ou universitaires, dans les Instituts, les Alliances françaises, ou dans des centres de langues privés.

Comme pour la langue, l'intérêt pour la francophonie résulte là aussi le plus souvent de choix personnels plus qu'institutionnels. Son enseignement est donc soumis à l'initiative individuelle des enseignants, mais les associations de professeurs de français en sont aussi des vecteurs collectifs importants. La *Lettre d'information* de la Fédération internationale des professeurs de français rend régulièrement compte des manifestations des associations et on en trouve de nombreux exemples sur son site *Le monde en français*[6].

Vue à partir des contextes de FLE, l'image de la francophonie, est en quelque sorte perçue comme une série de cercles concentriques dont le noyau serait la France métropolitaine et l'hypercentre Paris, puis les provinces françaises, les autres pays de FLM, puis, plus ou moins distinctement le Maghreb et l'Afrique subsaharienne francophone. Dans aucune des enquêtes que nous avons effectuées, on ne trouve mention de la France d'outre-mer et surtout, comme s'ils ne s'en jugeaient pas comme légitimes parties prenantes, les francophones de langue étrangère ne font aucune mention de leur propre francophonie : quand on s'intéresse à la francophonie, on le fait en quelque sorte comme si cette francophonie était un objet extérieur à soi. Le droit de copropriété que Sony Labou Tansi (1987) revendique pour les locuteurs de langue seconde est pour les locuteurs de français langue étrangère un chantier qui reste largement à ouvrir !

L'angle de vision n'est pourtant pas uniforme, et c'est sans doute dans les pays où le français a le moins de place, comme en Asie, que se confondent le plus France et francophonie. En revanche, en Europe occidentale, d'où la France paraît évidemment moins exotique, une certaine place est faite aux autres pays francophones dans les programmes scolaires et plus souvent dans les manuels. Une certaine proximité culturelle joue aussi certainement son rôle en Amérique latine, où les États sont nés d'une forte immigration européenne. Là aussi, si la France est comme partout le pôle majeur d'attraction francophone, il y a une place, même petite, pour les autres francophonies et il existe aussi dans plusieurs de ces pays des associations ou des clubs francophones non spécifiquement liés à l'enseignement, mais à dominante culturelle ou professionnelle.

En tout cas, partout où s'enseigne le français, la francophonie est étroitement liée à la fête de la francophonie (journée, semaine, ou mois) et partout drapeau français et Tour Eiffel sont d'incontournables icônes à ces occasions. Heureusement, la francophonie manifeste aussi sa présence par la chanson où sont connus de nombreux artistes, par le cinéma, voire, comme dans certains pays d'Europe de l'Ouest « par des événements sociaux variés pour soutenir la promotion des cultures francophones » (*Livre blanc* de la FIPF, 2016).

---

6. www.fipf.org

6

Principes méthodologiques

L'objectif de ce chapitre est de proposer des principes méthodologiques pour la mise en place d'un enseignement de la francophonie dans les contextes de français langue maternelle, de français langue seconde et de français langue étrangère que nous avons étudiés précédemment. Il reprend et complète un article du numéro 64 de *Recherches et applications* (Chnane-Davin, 2018) dans lequel nous avions plus particulièrement tenté de répondre à la question de savoir quels sont les savoirs nécessaires pour enseigner la francophonie dans la perspective d'un apprentissage et d'un enseignement réflexif.

Une enquête que nous avons proposée lors de plusieurs stages de formation nous a montré que de nombreux professeurs de français ont du mal à dissocier enseigner la francophonie et enseigner la langue française :

> Suite à un questionnaire distribué à une centaine d'enseignants en formation en France[1] et à l'étranger[2] avant une formation à l'enseignement de la F(f)rancophonie, on a pu constater, que l'enseignement de la francophonie n'est pas encore intégré dans les cursus de toutes les institutions scolaires et universitaires francophones. La majorité des réponses obtenues montrent la méconnaissance de la francophonie dans son sens linguistique, politique et culturel. La définition

1. *Dispositif de formation Universités – BELC, les métiers du français dans le monde*, CIEP.
2. Stage dans le cadre de la formation continue des enseignants en Asie Centrale et en Europe Orientale.

> de la F(f)rancophonie est souvent traduite par l'appropriation de la langue écrite et/ou orale de la langue française. À part quelques manifestations citées, comme fêter la semaine de la francophonie ou participer à des concours sur la langue française, la francophonie est quasi absente du quotidien des apprenants. On constate aussi une confusion entre enseigner la langue française et enseigner la francophonie, entre enseigner la littérature française et francophone, entre manuels de FLE et manuels de francophonie (Li, 2010). On pense que cela est dû à l'absence d'outils didactiques français. Il a été demandé aux mêmes participants, lors de ce questionnaire exploratoire, d'analyser certains manuels pour enseigner la francophonie ou la culture francophone. La plupart ont signalé l'approche « démodée »[3] de ces outils et la présentation linéaire basée sur la compilation d'informations sans activités de réflexion et de construction de connaissances interculturelles. Les participants ont souligné aussi la vision exotique et ethnocentriste des pays présentés et l'absence de supports audiovisuels interactifs à l'ère du numérique. Sur le plan didactique, ce qui a été relevé c'est l'inadéquation de ces manuels avec l'approche actionnelle préconisée par le *CECR* (2001), notamment les tâches et les activités qui permettent de développer une compétence francophone.
>
> F. Chnane-Davin, « Quels savoirs pour enseigner la Francophonie et les francophonies », dans Chnane-Davin F., Lallement F. et Spaëth V., *Recherches et Applications*, n° 64, 2018, p. 56.

Plutôt que de dissocier enseignement du français et enseignement de la francophonie, il est préférable, comme on l'a dit au chapitre précédent d'insérer des savoirs francophones aux savoirs que les enseignants ont déjà l'habitude de transmettre. Ceux-ci manifestent souvent une certaine inquiétude face à cette nouvelle façon d'enseigner et avancent parmi les raisons pour lesquelles ils évitent de l'adopter le manque de temps, ou l'absence de prescription claire dans les programmes qu'ils doivent suivre. Mais en réalité, l'adoption du réflexe francophone n'est pas très coûteuse car cet enseignement peut se faire en se fondant largement sur la documentation dont ils disposent déjà et peut être intégré dans tous les objets qui circulent en classe, que ce soit sur le plan linguistique ou culturel, et à toutes les activités langagières telles que parler, écrire, décrire pour exprimer ses sentiments, découvrir et comparer des contextes culturels où le français est enseigné. Mais il est vrai que si les concepteurs de manuel intégraient systématiquement des références francophones dans leurs ouvrages, cela contribuerait largement à rassurer les enseignants et leur donnerait des pistes plus aisées pour mettre en place des séances d'enseignement de la francophonie. C'est ce qu'écrivait déjà Pierre Dumont en 2002, à propos de la collection du manuel universel *Ici et Ailleurs* publiée par Hachette-EDICEF :

> La francophonie mérite désormais de devenir une matière d'enseignement non sous la forme d'un savoir savant (réservés aux spécialistes du domaine), mais sous celle d'unités d'enseignement mettant en cohérence des objectifs, des contenus et des approches pédagogiques. Il faut que les futurs manuels veillent davantage à une parfaite intégration de la langue et de la culture francophone. Les thèmes travaillés (les variétés de français dans le monde, les loisirs, la chanson, l'histoire, la presse, etc.) doivent être « corsés » par la présentation d'un « esprit » francophone [...] fait du développement de la raison, de l'aptitude à la discussion et d'un certain

3. Terme des enquêtés.

> sentiment de solidarité et de coopération. L'inscription de ces objectifs dans les manuels de demain doit se traduire par le recours à des textes d'auteurs francophones de tous horizons et à des thématiques renouvelées enfin susceptibles d'intéresser les jeunes.
>
> Pierre Dumont, « Les manuels de FLS et la francophonie », Éla. *Études de linguistique appliquée*, Éditions Klincksieck, Paris, 2002, n° 125, p. 11.

En l'absence de thématiques spécifiquement francophones dans les manuels, on peut imaginer un travail à partir des thématiques du manuel et les compléter par des supports issus des cultures francophones traitant la même thématique, soit du contexte de l'élève soit d'un autre contexte francophone à découvrir.

Exemple 1 :

Dans le manuel de FLE (*Alter Ego* + 1, Hachette, 2012), on peut comparer et compléter les thématiques suivantes :

- *Les uns et les autres*
- *Ici et ailleurs*
- *Dis-moi qui tu es*
- *À chacun son rythme*
- *Temps forts*
- *Voyage, voyages*
- *C'est mon choix*
- *Vivre en ville*
- *Lieux de vie*

Exemple 2 :

Dans un manuel FLS, tel que *Entrée en matière* (Hachette, 2005), on peut travailler sur les thématiques suivantes à compléter ou à comparer :

- *Bienvenue au collège !*
- *Entre nous*
- *À chacun ses goûts*
- *C'est mon histoire*
- *C'est incroyable*
- *À Marseille*
- *Au théâtre ce soir*
- *D'ici et d'ailleurs*
- *Explique-moi le racisme*
- *Pas facile d'être une fille*
- *Apprendre pour être libre*
- *Des livres et des merveilles*
- *La magie des mots*
- *Le sens de nos origines*

Exemple 3 :

Dans un manuel de FLM, on peut procéder également à l'introduction de supports issus des cultures francophones traitant la même thématique soit du contexte de l'élève soit d'un autre contexte francophone à découvrir. Dans le manuel *Français 6e, cycle 3* (2016, lelivrescolaire.fr), on peut repérer quelques thématiques telles que :

- *Récits d'aventures*
- *Le monstre aux limites de l'humain*
- *Récits de création ; création poétique*
- *Résister au plus fort : ruses, mensonges et masque*

1. L'organisation des savoirs : d'un objet linguistique/politique à un objet didactique/pédagogique

Notre démarche d'enseignement de la francophonie s'inscrit dans une approche interdisciplinaire, interculturelle et comparative des langues et des cultures. Ce type d'approche permet d'inscrire l'apprentissage dans une pédagogie constructiviste et socioconstructiviste qui habitue l'apprenant à prendre du recul et à développer une réflexion sur sa langue et sa culture, et l'aide à se construire de nouveaux cadres de références pour comprendre le monde francophone.

À cet effet, l'intégration de l'enseignement de la francophonie en classe nécessite une adaptation des savoirs au contexte de l'apprenant. Comme l'explique Chevallard, « tout projet d'enseignement/apprentissage se constitue dialectiquement avec l'identification et la désignation de contenus et de savoir comme contenus à enseigner » (1985 : 39). Dans le cas de l'introduction de la francophonie, il ne s'agit pas de la penser indépendamment de l'ensemble des objets de la didactique du français, d'ajouter une nouvelle matière mais de réorganiser au mieux les objets de savoirs existant et en circulation afin de les orienter vers l'objectif fixé autour de l'enseignement de la francophonie.

> Le savoir ne se présente pas alors comme un système organisé pour lui-même, mais comme un ensemble de ressources dans lesquelles le praticien va puiser, au gré des besoins de l'action, d'une façon sélective, qui n'est pas toujours optimale, faute d'établir les connexions pertinentes et d'opérer en temps utile les transferts de savoirs nécessaires.
>
> Ph. Perrenoud, *L'évaluation des élèves. De la fabrication de l'excellence à la régulation des apprentissages*, Bruxelles, De Boeck, 1998, p. 503.

Plus que de transposer des savoirs savants, il s'agit de les rendre applicables à la réalité scolaire du contexte de l'apprenant. L'enseignant agit directement au stade du *savoir à enseigner* qui peut être modifié, complété et orienté s'il ne comprend pas déjà un volet « francophonie ». Pour se former à ce savoir-faire particulier, nous proposons aux enseignants trois phases distinctes, que nous reprendrons dans les chapitres suivants de ce livre.

1.1. Phase théorique

Pour les préparer à la mise en place d'un enseignement de la francophonie et la circulation de nouveaux savoirs à enseigner, les enseignants ont besoin d'être formés professionnellement à la recherche d'information, à la prise en compte de l'acculturation et à la réflexivité (Chnane-Davin et *al.*, 2018).

L'étude d'un ensemble choisi de documents sur la francophonie les aidera à acquérir des connaissances et des compétences par :

- l'analyse des variations linguistiques du français dans le monde et leur compréhension (vidéos) ;
- l'analyse des faits culturels de différents contextes et leurs représentations chez les apprenants (vidéos et extraits de textes ou images de manuels) ;
- la lecture et l'analyse d'articles spécifiques.

Voici quelques exemples possibles de supports à analyser en formation ou en autoformation afin de comprendre comment analyser et compléter un manuel par des activités d'enseignement de la francophonie. Ci-dessous des exemples de sommaires de manuels FLE/FLS/FLM pour repérer les manques :

Contenus socio-culturels Thématiques	OBJECTIFS SOCIO-LANGAGIERS			Documents écrits et oraux
	Objectifs communicatifs et savoir-faire	Objectifs Grammaticaux	Objectifs lexicaux	
Dossier 1	*Racines*			
Identité Origines Itinéraires de vie Langues, la langue des jeunes Immigration POINT INFO La lettre de motivation en France	• Écrire une lettre de motivation • Préparer un entretien d'embauche • Évoquer le passé • Exprimer des rapports de temps • Retracer son histoire et son parcours • *Apprendre à rédiger une biographie*	• Les temps du passé (imparfait, passé composé, plus-que-parfait, passé simple, passé antérieur) • L'accord des participes passés • Les articulateurs de temps (simultanéité, antériorité, postériorité)	• Origines grecque et latine des mots français • Le langage imagé de la rue et du quotidien (mots, expressions, registres)	Entretien avec Edgar Morin Un entretien d'embauche Article de presse sur la langue des jeunes Souvenirs d'immigrés (extraits) Biographies : Coluche et Sarah Bernhardt

Extrait d'un sommaire de manuel de FLE : *Alter Ego*, B2, Hachette FLE, 2007.

PARCOURS 4 (FLS)					
U. 13 On va à Marseille !	• faire des projets • situer dans le temps • exprimer la condition • indiquer le moyen de transport • insister	• le futur simple • le futur proche • les indicateurs chronologiques du futur • *si* + présent, futur ; *si* + présent, impératif ; *si* + présent, présent	• *en* ou *à* + moyen de transport **Orthographe** • *si, s'y* ou *ci* ? **Phonétique** • [ɛ̃] ou [en] ? • intonation : l'insistance	• différencier la correspondance des autres types d'écrits • nommer les différentes parties d'une lettre • identifier et utiliser les différents registres de langue	• les fêtes dans le monde : les rites religieux et les points communs entre les trois grandes religions monothéistes Le village • imaginer une fête traditionnelle du village
U. 14 À Marseille	• rapporter les paroles de quelqu'un au présent • exprimer la durée • comparer pour exprimer un sentiment • exprimer l'émerveillement • inciter dans le discours publicitaire	• le discours indirect • *il y a, depuis* • la comparaison et la métaphore • les expressions animales imagées • le pronom relatif simple : *qui, que, où, dont*	**Orthographe** • l'homophonie **Phonétique** • [ɔ̃], [ɑ̃] ou [ɛ̃] ? • intonation : l'émerveillement	• le discours incitatif dans un document publicitaire • commenter une publicité	• la richesse linguistique de la France et de mon pays Le village • créer la brochure touristique du village • rédiger des documents promotionnels
U. 15 France-Espagne	• exprimer son accord et son désaccord • expliquer • s'informer sur un lieu • mettre en relief • exprimer l'hésitation	• la cause • les adverbes de lieu • les doubles pronoms personnels	**Orthographe** • *c'est, s'est, sais* ou *sait* ? **Phonétique** • [j], [w] ou [ɥ] ? • intonation : l'hésitation	• comprendre la différence entre règle et loi • comprendre les règles de vie au collège	• les pratiques sportives : situation climatique et économique Le village • définir les sports du village
U. 16	• parler au téléphone • exprimer la préférence • exprimer la simultanéité	• la place de l'adjectif • le gérondif • le pronom démonstratif + *qui/que* • le pronom relatif composé	**Orthographe** • [g] ou [ʒ] ? **Phonétique** • [p] ou [b] ?	• identifier le dialogue dans le récit et au théâtre • comprendre les consignes qui demandent la production de ce type de texte	• le théâtre contemporain : un art multiculturel Le village • imaginer et jouer des scènes téléphoniques

Extrait d'un sommaire de manuel de FLS : *Entrée en matière*, Hachette FLE, 2005.

Travail réflexif

L'objectif est d'analyser à partir des trois extraits les éléments constitutifs du sommaire et d'ajouter une colonne à chaque partie pour introduire des savoirs issus de la francophonie.

Exemples :
- Des savoirs linguistiques : variations linguistiques ;
- Des savoirs culturels quotidiens des pays francophones ;
- Des savoirs de la culture savante, (ex. : littérature, chanson, théâtre... issus des productions francophones).

Chaque enseignant adapte les contenus ajoutés au niveau de sa classe et aux moyens dont il dispose.

Afin d'articuler la théorie et la pratique, on peut s'appuyer sur des travaux de recherches dans le domaine de la francophonie. Ainsi, la réflexion sur la conception d'un dispositif pour enseigner la francophonie peut se référer à des articles.

• ***Article 1 :***

H. Li (2007), « L'expérience de la conception d'un cours sur la francophonie », *Synergie Chine* n°2

Objectif : s'inspirer de la démarche pour mettre en place un enseignement de la francophonie.

Dans l'article concernant le contexte chinois, l'auteur, Hongfeng Li, s'interroge sur la raison d'être d'un cours sur la francophonie et sur son importance dans la découverte du monde francophone (pas uniquement la France) pour des étudiants. L'auteur propose de croiser plusieurs méthodes :
- **Le cours magistral** avec des entrées thématiques telles que :
  « le bilinguisme ou le trilinguisme et la diversité culturelle dans les pays francophones européens, la politique de la francophonie de la France ; pour les séances d'études sur l'Amérique : la devise "je me souviens" des Québécois, le déclin du français en Louisiane ; pour la partie d'études africaines : les problèmes majeurs existant en Afrique, l'ONU et le développement de l'Afrique, les relations sino-africaines... Vu la durée limitée d'un cours à option (16 séances au total pour un cours à option semestriel) et le niveau des étudiants, ces séances thématiques jouent également le rôle d'une introduction à des études approfondies en sociologie, en politique ou en histoire. » (p. 128)
- **L'exposé oral**
  « Le professeur peut aider les étudiants à choisir un nombre adéquat de pays francophones. Et puis un étudiant ou un groupe d'étudiants (ceci dépend du nombre total d'étudiants inscrits au cours) présente un pays francophone. Leur présentation se divise en deux parties : un aperçu général, incluant population, langues, capitale, économie, et un petit sujet de réflexion de leur propre choix. » (p. 128)

– **L'emploi des supports informatiques :**
L'auteur propose d'utiliser :
« des photos [qui] peuvent servir à illustrer les exposés, des diapositives PowerPoint pour animer le déroulement du cours, et on peut également projeter quelques reportages pour montrer des images vivantes aux étudiants. » (p. 129)
– **L'interaction :**
L'auteur explique que l'interaction :
« se réalise sous deux formes principales dans [son] cours : questions/réponses après chaque séance de "cours magistral" et chaque présentation orale des étudiants, qui ne dure qu'une dizaine de minutes, et discussion en groupe [...] La discussion la plus réussie dans nos cours était une conférence simulée. Chaque étudiant jouait le rôle d'un chef d'État ou de gouvernement d'un pays francophone dans le cadre d'un "sommet de la Francophonie" » (p. 129)
– **La dissertation :**
L'auteur la propose pour l'examen final aux étudiants pour :
« démontrer qu'ils ont bien compris l'esprit de la francophonie et de la Francophonie, et procéder à une réflexion méthodique sur le sujet donné. » (p. 129)

L'enseignant peut s'inspirer de ce genre d'initiative et l'adapter pour mettre en place un cours de ce type sur la francophonie.

• ***Article 2 :***
H. Li (2010), « Enseigner la francophonie avec quel manuel ? », *Synergie Chine* n°5

S'interroger sur les outils didactiques
L'objectif de cet article est d'inciter l'enseignant à s'interroger sur la place des manuels dans l'enseignement de la francophonie. L'auteur explique bien qu'un :
« seul manuel ne pourrait probablement pas être en mesure de répondre à toutes ces exigences, or, en Chine comme partout ailleurs, l'enseignant n'a pas beaucoup de choix quant au manuel consacré à la francophonie. » (p. 72)
Il présente la comparaison de rares manuels locaux et français sur la civilisation francophone à compléter.

Chaque enseignant pourrait procéder à un recensement de ce type pour se construire un ensemble d'outils pédagogiques en termes de manuels à utiliser en classe après l'avoir analysé.

• ***Article 3 :***
S. Komatsu et C. Delmaire, (2009), « Connaissons-nous la francophonie ? Que faudrait-il en enseigner ? », *Rencontres Pédagogiques du Kansaï*[4]

4. http://www.rpkansai.com/bulletins/pdf/023/046_050_komatsu.pdf

Réfléchir sur les savoirs à enseigner en francophonie
Les auteurs s'interrogent ici sur les connaissances de la francophonie à apporter aux apprenants : des connaissances générales, des connaissances sur les pays et les régions francophones du monde, des connaissances sur les expressions artistiques francophones, l'institution de la Francophonie. Ils proposent également des ressources que chaque enseignant pourrait explorer telles que des ressources sur Internet, des médias francophones en ligne ou des manuels de français conçus autour du thème de la francophonie.

• ***Article 4 :***
J. Bueno Alonso (2004), *Francophonie plurielle : l'expression d'une nouvelle identité culturelle*[5] ;

Relier la francophonie à la construction de l'identité culturelle
La réflexion dans cet article propose de s'intéresser au rapport entre francophonie et identité culturelle d'un écrivain francophone et dans une œuvre francophone. L'auteur amène à s'interroger sur les spécificités des textes francophones, notamment leur rapport avec la langue française et leur dimension politique. L'article montre bien que la francophonie est plurielle et contextualisée selon les écrits des écrivains. Ce type de réflexion en classe permet à l'enseignant de ne pas se limiter à une certaine littérature (française) mais d'ouvrir à un espace plus large des auteurs francophones.

• ***Article 5 :***
F. Chnane-Davin et *alii.* (2018), « Enseigner la francophonie, enseigner les francophonies », *Recherches et applications*, n° 64.

Ouvrir sur les francophonies et les autres phonies
L'ensemble des articles présents dans ce numéro de *Recherches et Applications* servent à l'enseignant que ce soit pour sa formation théorique ou méthodologique. La partie 2 intitulée « Quels enseignements pour quels contextes ? » permet de découvrir des contextes différents où les auteurs s'interrogent sur la place de la francophonie dans les pratiques de classe et les transversalités des questionnements autour de cette pratique. De même la troisième partie « Former à la francophonie ? » propose des témoignages émanant du terrain sur des dispositifs existants et ouvre sur des propositions didactiques et méthodologiques.

1.2. Phase méthodologique

Fixer des objectifs

Une des finalités globales de l'Intégration de la dimension francophone en classe est de former les apprenants à reconnaître la diversité culturelle

5. https://dialnet.unirioja.es/servlet/articulo?codigo=1011658

et la variation linguistique dans le monde. Elle s'inscrit dans les objectifs de la convention de l'UNESCO de 2005 sur la protection et la promotion de la diversité des expressions culturelles.

Ses objectifs, même s'ils sont globalement les mêmes, sont spécifiquement orientés pour répondre aux exigences de la situation d'enseignement (FLE, FLS, FLM). Ils s'articulent autour d'une idée générale : faire comprendre que le français n'est pas la langue d'un seul pays, la France, mais de tous les pays qui l'ont en partage (contextes de FLM et de FLS) ou des pays qui l'enseignent en tant que langue étrangère.

Voici quelques objectifs qu'on peut décliner pour développer la compétence francophone :
- sensibiliser à la francophonie dans le monde et au partage de la langue française ;
- aider à s'ouvrir sur le monde francophone en France et hors de la France ;
- montrer qu'on peut être francophone tout en conservant son identité linguistique et culturelle d'origine (pour les situations de FLE et de FLS) ;
- faire prendre conscience de la variabilité de la langue française et de la diversité culturelle dans le monde selon les contextes socioculturels.

Faire des choix méthodologiques

Élaborer des séances d'enseignement de la francophonie suppose, comme il a été déjà mentionné, une progression des savoirs qui circulent en classe dans le cadre de l'enseignement du français mais on sait d'autre part, que ce soit en FLM, en FLS, ou en FLE, que tous les élèves n'apprennent pas de la même manière et qu'il n'existe pas de classe totalement homogène. Il est donc important de gérer l'hétérogénéité des élèves par la différenciation des apprentissages. La démarche de différenciation (David et Abry, 2018) consiste en une réflexion d'ensemble sur les apprenants qui suppose de prendre en compte la diversité des publics et de ne pas considérer l'hétérogénéité comme un obstacle à l'apprentissage d'une langue ou d'une culture mais comme un atout.

Sur le plan méthodologique, on adopte une démarche active, communicative et réellement actionnelle.

• *L'approche active*

En s'appuyant sur des travaux de Christian Puren[6], on peut définir l'approche active comme la mise en place d'activités et de tâches motivantes et intéressantes pour les élèves. Puren préconise aussi de :

> *« maintenir une forte "présence physique en classe" (voix, regards, geste, déplacements...) ; encourager les élèves et valoriser leurs productions en*

6. www.christianpuren.com/mes-travaux/2000a/

renvoyant celles-ci à l'ensemble de la classe ; varier les stimuli *(passage d'un support oral à un support écrit puis visuel...), les activités, les rythmes... ; demander aux élèves de se poser des questions les uns aux autres ; demander aux élèves de s'écouter les uns les autres, de se corriger mutuellement leurs erreurs et de réagir aux idées des autres ; poser des questions aux élèves (articulation avec la méthode interrogative) ; démarche inductive en apprentissage de la grammaire et de la culture ; faire inventer des dialogues par les élèves eux-mêmes et les faire dramatiser ; etc.* » (pp. 68-70)

C'est une manière de rendre la classe vivante en inscrivant son enseignement dans ce que Sensevy et Mercier (2007) appellent une action didactique conjointe. L'élève n'est plus considéré comme un « consommateur » mais comme un acteur de son apprentissage.

- ***La perspective actionnelle***

Nous avons eu à plusieurs reprises l'occasion de préciser notre conception de l'approche actionnelle, que nous voyons non pas comme une rupture méthodologique mais plutôt comme une évolution de l'approche communicative, après la parution du *Cadre européen commun de référence*. Ce n'est pas le lieu de développer ici ce point de vue mais il doit être mentionné pour préciser notre conception d'une des notions centrales de cette approche, la tâche. C'est en effet à partir de cette définition que nous donnerons des exemples précis de tâches au chapitre 10.

Le *CECR* définit comme tâche :

« *toute visée actionnelle que l'acteur se représente comme devant parvenir à un résultat donné en fonction d'un problème à résoudre, d'une obligation à remplir, d'un but qu'on s'est fixé. Il peut s'agir tout aussi bien, suivant cette définition, "de déplacer une armoire, d'écrire un livre, d'emporter la décision dans la négociation d'un contrat, de faire une partie de cartes, de commander un repas dans un restaurant, de traduire un texte en langue étrangère ou de préparer en groupe un journal de classe"* » (CECR, 2001 : 16).

Le chapitre 7, qui lui est entièrement consacré, déclare :

« *Les tâches ou activités sont l'un des faits courants de la vie quotidienne dans les domaines personnel, public, éducationnel et professionnel. L'exécution d'une tâche par un individu suppose la mise en œuvre stratégique de compétences données, afin de mener à bien un ensemble d'actions finalisées dans un certain domaine avec un but défini et un produit particulier. La nature des tâches peut être extrêmement variée et exiger plus ou moins d'activités langagières. [...] Le nombre d'étapes ou de tâches intermédiaires peut être plus ou moins grand et, en conséquence, la définition des limites d'une tâche donnée risque de s'avérer difficile* » (CECR, 2001 : 121).

La notion étant reconnue comme difficile à cerner par les auteurs du cadre eux-mêmes, il est donc loisible de lui accorder des interprétations diverses. Un type d'interprétation large est par exemple celui de Christian Puren qui la définit comme « unité de sens au sein de l'agir d'apprentissage » et l'oppose à *action* qu'il définit comme « unité de sens au sein de l'agir d'usage ». (Puren, 2006 a : 37-40) Cette interprétation est aujourd'hui la plus communément admise et on peut bien entendu très bien bâtir autour d'elle des activités pédagogiques intéressantes. Nous nous en tiendrons pour notre part à une interprétation beaucoup plus restreinte, suivant en cela Robert Bouchard[7] pour qui elle n'est pas une simulation mais une pratique sociale effective d'une activité. Il existe pour cet auteur trois catégories, non hiérarchisées entre elles :

> « *les exercices (travail sur la correction linguistique), les activités (travail sur l'efficacité communicative simulée) et les tâches (travail sur l'efficacité de textes produits en situations réelles et évalués socialement).* » (Bouchard, 1989 : 60-69)

Dans la volonté d'adopter une perspective actionnelle, beaucoup de professeurs de français organisent chaque année pendant la semaine ou le mois de la francophonie des événements pour fêter la Francophonie, mais on sait que ces événements sont trop souvent restreints à des activités en rapport avec la France (drapeau, symboles, chansons, théâtre...). Or, une fête de la francophonie ne doit pas seulement se limiter à la France : c'est une occasion de s'ouvrir à la francophonie dans le monde, et d'en profiter pour évoquer d'autres contextes où le français est parlé ou étudié. Inscrire les activités dans une perspective actionnelle réelle permet de proposer des tâches effectives et de libérer ainsi la créativité des élèves et l'innovation pédagogique chez les enseignants. En effet, dit Christian Puren,

> « *l'agir implique toujours chez l'agent le recours à une part d'initiative, de motivation, d'intention, de volonté, de conscience et de gestion d'un certain niveau de complexité qui le font considérer comme un véritable acteur.* » (Puren, 2006 b)

• *L'approche par compétence et l'approche contextuelle*

Si l'enseignement du FLE s'inscrit dans l'histoire des méthodologies des langues vivantes, il est en FLM et en FLS davantage inspiré par des courants méthodologiques traditionnellement plus centrés sur les savoirs. Cependant, depuis les années 1990, une approche nouvelle, l'approche par compétences, s'est peu à peu imposée dans ces contextes. La notion de compétence a été empruntée au linguiste américain Chomsky (1973), pour qui elle permet au sujet de produire et de comprendre des énoncés grammaticalement bien construits par un vocabulaire et des règles ordonnées. En didactique des langues, le terme de « compétence » renvoie à l'origine au concept clé de compétence communicative, développé par Dell Hymes (1984). Pour lui, « les membres d'une communauté linguistique ont en partage une compétence de deux types : un savoir linguistique et un savoir

---

7. Bouchard R. (1989), « Texte, discours, document : une transposition didactique des grammaires de texte », *Le français dans le monde, Recherches et Applications*, pp. 60-69.

sociolinguistique ou, en d'autres termes, une connaissance conjuguée de normes de grammaire et de normes d'emploi ». Son modèle, résumé par l'acronyme SPEAKING (S = la composante spatiotemporelle ; P = les participants ; E = les intentions et les buts ; A = les actes verbaux et non verbaux ; K = les tonalités ; I = les instrumentalités ; N = les normes ; G = le genre) met en avant ce va-et-vient entre une situation de communication, le sujet interlocuteur et le locuteur.

La notion de compétence s'est peu à peu éloignée du seul aspect communicatif mais sa relative clarté en a été passablement affectée. On trouve ainsi au paragraphe 21 du *Cadre européen commun de Référence pour les langues* la définition suivante : « les compétences sont l'ensemble des connaissances, des habiletés et des dispositions qui permettent d'agir. » Pour Hymes (1984) cependant, la compétence communicative ne saurait se développer sans que soient prises en compte les conditions de la communication, c'est-à-dire le contexte. C'est pourquoi l'approche par compétence est étroitement liée à l'approche contextuelle.

Si l'apprenant partage déjà la langue de la société dans laquelle il vit, comme c'est le cas des apprenants de langue maternelle, sa compétence de communication et sa compétence socioculturelle lui servent de base pour acquérir de nouvelles compétences. Mais, lorsque la langue est pour lui étrangère ou seconde, l'apprenant a besoin d'acquérir ces compétences de base pour pouvoir en développer de nouvelles tout en perfectionnant les premières. De ce fait, élaborer un enseignement à la fois par compétences et contextualisé demande à l'enseignant une bonne connaissance de l'apprenant et de ses niveaux de compétences linguistiques et culturelles : « en s'intéressant aux contextes, on fait entrer dans le champ de la didactique la pluralité des conditions de transmission des savoirs, on considère comme déterminant pour la connaissance didactique le poids des facteurs nationaux, linguistiques, ethniques, sociologiques et éducatifs », disent Carette, Carton et Vlad (2011 : 22)[8].

Ainsi, pour développer chez les apprenants une compétence francophone, selon que le contexte soit de FLM, de FLE ou de FLS, les descripteurs des compétences ne seront pas les mêmes ni non plus, par conséquent, les activités et les tâches proposées. Si la contextualisation des savoirs est nécessaire, il est toutefois possible d'adapter à relativement peu de frais les référentiels existants et utilisés dans chacun des grands contextes d'enseignement du français.

En contexte francophone FLM comme c'est le cas de la France, de la Belgique, du Québec, de la Suisse ou du Luxembourg, les programmes et les référentiels de compétences sont généralement plutôt orientés vers des savoirs linguistiques et culturels de nature plus théorique que

8. Carette E., Carton F. et Vlad M. (dir) (2011), *Diversités culturelles et enseignement du français dans le monde, le projet CECA*, PUG.

pratique. C'est que la langue est déjà là et offre une base solide pour entrer dans les savoirs scolaires. Si on prend l'exemple de la France, le *Socle commun de connaissances, de compétences et de culture* ainsi que les programmes de chaque discipline s'inscrivent dans une logique plus centrée sur l'acquisition des savoirs que sur des compétences fonctionnelles. Introduire des savoirs sur ou issus du monde francophone nécessiterait non seulement une inflexion vers une démarche qui ne se priverait certes pas des savoirs théoriques mais qui donnerait aussi une large place à des activités pratiques de créativité. On peut les imaginer plutôt ludiques pour les plus jeunes, plus numériques pour des adolescents ou les adultes.

En contexte non francophone FLE (Arménie, Moldavie, Roumanie, dans les Instituts et les Alliances françaises du Brésil ou d'Égypte, par exemple), c'est maintenant le *Cadre européen commun de référence pour les langues* (*CECR*, 2001), et notamment les descriptifs de niveaux, qui est généralement adopté comme référence commune pour l'élaboration de programmes d'enseignement des langues. Il propose une base sur laquelle on peut bâtir les compétences langagières qui permettront de développer à leur tour la compétence francophone. À l'inverse, adopter une perspective francophone peut aussi être un facteur de développement des compétences langagières.

En contexte francophone où le français a un statut de FLE mais où la langue est présente sur le plan sociolinguistique, comme en Algérie, au Maroc, ou en Tunisie, les programmes et les manuels locaux, qui ne sont pas forcément calqués sur ceux du FLE, véhiculent en général une culture locale assez déconnectée de la culture de la langue et des cultures francophones. Mais dans une démarche plurilingue et interculturelle, il serait facile de compléter ces manuels par une ouverture sur la francophonie, en proposant des projets et des activités ludiques francophones qui s'inscriraient dans les programmes en vigueur.

En contexte francophone de FLS, que Jean-Charles Pochard a dénommé langue seconde hôte (Pochard, 1996), comme celui des élèves allophones nouvellement arrivés en France (on peut l'imaginer aussi en Belgique ou en Suisse), plusieurs références coexistent comme le *CECR* (A1 - A2 - B1 - B2) mais également le *Socle commun de connaissances, de compétences et de culture* sans oublier le *Référentiel FLS pour le collège (*Bertrand, Viala et Vigner, 2000) où les principes proposés sont issus du FLM mais où la démarche, elle, est issue du FLE. Dans ce dernier cas, on signale l'importance de la compétence culturelle dans la gestion des relations, du temps, de l'espace, des valeurs, des normes, etc. Mais la classe offre souvent elle aussi par son hétérogénéité des richesses francophones qu'il serait dommage de négliger.

Dans les autres contextes francophones de FLS (Sénégal, Mali, Djibouti, Burkina Faso et autres pays d'Afrique francophone), *le Référentiel général d'orientation et de contenus du FLS* (2000) est riche en informations sur les compétences à développer, sur les activités à mettre en œuvre ainsi que sur les objectifs d'un enseignement en situation de FLS. Son intérêt réside aussi dans la répartition par classe d'âge dans l'apprentissage et par une entrée *culture francophone* commune à toutes les situations de FLS. Il est à ce jour le seul document où on parle de « compétence francophone ». L'articulation de ce type de document avec les programmes et les référentiels locaux permettrait de contextualiser au mieux les compétences et de cibler des objectifs plus adaptés aux niveaux des apprenants.

• *La pédagogie de Freinet*

Née dans un contexte de FLM, la pédagogie de Freinet peut aussi tout à fait inspirer l'action pédagogique en FLE et en FLS, notamment pour développer une compétence francophone.

Entre les années 1920 et 1940, l'instituteur français Célestin Freinet, « le maître qui laissait l'enfant rêver[9] », a mis en place avec sa femme Élisa une pédagogie coopérative qui promeut l'autonomie, permet la créativité et sensibilise à l'exploitation de la vie des élèves, de leur quotidien et de l'environnement comme source d'inspiration dans l'apprentissage. Freinet préconisait que l'enseignant jouisse d'une grande liberté de choix méthodologique. Pour lui, « toute méthode est regrettable qui prétend faire boire le cheval qui n'a pas soif. Toute méthode est bonne qui ouvre l'appétit de savoir et aiguise le besoin puissant de travail » (Freinet 1954 : 115). Chez Freinet, le travail en classe est rythmé par une alternance entre des activités individuelles et des activités de groupe où on donne aux élèves une certaine liberté de circulation, d'invention et de participation à la construction des savoirs. Les élèves sont mis constamment en situation de recherche. Cette approche s'appuie principalement sur quatre techniques : le texte libre, la bibliothèque de la classe, la correspondance et l'imprimerie. Lorsque sa méthodologie a été connue dans le monde entier (mais malheureusement peu adoptée), Freinet a demandé que ses techniques ne soient pas copiées et appliquées de façon mécanique mais qu'elles soient adaptées aux cultures d'enseignement et aux cultures d'apprentissage de chaque contexte. Sylvain Connac[10] explique qu'en 1964, Freinet avait créé « une sorte de code pédagogique : les « Invariants pédagogiques », à partir duquel il est :

> *« possible d'isoler quatre piliers de la pédagogie Freinet :*
> - *l'expression libre, la permission donnée à l'enfant de devenir l'auteur de paroles, dessins, gestes, musiques, sculptures..., dans un espace qui l'y autorise et valorise ses productions ;*
> - *la coopération, l'offre faite aux élèves d'apprendre en interagissant avec leurs pairs, d'un côté en tant que récepteur des informations et surtout d'un autre en adoptant la posture enseignante ;*

---

9. Freinet et l'école : https://youtu.be/silaRfcDevY
10. Connac S. (2010), « Freinet, Profit, Oury, Collot : quelles différences ? », *Spirale*, n° 45, *Pédagogies alternatives. Quelles définitions, quels enjeux, quelles réalités ?*, pp. 53-68, doi : https://doi.org/10.3406/spira.2010.1157

- *les techniques éducatives, les outils pédagogiques couplés aux valeurs d'éducation ayant déterminé leur création, notamment celles visant le retrait de l'enseignant pour davantage d'engagements des élèves ;*
- *le tâtonnement expérimental qui correspond aux processus convoqués par l'humain pour apprendre : faire, et en faisant se tromper, réussir pour progressivement se construire des connaissances et développer des compétences basées sur l'interaction avec son milieu.* » (Connac, 2010 : 57)

Choisir les outils et les supports

Savoir sélectionner et mettre en œuvre les ressources disponibles est une compétence professionnelle de l'enseignant. Nous désignons par *ressources* tout ce dont l'enseignant dispose et éprouve le besoin de mettre en œuvre dans son action professionnelle en vue de faciliter l'apprentissage (Cuq, 2017). Les *ressources* sont de deux natures : les *ressources humaines* et les *ressources matérielles*. Savoirs et compétences figurent parmi les ressources humaines. On réserve le terme d'*outils* aux ressources matérielles, dont le choix est déterminé par les choix méthodologiques effectués en amont.

Les outils peuvent être de nature spécifique à l'enseignement ou non. Parmi les outils non spécifiques, c'est-à-dire les outils qui sont utilisés originairement en dehors d'un usage pédagogique, on compte les matériels technologiques tels que le livre, la radio, la télévision, les téléphones portables, les tablettes, les ordinateurs et les matériels complémentaires tels que les DVD-Rom, les parcours digitaux ou les logiciels. Parmi les outils spécifiques, on compte également des matériels technologiques tels que les livres scolaires ou les méthodes de langue mais aussi le tableau noir ou le tableau interactif ou des matériels dédiés comme les didacticiels.

On réserve enfin le terme de *support* aux outils spécifiques d'ordre sémiotique. À leur tour, les *supports* peuvent être soit non spécifiques soit spécifiques. Parmi les supports non spécifiques figurent par exemple des signes textuels (littéraires, publicitaires, journalistiques ou autres), visuels (images fixes ou mobiles) ou sonores (radio, chanson...). Lorsqu'ils sont utilisés pour la classe, on les qualifie classiquement de documents authentiques. Au nombre des supports spécifiques, on comptera par exemple les dialogues non authentiques des méthodes ou les règles de grammaire.

Les supports sont choisis en fonction des modes d'intervention méthodologiquement assumés (ex. : la grammaire, la littérature), des modalités d'intervention (ex. : oral, écrit) et des technologies disponibles. C'est à partir de ce matériau sémiotique que se mettent en œuvre les techniques pédagogiques décidées par l'enseignant (exercices, activités) et éventuellement les tâches, si on prend ce dernier terme au sens « d'agir d'apprentissage » (Puren, 2006 b).

Enfin, on appellera *apport* le résultat obtenu chez l'apprenant, en termes de savoirs et de compétences, par la mise en œuvre des ressources par l'enseignant.

Chaque méthodologie a privilégié l'usage de tel outil et de tel ou tel support. Au fur et à mesure de l'évolution technologique, les méthodologies ont préconisé l'usage d'enregistrements sonores sur rouleau de cire, sur bande magnétique, sur disque ou informatisé, l'utilisation de l'image fixe (photo, diapositive, bande dessinée) ou animée (films reportages), le tout facilité par les laboratoires de langues dont l'usage dans les centres de langue a été intensif jusqu'à la période communicative et qui perdure encore aujourd'hui. Si l'approche communicative a continué à utiliser les supports spécifiques, elle a surtout préconisé l'usage de supports non spécifiques, appelés documents authentiques. Enfin la perspective actionnelle propose d'utiliser des supports qui s'ouvrent à toute situation réelle permettant à l'apprenant de devenir, comme dit le *CECR*, « l'acteur de son apprentissage ».

Le choix des supports doit surtout être approprié aux contextes d'enseignement et cohérent avec les niveaux de compétence des apprenants. La recherche documentaire de supports adaptés peut se faire en étroite collaboration avec les apprenants. En effet, il y a les supports que l'enseignant peut fournir et il y a les supports que les apprenants peuvent chercher en autonomie pour travailler sur des thématiques liées à la francophonie. Ils peuvent être authentiques ou non et on peut les trouver dans les manuels, sur Internet, dans l'environnement, dans les médias, dans des ouvrages non spécifiques...

Les enseignants utilisent depuis toujours des supports textuels et on donnera dans les chapitres suivants plusieurs exemples d'activités liées aux textes francophones. Mais on ignore parfois que les ressources iconographiques, vidéographiques et numériques francophones sont innombrables. Sont utilisables tous les enregistrements documentaires, DVD, cédérom, publicités, journaux télévisés, ou des films de cinéma sur des faits en rapport avec des contextes, des us et coutumes, des aspects de la vie quotidienne, des comportements linguistiques et culturels, des faits historiques, etc. Si on dispose d'un accès facile aux ressources, ce qui n'est malheureusement pas toujours le cas, on peut constituer une banque de données audio-vidéographiques utilisables en classe et faire chercher par les apprenants les ressources qu'ils travailleront en autonomie. Ce type de support a un grand impact sur la motivation, donne du plaisir et ouvre sur le monde extérieur, à sa diversité linguistique et culturelle. Les documents audiovisuels apportent également une aide à la compréhension entre les francophones *via* l'image de situations éloignées. « Sur le plan de l'apprentissage, le document vidéo est pour les élèves l'un des plus sûrs moyens d'approcher une langue actuelle, variée et en situation », disait Thierry Lancien (1986 : 11). Avec l'image et le son, le français, avec ses variétés à travers le monde, devient en effet réellement un outil de découverte en même temps qu'un objet d'étude. Mais l'utilisation de documents audio ou vidéographiques, leur durée ou leur taille, doit répondre à certains critères tels que le niveau des compétences linguistiques et culturelles des apprenants ou l'environnement culturel du document.

SCHÉMA DES SUPPORTS

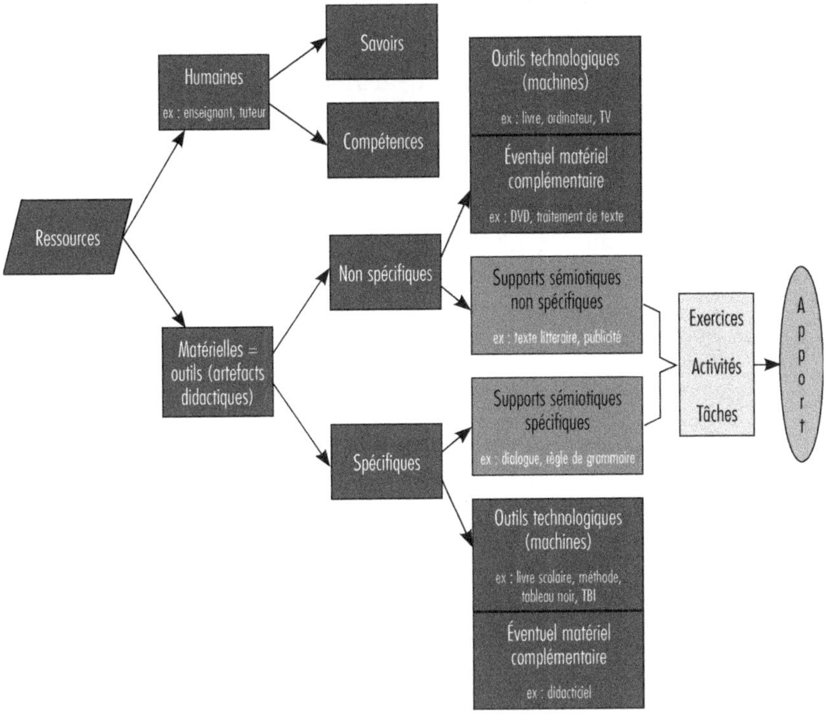

J.-P. Cuq, « Qu'est-ce qui supporte le support ? », dans Sadiqi A. (éd.), Actes du colloque *Supports en classe de langue ? Spécificité des enjeux et diversité des approches*, dans *Cahiers de l'École Normale supérieure de Meknès*, n° 22, pp. 11-26, 2017.

En tout cas, qu'il soit textuel ou audiovisuel, le support doit être didactisé, c'est-à-dire que l'enseignant doit proposer des activités et des tâches à effectuer avant, pendant et après le visionnement ou l'audition. Ces activités et ces tâches seront d'autant mieux acceptées par les apprenants, surtout les jeunes, qu'elles seront moins rébarbatives et que leur aspect ludique sera plus évident.

« C'est en jouant, et seulement en jouant que l'individu, enfant ou adulte est capable d'être créatif », dit Winnicot (1971 : 76). Le jeu est en effet un outil pédagogique très motivant qui provoque non seulement du plaisir chez les apprenants mais permet aussi de développer des compétences linguistiques et culturelles. Selon le *Dictionnaire de Didactique du français langue étrangère et seconde* (Cuq, dir., 2003)[11] :

> *« Une activité d'apprentissage dite ludique est guidée par des règles de jeu et pratiquée pour le plaisir qu'elle procure ; elle permet une communication entre apprenants (collecte d'informations, problème à résoudre,*

11. Cuq J.-P. (dir.) (2003), *Dictionnaire de didactique du français langue étrangère et seconde*, CLE International.

compétition, créativité, prise de décisions, etc.) orientée vers un objectif d'apprentissage, elle permet aux apprenants d'utiliser de façons collaboratives et créatives l'ensemble de leurs ressources verbales et communicatives. »

De ce fait, introduire différentes activités ludiques à visées linguistiques et culturelles contribue à réaliser des activités motivantes pendant les séances consacrées à la francophonie. Nous proposerons par exemple au chapitre 10 une activité que nous avons appelée « Le jeu de la francophonie ». Il ne s'agit pas d'exercices avec la langue[12] ou des activités en rapport avec les grands thèmes de la francophonie (ex. : les jeux de la Francophonie[13]) mais d'activités à construire avec les élèves afin de les amener à réfléchir et à découvrir les préoccupations des francophones dans le monde, leurs coutumes, leurs façons de vivre au quotidien et leurs cultures savantes.

Évaluer

Comme toute activité didactique, l'apprentissage de la francophonie doit être soumis à évaluation (Chnane-Davin et Cuq, 2016). Nous citons cette phase nécessaire sans trop la développer car il nous semble que les pratiques évaluatives d'un enseignement du français élargi à la francophonie ne diffèrent pas fondamentalement des pratiques couramment utilisées dans un enseignement du français qui ne le serait pas. Une fois encore, les enseignants peuvent compter sur leur compétence professionnelle : leur compétence évaluative est directement transférable dans les activités tournées vers la francophonie. Ils peuvent même profiter de l'avantage que procure le peu d'intérêt institutionnel pour la francophonie, comme nous l'avons vu au chapitre 5 : pour ce qui la concerne, l'évaluation sommative n'est donc généralement pas soumise au fait de finir ou non un programme. Ce type d'évaluation n'est pourtant pas totalement à rejeter car le professeur peut tout à fait légitimement décider à un certain moment de vérifier si les objectifs d'apprentissage qu'il s'était fixés en proposant une ou des activités ont été atteints par les apprenants, que ce soit en termes de savoirs ou de compétences, et de juger à quel degré ils l'ont été.

Mais l'intérêt des activités centrées sur la francophonie est qu'elles sont plus particulièrement propices à une évaluation formative, surtout dans sa dimension formatrice puisqu'elles sont directement centrées sur l'apprenant. En effet, parce que l'apprenant y est personnellement impliqué, en tant que francophone débutant ou avéré, et parce qu'elles lui permettent de se repérer dans son apprentissage, les activités liées à la francophonie aident à développer son autonomie et sa prise de responsabilité dans son apprentissage, c'est-à-dire qu'il est amené à adopter une véritable attitude réflexive.

Il apprend à s'auto-évaluer culturellement et, mieux encore, à coévaluer avec ses camarades les représentations collectives ou individuelles qui

12. On peut en trouver sur https://langue-francaise.tv5monde.com/jouer
13. https://enseigner.tv5monde.com/fiches-pedagogiques-fle/les-jeux-de-la-francophonie

existent dans le groupe classe, à repérer les malentendus voire à exprimer de façon constructive les éventuels chocs culturels dont l'origine est souvent due à la méconnaissance culturelle des contextes étudiés et par conséquent de la dimension culturelle des comportements des personnes.

Du côté de l'enseignant, l'objectif est de repérer dans le déroulement même des activités les obstacles culturels à l'apprentissage et de permettre ainsi à l'élève de mieux les surmonter. Comme l'avançait Michel Vial (2013), cette bonne pratique de l'évaluation en éducation favorise un apprentissage cognitif en ce qu'elle produit même des connaissances sur l'objet d'évaluation. En effet, en apportant leurs propres expériences dans leur apprentissage même, les apprenants produisent eux-mêmes des connaissances sur la francophonie dont ils sont partie prenante. C'est notamment le cas dans les situations de langue de scolarisation où les activités dédiées à la francophonie permettent d'atténuer le décalage qui existe entre la non-valorisation dans le système scolaire d'accueil de la langue maternelle et des éléments culturels propres à l'apprenant et les prescriptions du *CECR* dont on rappelle qu'il préconise d'inscrire l'apprentissage et l'évaluation dans le développement d'une compétence plurilingue et pluriculturelle, que Coste Moore et Zarate[14] définissent comme :

> *« la compétence à communiquer langagièrement et à interagir culturellement possédée par un locuteur qui maîtrise, à des degrés divers, plusieurs langues et a, à des degrés divers, l'expérience de plusieurs cultures. »* (1997 : 12)

Bien entendu, comme nous l'avons avancé dans l'article cité plus haut (Chnane-Davin et Cuq, *ibidem*), nous ne minimisons pas les vraies difficultés qu'il y a à évaluer une tâche sociale, difficultés qui d'ailleurs ne se posent pas seulement pour les activités liées à la francophonie.

Une grande difficulté de l'évaluation de la tâche sociale est que, se déroulant en principe hors de la classe, l'évaluation aussi doit être sociale, c'est-à-dire que le professeur doit accepter de s'en déposséder en partie au profit des autres acteurs sociaux qui y sont impliqués. De ce fait, ce n'est pas seulement la compétence qui est évaluée, mais la performance. Par conséquent, le critère majeur d'évaluation est la vérification de l'atteinte ou non des objectifs sociaux de la tâche ou de son degré de bonne réalisation.

Une autre grande difficulté réside dans l'évaluation de la part que chacun des apprenants a prise dans la tâche lorsqu'elle est collective, dimension fortement valorisée dans l'approche actionnelle et dont nous donnerons des exemples dans les derniers chapitres de ce livre. Une partie de la réponse, complexe, à cette question est la coévaluation, c'est-à-dire

14. Coste D., Moore D. et Zarate G. (1997), « Compétence plurilingue et pluriculturelle », *Vers un Cadre Européen Commun de référence pour l'enseignement et l'apprentissage des langues vivantes : études préparatoires*, Conseil de l'Europe.

une évaluation partagée entre le professeur et les élèves, auxquels il aura fait connaître les descripteurs et la grille d'évaluation qui aura même été, si possible, élaborée en commun.

Enfin, on ne perdra pas de vue que les objectifs des tâches ou des activités liées à la francophonie ne sont pas seulement de nature culturelle mais qu'elles doivent aussi contribuer à l'amélioration des savoirs et des compétences langagiers des apprenants. Dans ce domaine, on voit bien qu'il ne peut s'agir d'une évaluation classique des erreurs linguistiques. Comme nous avons eu l'occasion de le dire depuis longtemps à propos des situations de langue seconde, « la légitimité de la norme varie selon la situation de communication ». (Cuq, 1991 :199) Dans chaque pays francophone, c'est donc d'abord la norme locale qui doit être la règle, en gardant à l'esprit que la limite d'acceptabilité variationnelle est l'intercompréhension entre francophones. Dans les situations de français langue étrangère, où la norme du français de France est le plus souvent la dominante, au-delà des « accents » qui sont heureusement aujourd'hui le plus souvent reçus par les francophones natifs comme une signature agréable de leurs interlocuteurs, une meilleure connaissance des variétés du français amènera l'enseignant à une évaluation positive des réalisations linguistiques autres que proprement françaises, notamment dans le domaine lexical.

1.3. Phase pédagogique

Nous ne développerons pas ce point ici car il fait l'objet de toute la troisième partie de cet ouvrage.

2. Activités, tâches langagières et compétences

Enseigner la francophonie n'apporte pas seulement une nouvelle ouverture pédagogique à la classe, cela permet aussi, comme nous l'avons évoqué, de développer les compétences linguistique, communicative et culturelle :

- des compétences linguistiques : la capacité de reconnaître les variations lexicales, morphologiques, syntaxiques et phonologiques dans le monde francophone ;
- des compétences communicatives : la capacité à communiquer avec d'autres locuteurs francophones en réinvestissant des savoirs, des savoir-faire et des savoir-être en respectant les codes socioculturels ;
- des compétences culturelles/interculturelles : la capacité à comprendre les autres cultures et les références qui les sous-tendent ;
- des compétences scolaires : la capacité de parler, lire, écrire, expliquer, décrire, comparer, en s'appuyant sur des connaissances.

Les activités fondamentales telles que la compréhension orale, l'expression orale, la compréhension de l'écrit, la production de l'écrit et l'interaction contribuent au développement de ces compétences. Par l'accomplissement de tâches langagières et non langagières, l'apprenant apprend à mettre en œuvre des savoirs, des savoir-faire, des savoir-être qui peuvent déboucher à leur tour sur une tâche finale (en FLE) ou sur un projet (FLM) où s'accomplissent des tâches authentiques de la vie réelle (Rosen et Reinhardt, 2010).

2.1. Tâche finale ou projet de classe

Réaliser une tâche finale (FLE/FLS) ou un projet (FLM/FLS), c'est réinvestir les apprentissages linguistiques et culturels et les transformer en savoir-faire. L'apprenant est mis en situation de résolution d'un problème réel dans la société par la réalisation d'une action sous forme d'un projet qui correspond à son degré d'appropriation de la francophonie et qui lui permettra d'atteindre un degré de compétence supérieur. Il va agir physiquement, linguistiquement et culturellement et « mettre la main à la pâte », initiative lancée en 1996 par le prix Nobel Georges Charpak[15] ou « apprendre par l'action » à la façon de Dewey (Boutet, 2016). On passe ainsi d'une approche communicative basée sur la simulation d'une situation à une véritable approche actionnelle par la réalisation d'une action hors de la classe. Par l'accomplissement de micro-tâches, l'apprenant est amené à effectuer une macro-tâche concrète : réaliser un reportage, rédiger un guide touristique[16], réaliser une affiche ou une publicité, tourner une vidéo, enregistrer une émission à la radio ou à la télévision, organiser une manifestation culturelle, préparer la fête de la francophonie...

Si ce type de tâche finale ou de projet est réalisable dans un environnement partiellement (FLS) ou totalement francophone (FLM), dans le contexte de FLE, il ne peut aboutir que si on prépare le milieu adéquat et francophone où il peut se réaliser. Si le contexte n'est pas francophone, on peut recourir aux réseaux sociaux, à Internet, et souvent aux Instituts français, aux Alliances françaises, à des écoles francophones, à des entreprises, ou à tout lieu ou organisme où on peut rencontrer des locuteurs francophones.

15. https://www.cairn.info/revue-apres-demain-2011-3-page-56.htm
16. Ce type d'activité est proposé par exemple dans la méthode *Cosmopolite 2* (Hachette, 2017) dans le dossier 2, *Nous partageons nos expériences insolites ou originales*, ou dans la rubrique *projets* : *Un projet ouvert sur le monde*, où on demande aux élèves de réaliser un mini guide collaboratif à destination des voyageurs francophones.

2.2. Un socle de connaissances et de compétences

L'enseignement de la francophonie permet, à partir de ce qui a été dit précédemment, la mise en place de socles de connaissances et de compétences francophones niveau par niveau. Nous en proposons ci-dessous un exemple pour un niveau A2/B1.

Francophonie – plurilinguisme – interculturalité			
Connaître la Francophonie institutionnelle	Découvrir les contextes et comprendre la variation linguistique	Découvrir, comprendre et comparer la diversité culturelle	Découvrir, comprendre et comparer les littératures francophones
– missions – géographie – histoire – institutions – opérateurs – fonctionnement	**La francophonie d'Europe** **FLM** : la France / la Belgique / la Suisse / le Luxembourg **FLE** : tous les pays d'Europe qui enseignent le français **DROM** : Guadeloupe, Guyane, Martinique, Mayotte, Nouvelle-Calédonie, Polynésie française, Réunion, Saint-Pierre et Miquelon	– vie quotidienne – us et coutumes – loisirs – gastronomie – fêtes – habillement – comportement	– romans – contes – fables – nouvelles – théâtre – poésie – bandes dessinées
	La francophonie d'Afrique **FLS** : 19 pays dont le français est la langue officielle **FLE/FLS** : le Maghreb **FLE** : tous les pays d'Afrique qui enseignent le français		
	La francophonie d'Amérique **FLM** : le Québec **FLE** : tous les pays d'Amérique qui enseignent le français		
	La francophonie d'Asie et du Moyen-Orient **FLS** : Le Liban **FLE** : Tous les pays d'Asie et du Moyen-Orient qui enseignent le français		

7

Francophonie, francophonie, variation linguistique

On verra dans ce chapitre comment transposer un objet linguistique, un objet politique et un objet culturel en un objet d'enseignement et d'apprentissage en fonction des publics et des contextes. L'objectif est d'amener l'apprenant à connaître et à comprendre la Francophonie politique (l'organisation institutionnelle), la francophonie géographique (le monde francophone), la francophonie linguistique (les variations) et la francophonie culturelle (la diversité culturelle).

Après avoir donné quelques principes pour éclairer notre démarche pédagogique, et rappelé brièvement les objectifs assignés à l'enseignement de la francophonie, nous aborderons chacun de ces points en proposant des pistes d'activités organisées de la façon suivante : découvrir et étudier ; retenir ; réinvestir. Ces pistes d'activités ne sont pas des fiches pédagogiques mais elles sont destinées à présenter les éléments de savoir et des références qui permettront à chaque enseignant de bâtir ses propres fiches en fonction de son contexte et du niveau de ses élèves.

1. Les principes : bricolage, créativité, innovation...

Les apprenants d'aujourd'hui ont évolué avec leur époque. Ils ne se contentent plus d'attendre des enseignants qu'ils leur transmettent des savoirs, et cela entraîne une modification de la nature du contrat didactique qui les lie. De ce fait, les enseignants sont amenés à une plus grande prise de risque pédagogique pour répondre aux attentes de leurs élèves.

Dans *La pensée Sauvage* (1962), l'anthropologue Claude Lévi-Strauss explique que le bricoleur est celui qui est :

> « *apte à exécuter un grand nombre de tâches diversifiées ; mais, à la différence de l'ingénieur, il ne subordonne pas chacune d'entre elles à l'obtention de matières premières et d'outils, conçus et procurés à la mesure de son projet : son univers instrumental est clos, et la règle de son jeu est de toujours s'arranger avec les "moyens du bord"* » (p. 27).

Avec la révolution numérique qui a bouleversé le monde des pratiques, il est de plus en plus nécessaire d'adopter dans l'enseignement le bricolage, entendu au sens positif de prise d'initiative, de créativité et d'innovation pédagogique en fonction des savoirs et des outils disponibles. Les enseignants peuvent largement profiter de l'enseignement de la francophonie pour adopter des pratiques qui les libèrent davantage des façons de faire traditionnelles, basées sur l'utilisation de méthodes ou de manuels qu'ils n'ont qu'à appliquer pour faire leurs cours. Le bricolage est en effet pour les enseignants non seulement une façon de prendre de la liberté par rapport au manuel mais aussi, dans une démarche socio-constructiviste fondée sur les interactions, d'impliquer davantage l'apprenant dans son apprentissage.

Cette incitation à la liberté pédagogique n'est pas nouvelle. Très tôt en effet, les didacticiens du FLE s'en sont montrés les champions. Dans un petit fascicule publié par le *BELC*, et qu'il avait intitulé *La mort du manuel et la fin de l'illusion pédagogique*, Francis Debyser (1973) avait désacralisé le manuel et avait même déclaré son décès !

Dans les années 1990 et l'approche communicative, les préconisations didactiques ont même parfois pris une tonalité qu'on pourrait presque appeler, si on en croit Piccardo et Yaiche[1], de désobéissance pédagogique : le « refus d'obéissance », écrivent-ils « – très à la mode dans une époque antimilitariste et d'insoumission aux pouvoirs institués – était avant toute chose une recherche active de contre-modèles pour faire pièce aux prescriptions méthodologiques présentées comme le symbole d'un pouvoir absolutiste » (Piccardo et Yaiche, 2005 : 5).

1. Piccardo E. et Yaiche F. (2005), « Le manuel est mort, vive le manuel ! » : plaidoyer pour une nouvelle culture d'enseignement et d'apprentissage, *ELA*, n°140, pp. 443-458.

Pourtant, la réalité des classes que nous avons pu observer un peu partout autour du monde et les déclarations de nombreux enseignants nous montrent que dans de nombreuses classes les pratiques d'enseignement du français restent encore très souvent liées à l'utilisation d'un manuel. Or les manuels et les méthodes sont encore peu ouverts à un enseignement du français dans une perspective véritablement francophone. Mais il existe un foisonnement et une grande variété de documents, d'outils pédagogiques fabriqués, de ressources numériques, qui peuvent, que ce soit en FLE, en FLS ou en FLM, élargir l'univers de la classe : leur exploitation est une bonne occasion pour l'enseignant de faire évoluer son enseignement.

Telle que nous la proposons, l'intégration de la francophonie dans la classe de français s'effectue dans une démarche réflexive et coopérative. La recherche de contenus adaptés aux cultures d'enseignement et aux cultures d'apprentissage dans chaque contexte, la transposition didactique « interne », l'action didactique conjointe entre enseignant et apprenant autour d'un savoir, impliquent une adaptation pédagogique et une rénovation de l'existant. Une gestion nouvelle de l'hétérogénéité linguistique et culturelle remplace la « consommation », parfois abusive, du manuel comme seul outil didactique. Sur le plan méthodologique, on mettra en avant :

- le transfert de la démarche de l'approche par tâche ;
- l'articulation des langues et des cultures ;
- l'articulation des activités langagières orale et écrite ;
- l'inscription de l'apprentissage dans une démarche plurilingue et interculturelle ;
- la valorisation de l'interdisciplinarité.

2. Les objectifs

Dans une triple perspective active, communicative et actionnelle, les objectifs spécifiques pour développer une compétence francophone sont fixés autour de :

- faire découvrir le monde francophone (histoire, géographie, institutions, personnalités...) ;
- faire entrer l'apprenant dans la culture francophone anthropologique (quotidienne : coutumes, loisirs, fêtes, gastronomie...) ;
- faire entrer l'apprenant dans la culture savante (la littérature, le conte, la poésie, la nouvelle...) ;
- exploiter des supports artistiques (cinéma, chansons, théâtre, bandes dessinées, peinture...) pour aider à comprendre le monde francophone.

3. Une démarche pédagogique de découverte et de recherche

Pour développer chez l'apprenant une compétence francophone (*cf.* chapitre 4), les contenus de savoirs (culturels, institutionnels, géographiques et historiques) sont définis en fonction des objectifs que nous venons de définir. L'apprenant est mis en situation de découverte, de recherche, d'analyse pour comprendre, de réaction et d'interaction. À travers des activités langagières verbales (parler, écrire) et non verbales (jeux de rôle), il est amené à s'approprier des savoirs nouveaux, à développer des compétences et à s'auto-évaluer.

Le dispositif est organisé ainsi : à partir de faits linguistiques ou culturels, l'apprenant complète le tableau selon le schéma suivant :

	Découverte et définition	Expression des sentiments	Appropriation	Réinvestissement	(Auto) Évaluation
Aspects linguistiques ou culturels	Les contextes francophones Leurs histoires et situations géographiques Définition du contexte linguistique (FLE/FLS/FLM) Définition du contexte culturel Comparaison des références Comparaison des stéréotypes	La surprise : agréable / désagréable, la connaissance / la méconnaissance Les représentations Le ressenti : tolérance, révolte, choc, refus, acceptation, rejet, adoption Désir d'appartenance ou d'opposition Aimer ou ne pas aimer…	J'enrichis mes connaissances linguistiques J'enrichis mes connaissances géographiques J'enrichis mes connaissances historiques J'enrichis ma culture générale J'enrichis ma culture littéraire	Utilisation des acquis dans de nouvelles situations linguistiques et culturelles	Pour cette étape, on peut s'inspirer de la grille p. 99 (Projet LOLIPOP).

GRILLE DE COMPÉTENCES INTERCULTURELLES

A1 : J'ai une connaissance de base de la culture du pays et aimerais mieux la connaître ainsi que les gens.

Savoirs	– J'ai une connaissance de base concernant le pays, géographie, climat, etc. – Je commence à maîtriser les situations quotidiennes (manières de manger, salutations, politesse).
Savoir faire / apprendre	– Je commence à comprendre et utiliser les compétences dont j'ai besoin pour communiquer avec des gens dont les croyances, valeurs, et comportements sont différents des miens.
Savoir être	– Je saisis toute occasion me permettant d'acquérir une nouvelle expérience culturelle.
Savoir s'engager	– Je peux identifier des différences et similitudes de base dans les pratiques et expériences culturelles de mon pays et de l'autre.

A2 : J'ai conscience des différences culturelles de base, et bien que je ne les comprenne pas toutes, je les respecte et peux apprendre grâce à elles.

Savoirs	– J'ai une connaissance de base concernant la vie quotidienne (horaires de travail, de repas, fêtes, année scolaire, etc.). – Je sais qu'il y a des façons plus ou moins formelles de s'adresser aux gens, selon les relations et le contexte.
Savoir faire / apprendre	– J'essaie d'utiliser mes observations et expériences interculturelles pour voir comment les gens se comportent, même si je n'ai pas de stratégies particulières pour m'en sortir dans des situations nouvelles ou confuses.
Savoir être	– Je peux voir des pratiques et expériences de ma propre culture telles que des étrangers pourraient les percevoir.
Savoir s'engager	– Je peux comparer des pratiques et expériences de l'autre culture aux miennes, mais je dois encore chercher à comprendre les implications sous-jacentes.

B1 : Je connais les croyances et valeurs qui expliquent le comportement des gens et je vois aussi qu'ils ont des points de vue sur le fonctionnement de ma propre culture ; ceci me donne une meilleure conscience de ma propre culture et de celle des autres.

Savoirs	– Je reconnais les personnalités les plus célèbres et leur rôle et importance dans la culture du pays. – Je sais comment ma culture est perçue dans la culture du pays en question.

Savoir faire / apprendre	– Je peux me comporter conformément aux attentes de la culture en question, à la fois dans des situations professionnelles et privées, même si cela suppose parfois un effort de ma part. – Je sais quelles informations sur ma culture aideront d'autres personnes à mieux la comprendre.
Savoir être	– Je comprends les raisons qui motivent les valeurs, croyances, dans une autre culture même si je vois les choses plus naturellement de ma propre perspective.
Savoir s'engager	– Je sais rechercher et analyser des informations à propos des valeurs, croyances, normes culturelles. – Je sais que mes jugements sont influencés par ma propre culture et veux apprendre à regarder les autres cultures avec une plus grande ouverture d'esprit.
Savoir comprendre	– Je comprends en partie le sens implicite derrière certaines images et expressions utilisées dans les films, littérature, médias et publicités et cherche à mieux comprendre.

B2 : J'aime sortir de ma propre culture et explorer d'autres façons de faire. J'accepte d'autres manières de penser et de se comporter.

Savoirs	– Je comprends et peux interpréter les principaux signes non verbaux et du langage du corps dans l'autre culture. – J'ai des connaissances sur l'histoire, le système administratif et politique de cette culture.
Savoir faire / apprendre	– Je me sens en confiance lorsque j'interagis avec des personnes d'une autre culture et peux généralement éviter les malentendus. – Je peux identifier quelles informations aideront les autres personnes à mieux comprendre ma culture.
Savoir être	– Je peux reconnaître des comportements et valeurs différentes et peux voir de nombreux comportements et valeurs de ma propre culture avec un point de vue extérieur.
Savoir s'engager	– Je peux prendre suffisamment de distance avec les jugements influencés par ma propre culture de manière à pouvoir porter un jugement critique sur les points de vue et comportements de l'autre culture.
Savoir comprendre	– Je peux réfléchir et voir les raisons sous-jacentes dans les pratiques de l'autre culture et les mettre en parallèle avec celles de ma propre culture.

C1 : Je me sens à l'aise et peux me comporter naturellement sans beaucoup d'efforts de ma part dans un milieu culturel différent du mien. Je sais modifier mes interprétations et mon comportement en fonction de l'autre culture. Je peux être un médiateur entre deux cultures différentes.

Savoirs	– Je connais bien les domaines dans lesquels les différences culturelles apparaissent. – Je connais les liens entre langue et culture et sais que l'on ne peut pas traduire certaines idées.
Savoir faire / apprendre	– Je peux être un médiateur entre des personnes de ma propre culture et une autre et je peux utiliser des stratégies pour résoudre des malentendus et conflits dus à des différences culturelles. – Je reconnais les avantages de la diversité et trouve stimulant le fait d'être dans une situation m'obligeant à questionner mes manières de penser, me comporter et de devoir m'adapter à un nouvel environnement.
Savoir être	– J'accueille favorablement les situations où je me trouve dans un environnement interculturel. – Je vois mes propres comportements, croyances, valeurs du point de vue d'un observateur extérieur et ai conscience du fait que ma culture n'est ni supérieure ni inférieure.
Savoir comprendre	– Je reconnais et apprécie une large gamme de manifestations quelle que soit la différence avec ma culture.
Savoir s'engager	– Je peux conduire une analyse critique et systématique de points de vue, produits et pratiques dans d'autres cultures et peux apporter une autre perspective à cette analyse, basée sur ma propre expérience interculturelle.

C2 : Je peux interpréter et évaluer des comportements de cultures variées et peux parfois réconcilier des visions du monde divergentes.

Savoir-faire	– Je peux jouer le rôle de médiateur impartial. – Je peux interagir avec des gens de cultures variées et trouve ces rencontres intéressantes et enrichissantes.
Savoir être	– Je peux voir ma culture à la fois de l'intérieur et de l'extérieur et utiliser cela pour aider d'autres personnes à interagir avec d'autres cultures. – Mes expériences interculturelles m'ont permis de développer des principes et croyances différents des normes d'une culture en particulier, ce qui me permet d'être un médiateur interculturel efficace.

Savoir comprendre	– Je peux interpréter les valeurs et comportements en fonction de références culturelles variées de manière à toujours voir les choses de plusieurs manières différentes.
Savoir s'engager	– Je peux analyser des problèmes de société différents dans ma culture et dans d'autres (relations entre hommes et femmes, entre générations, la famille, les institutions, les instances de pouvoir, de domination, la religion, le racisme…) et les expliquer.

Projet LOLIPOP, Language Online Portfolio Project, 2006.
https://slidetodoc.com/lolipop-language-online-portfolio-project-un-portfolio-pour/

4. Pistes d'activités de découverte et de définition[2]

Il s'agit dans ce qui suit d'une réflexion sur l'élaboration[3] d'un projet sous forme de tâche finale à réaliser avec les apprenants afin de les préparer à jouer avec les variétés du français et la diversité des cultures dans des activités variées : jeux, carnets de voyage, reportages, productions de guides touristiques, d'émissions radio ou télévisées, réalisation d'un film, simulation d'action humanitaire… Ces activités ont pour objectif de connaître les institutions et l'histoire de la F(f)rancophonie. En effet, il nous paraît intéressant de partir de l'histoire de la francophonie linguistique et de la Francophonie politique pour engager les élèves dans un travail de recherche et de construction de connaissances. Selon des phases pédagogiques organisées, les apprenants sont amenés à découvrir, et à s'approprier des savoirs sur l'émergence et le développement des concepts, en cheminant du concept linguistique de francophonie au concept de Francophonie institutionnelle. Pour retracer l'histoire et comprendre la géographie et la diffusion du français dans le monde et ses enjeux, il est donc important de commencer par « *définir* » et par *distinguer francophonie* et *Francophonie*. Des exemples d'activités orales et écrites aideront l'enseignant à conduire l'apprenant sur des pistes de recherches pour compléter ses connaissances. Celles-ci pourront être renforcées par une étape d'appropriation, qu'on a désignée par « *retenir* ». Elle est suivie à son tour par une dernière étape, « *réinvestir* », qui donnera l'occasion aux apprenants de transférer leurs apprentissages dans de nouvelles situations. L'ensemble est traversé par des moments d'évaluation dont le soin de l'organisation est laissé à l'enseignant.

2. *Nous rappelons que les activités proposées sont seulement des exemples que chaque enseignant ou formateur peut utiliser pour en élaborer d'autres allant dans le même sens.*
3. Ce point sera particulièrement développé au chapitre 9.

4.1. Définir et distinguer « francophonie » et « Francophonie »

La lexicalisation du mot *francophonie* a produit un nom propre et un nom commun. Sur le site de l'Organisation Internationale de la Francophonie (OIF), on trouve la distinction désormais bien connue et qu'on peut prendre pour base de travail sur ce point :

> « *On parle désormais de francophonie avec un "f" minuscule pour désigner les locuteurs de français et de Francophonie avec un "F" majuscule pour figurer le dispositif institutionnel organisant les relations entre les pays francophones* ». (OIF)

Il s'agit, à partir de cette définition, de construire des savoirs pour comprendre l'histoire de la f(F)rancophonie et de retenir certaines informations qui constitueront les bases de réflexion pour la suite.

Parmi celles-ci, on peut examiner la première définition donnée par Onésime Reclus. Il définissait comme francophone : « tous ceux qui sont ou semblent destinés à rester ou à devenir participants de notre langue ». Il déclarait que l'objectif de la francophonie était « une solidarité humaine à travers le partage culturel » pour donner à la langue française son rôle d'unificateur au détriment des races, des religions, des conditions économiques et sociales qui séparaient les peuples. De cette définition se dégagent trois sens :
- **sens linguistique** : population parlant le français ;
- **sens géographique** : les territoires où l'on parle français ;
- **sens culturel et sociologique** : vivre en français et partager cette langue avec d'autres.

On peut également renvoyer à d'autres sources comme le manuel *Civilisation progressive du français* (Carlo et Causa, 2010)[4]. Les auteures donnent au terme de *francophonie* une acception plus culturelle de la francophonie :

> « *Les pays qui ont le français en partage ne se ressemblent pas. Faire le tour de la Francophonie, c'est faire le tour des manières de table, des façons de se vêtir, de s'éduquer, de se soigner, de s'occuper de la nature, de développer les villes, de fêter sa joie et de pleurer ses morts. C'est faire le tour du monde. Dans un monde qui se globalise, la Francophonie se donne pour principe de valoriser la diversité culturelle* » (p. 56).

L'ignorance de la différence entre les deux termes et leur confusion, relevées dans les questionnaires que nous avons destinés aux enseignants au cours de stages pédagogiques, incitent à prendre ces mots-clés comme point de départ. Il est intéressant de proposer un questionnement pour tester les connaissances des élèves sur la francophonie : leur demander

4. Carlo C. et Causa M. (2010), *Civilisation progressive du français*, CLE International.

s'ils connaissent les définitions des termes *francophonie* et *Francophonie* permet de mettre en place les bases pour l'introduction de l'enseignement de la francophonie.

Une fois ces termes définis, on peut aller plus loin dans le questionnaire (dès le **niveau A2 – FLM : collège**) : *Connaissez-vous des pays francophones ?*

Pour favoriser l'acquisition des connaissances :
- faire observer la carte de la Francophonie dans le monde et faire commenter ;
- faire observer la liste des pays francophones et repérer si le contexte de l'apprenant fait ou ne fait pas partie de cette liste ;
- découvrir le monde francophone : choisir des pays de différents continents et amener les apprenants à associer certains pays à des problèmes, des représentations, des progrès, des exploits… ;
- découvrir et comprendre la francophonie et la Francophonie : Onésime Reclus et la naissance de la Francophonie (https://information.tv5monde.com/culture/video-la-francophonie-toute-une-histoire-216340)

Pour des apprenants de **niveau B1** (FLM : collège), on peut aller un peu plus loin encore et proposer un cours ou un exposé des apprenants pour engager un débat sur :
- des connaissances générales sur la Francophonie et la francophonie ;
- le plurilinguisme dans les pays francophones ;
- la diversité culturelle des pays francophones.

L'objectif est de connaître l'origine de la langue, les étapes de sa diffusion dans le monde, les enjeux actuels de sa présence, comprendre son organisation politique et géographique. À partir de supports vidéographiques, textuels et iconographiques, l'apprenant est amené à construire ses savoirs sur la Francophonie institutionnelle et sur l'Organisation Internationale de la Francophonie (OIF), organisation politique fondée sur le partage d'une langue.

4.2. Découvrir l'histoire de la Francophonie institutionnelle

Proposer de tester ses connaissances et engager une réflexion avec les apprenants à partir d'un quiz (40 quiz sur le site de la Francophonie).

Pour construire des quiz plus adaptés, on peut également renvoyer au site : https://online.seterra.com/fr/vgp/321

Ce test permettra d'entamer une réflexion sur les acquis des apprenants ou les manques dans leurs connaissances. Il permet la transition vers l'étude de la *Francophonie* et d'aborder ses enjeux politiques internationaux.

QUIZ SUR LA FRANCOPHONIE

1. OIF signifie :
- ❒ Organisme international de la Francophonie
- ❒ Organisation internationale francophone
- ❒ Organisation internationale de la Francophonie

2. Où se trouve le siège de l'OIF ?
- ❒ Paris
- ❒ Montréal
- ❒ Genève
- ❒ Dakar

3. L'invention du terme « francophonie » date de quelle année ?
- ❒ 1880
- ❒ 1910
- ❒ 1970
- ❒ 1980

4. Quelles sont les cinq couleurs du drapeau de l'OIF ?
- ❒ L'orange, le vert, le jaune, le violet et le bleu
- ❒ Le rouge, le vert, le jaune, le violet et le bleu
- ❒ Le rose, le vert, le jaune, le violet et le bleu

5. En quelle année a eu lieu le premier Sommet de la Francophonie ?
- ❒ 1966
- ❒ 1986
- ❒ 1992
- ❒ 2006

6. À quelle fréquence se tient le Sommet de la Francophonie ?
- ❒ Tous les ans
- ❒ Tous les deux ans
- ❒ Tous les quatre ans

7. Où a eu lieu le dernier Sommet de la Francophonie ?
- ❒ Nice
- ❒ Dakar
- ❒ Erevan
- ❒ Montréal

8. Combien d'États et de gouvernements composent la Francophonie ?
- ❒ 27
- ❒ 54
- ❒ 75
- ❒ 88

9. Avant d'être appelée « Organisation Internationale de la Francophonie », comment s'appelait cette organisation ?
- ❒ Agence de coopération culturelle et technique
- ❒ Agence pour la Francophonie
- ❒ Assemblée des pays francophones
- ❒ Organisation des pays francophones

10. De quelle nationalité est Léopold Sédar Senghor, l'un des fondateurs de la Francophonie ?
- ❒ Camerounaise
- ❒ Ivoirienne
- ❒ Sénégalaise
- ❒ Canadienne

… à réaliser sur le site jusqu'à Quiz 40
https://create.kahoot.it/share/quiz-de-la-francophonie/87c2213a-2d93-4673-82c7-6b3906ed61f2

Pour comprendre et connaître l'histoire de la Francophonie de façon vivante et motivante, on peut exploiter des documents vidéo comme : *De l'apparition du terme au XIXe siècle jusqu'à nos jours,* (https://www.francophonie.org/une-histoire-de-la-francophonie-23) qui permet de comprendre la transition de la francophonie linguistique à la francophonie politique. De même pour faire mémoriser les étapes de la construction de la Francophonie, on peut s'appuyer sur une frise historique de la Francophonie à commenter et à compléter par des informations à développer *via* la recherche documentaire sur Internet (activités orales et écrites).

FRISE HISTORIQUE DE LA FRANCOPHONIE (D'APRÈS L'ANCIEN SITE DE L'OIF)

1880-1969	1970-1984	1986-1996	1997-2002	2003-2014	2015-2018	Depuis 2019
Une langue qui s'installe	Engagement et coopération entre États	Les sommets : nouvelle dimension	1er SG* : Boutrous Boutrous Ghali, Égypte	2e SG* : Abdou Diouf : consolidation au niveau international Sénégal	3e SG* : Michaëlle Jean, Canada	4e SG* : Louise Mushikiwabo, Rwanda

SG* : Secrétaire général

Pour recueillir des informations sur la Francophonie, on peut s'appuyer sur des documents vidéos comme :

- Qui parle français dans le monde ? : http://observatoire.francophonie.org/
- La langue française dans le monde : https://www.youtube.com/watch?v=yR7c58l_GJk
- Comprendre la création de la Francophonie politique *D'un siècle à l'autre, la Francophonie :* https://www.dailymotion.com/video/x2ylsfq
- La présentation de l'historique de cette organisation peut aussi s'appuyer sur la vidéo : https://www.youtube.com/watch?v=YdEbAwHkS8o

Après le visionnement de la vidéo, l'enseignant peut orienter le débat en proposant des thèmes de discussion sur :

- les circonstances historiques de la création ;
- la découverte du monde francophone : quelle est la valeur du document ? ;
- l'utilité des informations du documentaire ;
- les avantages de l'appartenance à cette communauté de francophones.

Afin d'expliquer les différents points de vue, on peut passer la vidéo : https://information.tv5monde.com/culture/video-la-francophonie-toute-une-histoire-216340

La vidéo, « L'OIF en un coup d'œil », est également utilisable pour sensibiliser à la politique éducative, économique et culturelle de la Francophonie institutionnelle :
https://www.youtube.com/watch?v=flFxqidBeSU&feature=youtu.be

On trouve sur le site de TV5Monde plusieurs fiches pédagogiques pour enseigner la francophonie :
https://enseigner.tv5monde.com/fiches-pedagogiques-fle/la-langue-francaise-dans-le-monde
https://enseigner.tv5monde.com/fiches-pedagogiques-fle/loif-en-chiffres

L'ORGANISATION INTERNATIONALE DE LA FRANCOPHONIE (OIF)
www.francophonie.org

Le nombre d'États concernés par l'organisation : 88 États ou gouvernements.
Sa mission principale : la promotion de la langue française, la diversité culturelle. Mais aussi promouvoir la paix, la démocratie et les droits de l'Homme, appuyer l'éducation, la formation, l'enseignement supérieur et la recherche en français, développer la coopération économique au service du développement durable.
Ses initiateurs : trois chefs d'États africains, Habib Bourguiba (Tunisie), Hamani Diori (Niger), Léopold Sédar Senghor (Sénégal) et un asiatique, Norodom Sihanouk (Cambodge).
Son objectif initial : créer une coopération culturelle entre la France, les pays francophones d'Afrique, d'Asie, d'Europe, du Pacifique et des Amériques.
Les grandes étapes de son histoire : les débuts avec la création de l'Agence de Coopération Culturelle et Technique (ACCT) en 1970 qui est devenue l'Agence intergouvernementale de la Francophonie (AIF) en 1998 et par la suite l'Organisation internationale de la Francophonie (OIF) en 2006.
Le nombre d'êtres humains concernés : 300 millions de locuteurs, répartis sur les cinq continents, selon le dernier rapport en date de l'Observatoire de la langue française, publié en 2018.

Avec des apprenants de **niveau B1/B2** et plus (FLM : lycée), on peut travailler l'argumentation en orientant le débat sur un retour sur le contexte historique et idéologique dans lequel est né le terme de *francophonie*. Le géographe français Onésime Reclus (1837-1916) a certes inventé le terme et il est aujourd'hui célébré comme tel. Mais il était aussi un patriote en phase avec la partie des intellectuels et des politiques français qui, à la charnière des XIXe et XXe siècles, promouvait l'expansion coloniale.

• ***Les institutions francophones (adultes, étudiants, lycée)***

Aborder la question de la Francophonie institutionnelle, c'est s'intéresser directement aux opérateurs de la Francophonie et à leurs rôles dans la diffusion du français dans le monde. On les présente ci-dessous, en laissant le soin à l'enseignant de procéder à un travail de recherche avec les apprenants.

- l'Agence universitaire de la francophonie (AUF) : www.auf.org
- TV5 : www.tv5monde.com
- L'Université Senghor d'Alexandrie : http://www.usenghor-francophonie.org/
- L'Association internationale des maires francophones (AIMF) : http://www.aimf.asso.fr/
- L'Assemblée Parlementaire de la Francophonie (APF) : https://apf.francophonie.org/

Parmi les organismes qui participent à la promotion de la langue française, on trouve la Fédération internationale des professeurs de français (FIPF) : www.fipf.org.

Pour préparer leurs activités et leurs recherches documentaires, de nombreuses ressources sont mises à la disposition des enseignants notamment des supports multimédias (internet), que nous détaillons au chapitre 11, tels que :

- le site de la Francophonie, www.francophonie.org, et notamment le cartable numérique de la Francophonie (https://www.francophonie.org/cartable-numerique) dont les fiches, élaborées en partenariat avec l'AUF, ont pour but de faire découvrir la Francophonie institutionnelle aux enfants et aux jeunes ;
- les sites dédiés de la Francophonie : https://ifef.francophonie.org/node/31, https://crefap.org/site/, http://observatoire.francophonie.org/ ;
- des sites d'activités pédagogiques (supports, fiches pédagogiques à adapter...) comme celui de www.tv5monde.com/, de RFI Savoirs http://www.rfi.fr, https://savoirs.rfi.fr/, notamment : https://savoirs.rfi.fr/fr/recherche/rubrique/apprendre/thematique/francophonie-3565

Des ressources sont également disponibles dans la boîte à outils pédagogiques de la FIPF (https://bop.fipf.org/), site internet ouvert à tous les professeurs de français. On y trouve tout le matériel pédagogique de l'ancien site *francparler-oif.org* et la « Grammaire actuelle et contextualisée » (GRAC), un ouvrage collectif réalisé par les membres du réseau « Grammaires et contextualisations ».

On en trouve aussi beaucoup sur le site www.francophonie.org de l'ensemble des partenaires.

La recherche documentaire en ligne de supports adaptés au niveau des élèves permet de les faire réfléchir sur la diversité des apprenants de français dans le monde (Afrique, Amérique, Asie, Europe, Océanie). Les supports peuvent être variés selon l'élaboration didactique des séquences et selon les objectifs et les compétences que l'enseignant désire plus particulièrement développer.

Pour accompagner les apprenants dans leur travail de recherche, le professeur proposera des supports qui permettront d'engager la réflexion. On propose à titre exemple les deux schémas ci-contre pour les grandes lignes d'un dispositif d'enseignement de la Francophonie :

DISPOSITIF D'ENSEIGNEMENT DE LA FRANCOPHONIE

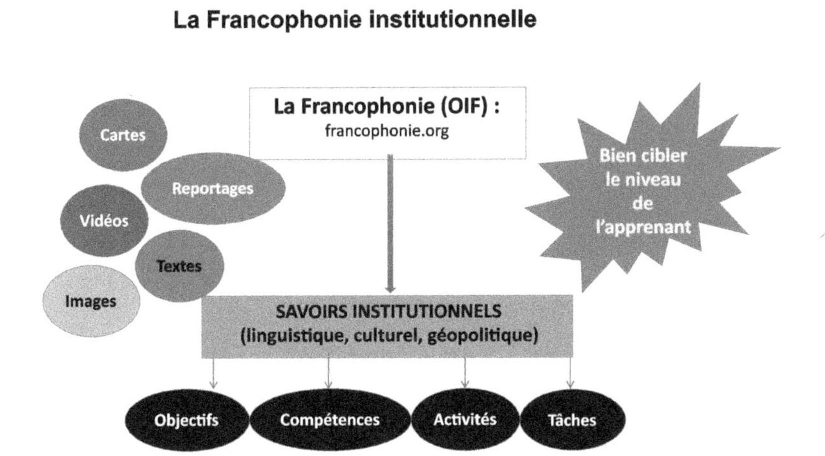

PARTENAIRES INSTITUTIONNELS POUR DES RESSOURCES PÉDAGOGIQUES

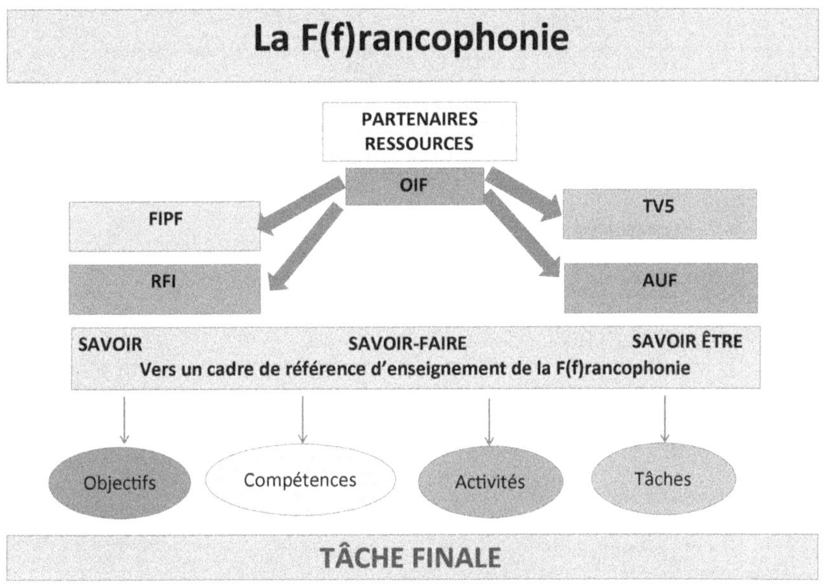

Des fiches pédagogiques de l'enseignant, de l'apprenant ainsi que du matériel sont fournis sur le site TV5Monde. Par exemple :

TV5MONDE Fiche enseignant L'OIF en chiffres B1

L'OIF EN CHIFFRES

Date de mise en ligne : 2020

2020 marque le cinquantenaire de l'Organisation internationale de la Francophonie. Mais que sait-on de cette institution ?
Promouvoir le rôle et les actions de l'OIF dans une chronique radio.

- **Thème** : Francophonie
- **Niveau** : B1
- **Public** : adultes
- **Durée indicative** : deux séances de 60 minutes

PARCOURS PÉDAGOGIQUE

OBJECTIFS COMMUNICATIFS / PRAGMATIQUES
- Mutualiser ses connaissances sur l'OIF.
- Comprendre une vidéographie.
- Exprimer son opinion.
- Faire la promotion de l'OIF.

OBJECTIF LINGUISTIQUE
- Enrichir son lexique dans le domaine des relations internationales et de l'économie.

OBJECTIF (INTER)CULTUREL
- Mieux connaître l'OIF, ses missions et ses champs d'action.

https://enseigner.tv5monde.com/fiches-pedagogiques-fle/loif-en-chiffres

TV5MONDE Fiche apprenant L'OIF en chiffres B1

L'OIF EN CHIFFRES

Date du cours : . . / . . / . . . .

IDENTIFIER LE SUJET

→ **Activité 1a : dites si les propositions sont vraies ou fausses.**

→ **Activité 1b : écoutez le début de la vidéo. Confirmez vos réponses et corrigez les propositions fausses.**

	Vrai	Faux
1. Le français est parlé sur tous les continents. Correction :		
2. Le français est parlé par 400 millions de personnes à travers le monde. Correction :		
3. L'OIF regroupe 88 États et gouvernements. Correction :		
4. L'OIF a été créée le 7 septembre 1970 à Paris. Correction :		
5. Entre les pays membres de l'OIF, la coopération est uniquement linguistique et culturelle. Correction :		
6. L'OIF s'appuie sur un réseau d'institutions, d'universités et de partenaires de la société civile. Correction :		

APPROFONDIR LE SUJET

→ **Activité 2 : associez chaque mot à la définition qui convient.**

La créativité ○	○ Action de proposer, d'organiser quelque chose en premier.
La diversité ○	○ Démarches, discussions entreprises pour arriver à un accord.
L'entrepreneuriat ○	○ Action d'apporter son appui politique ou économique.
Une initiative ○	○ Variété ; ensemble des personnes qui diffèrent par l'origine, l'âge, le sexe...
L'innovation ○	○ Ensemble d'activités qui appartiennent à une même catégorie.
Un marché ○	○ Capacité qu'a une personne d'imaginer, de réaliser des choses nouvelles.
Une négociation ○	○ Action d'introduire quelque chose de nouveau dans un domaine ; résultat de cette action.
Un secteur ○	○ Système d'échanges où se rencontrent l'offre et la demande.
Un soutien ○	○ Ensemble des activités qui participent à la formation et à la croissance d'entreprises ou de projets.

https://enseigner.tv5monde.com/fiches-pedagogiques-fle/loif-en-chiffres

4.3. Connaître la géographie francophone (des francophones et des francophiles)

Découvrir et étudier les différentes régions francophones dans le monde

À partir de cartes géographiques, de vidéos (ou de l'expérience des membres du groupe classe) : faire découvrir aux apprenants le monde francophone et non francophone où on enseigne le français comme langue maternelle, langue étrangère ou langue seconde.

Comme à chaque fois, les supports vidéo peuvent être utiles pour introduire aux activités, ici sur la géographie de la francophonie, par exemple : https://youtu.be/sE6eaxS1ZFY

Comme il est question également de la Francophonie institutionnelle, la carte de l'OIF est un support incontournable à étudier.

LA LANGUE FRANÇAISE DANS LE MONDE

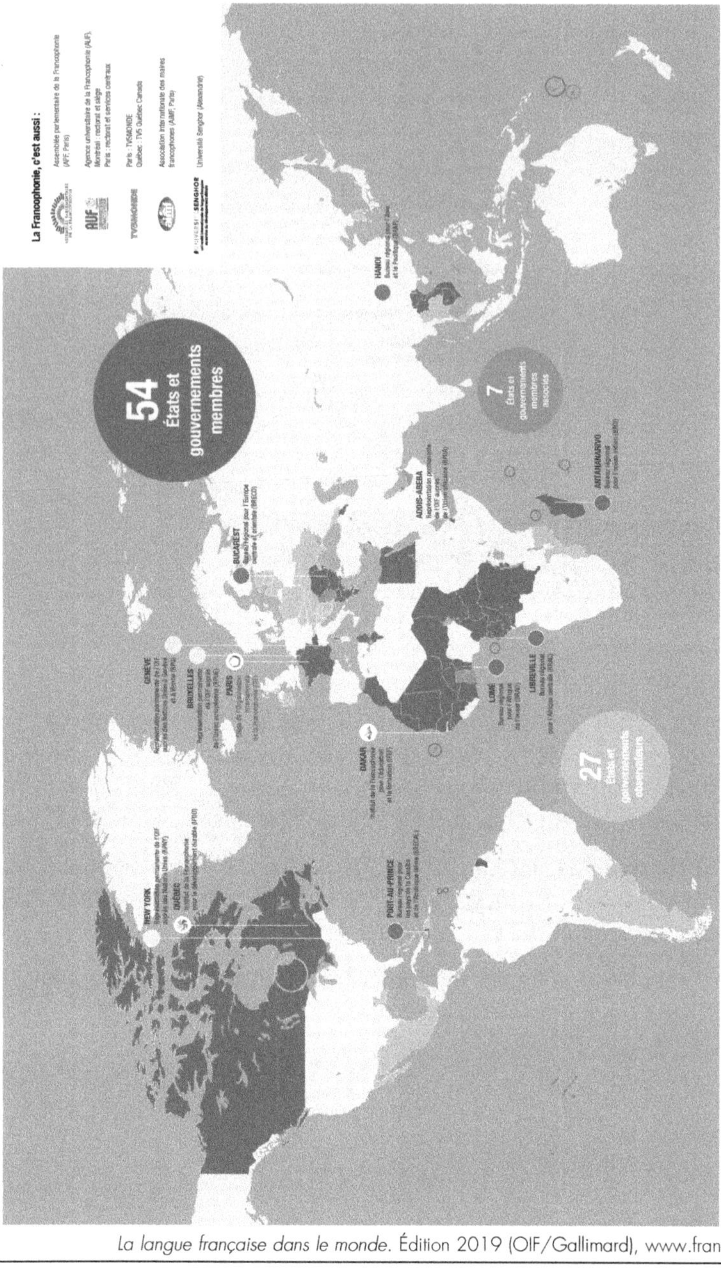

La langue française dans le monde. Édition 2019 (OIF/Gallimard), www.francophonie.org

Le travail sur la carte pourrait être suivi par une tâche plus spécifique sur les États membres de la Francophonie et leur degré de partage de la langue française. La liste proposée par l'OIF est un bon support pour ce travail.

ORGANISATION INTERNATIONALE DE **la francophonie**

Liste des 88 États et gouvernements membres de plein droit, membres associés et observateurs de l'Organisation internationale de la Francophonie

54 membres de plein droit

- Albanie
- Andorre
- Arménie
- Belgique
- Bénin
- Bulgarie
- Burkina Faso
- Burundi
- Cabo Verde
- Cambodge
- Cameroun
- Canada
- Canada/Nouveau-Brunswick
- Canada/Québec
- Centrafrique
- Comores
- Congo
- Congo (RD)
- Côte d'Ivoire
- Djibouti
- Dominique
- Égypte
- France
- Gabon
- Grèce
- Guinée
- Guinée-Bissau
- Guinée équatoriale
- Haïti
- Laos
- Liban
- Luxembourg
- Macédoine du Nord
- Madagascar
- Mali
- Maroc
- Maurice
- Mauritanie
- Moldavie
- Monaco
- Niger
- Roumanie
- Rwanda
- Sainte-Lucie
- Sao Tomé-et-Principe
- Sénégal
- Seychelles
- Suisse
- Tchad
- Togo
- Tunisie
- Vanuatu
- Vietnam
- Wallonie-Bruxelles (Fédération)

7 membres associés

- Chypre
- Émirats arabes unis
- France/Nouvelle-Calédonie
- Ghana
- Kosovo
- Qatar
- Serbie

27 observateurs

- Argentine
- Autriche
- Bosnie-Herzégovine
- Canada/Ontario
- Corée du Sud
- Costa Rica
- Croatie
- Dominicaine (République)
- Estonie
- Gambie
- Géorgie
- Hongrie
- Irlande
- Lettonie
- Lituanie
- Louisiane
- Malte
- Mexique
- Monténégro
- Mozambique
- Pologne
- Slovaquie
- Slovénie
- Tchèque (République)
- Thaïlande
- Ukraine
- Uruguay

La langue française dans le monde. Édition 2019 (OIF/Gallimard), www.francophonie.org

Pour travailler sur la Francophonie institutionnelle, on trouve de nombreuses ressources sur le site de l'OIF (https://www.francophonie.org/boite-outils-pour-lenseignant-1100)

Plusieurs activités y sont aussi proposées :

- Ressources pour la classe : enfants (9-11 ans) : Cartable numérique de la Francophonie : https://www.francophonie.org/node/1086
- Ressources pour la classe : enfants (12-15 ans) : Cartable numérique de la Francophonie : https://www.francophonie.org/node/1085
- Ressources pour la classe : jeunes adultes (16 ans et +) : Cartable numérique de la Francophonie : https://www.francophonie.org/node/1084

4.4. Comprendre les variations linguistiques dans les contextes francophones

Découvrir les accents et les particularités phonétiques

Une évidence à expliquer à tout apprenant : tout le monde a un accent. Notre façon de parler diffère selon les pays, les régions, les milieux sociaux. Quand quelqu'un parle, on peut avoir une idée de son origine à partir de sa prononciation. L'accent peut être un élément d'appréciation mais aussi de moqueries et de stigmatisation, voire de discrimination. Afin de mettre l'apprenant dans une situation de réflexion et de le sensibiliser au fait qu'il existe une grande diversité linguistique dans une même langue, en l'occurrence le français, les outils numériques, notamment les vidéos, sont d'une grande utilité. Parmi les documents, qui ont montré leur efficacité au cours de nombreuses formations, on retrouve le documentaire « Les accents de la francophonie » ou encore le reportage sur l'accent québécois qui montrent qu'il existe plusieurs façons de prononcer le français. Mettre l'apprenant dans une situation d'écoute de ces différentes façons de parler des sportifs qu'on entend dans la vidéo et qui se sont rencontrés lors des jeux de la Francophonie lui permettra d'évaluer le degré de difficulté qu'il peut avoir pour les comprendre. Dans le même sens, plusieurs accents peuvent coexister dans un seul contexte, comme c'est le cas en France. La vidéo de Fernandel parlant français avec l'accent provençal (https://youtu.be/t7Tx19iVhbM) peut montrer aux apprenants que les différents accents n'empêchent pas d'apprendre et d'utiliser la langue dans des contextes différents et qu'ils ne devraient pas les mettre dans une situation d'insécurité linguistique.

Comprendre les particularités lexicales

Pierre Dumont affirmait dès les années 1990 (Dumont (1990 b) que les particularités lexicales ne devaient plus être considérées comme « du folklore », et que « réduire la norme du français à l'hexagone, c'est le rendre totalement inapte à l'expression identitaire de chacun » (p. 39).

Les activités proposées pour comprendre les particularités lexicales ont pour objectif de montrer que la langue s'adapte aux contextes et aux domaines où elle est utilisée. Ainsi dans le dictionnaire numérique *Usito :*

parce que le français ne s'arrête jamais[5], lancé en 2013 pour appréhender l'environnement québécois et nord-américain, on trouve des mots français qui peuvent surprendre d'autres locuteurs que les Nord-Américains.

Exemple :

pantoute [pɔ̃tut] adv.

UQ FAM. (SOUVENT POUR RENFORCER UNE AUTRE NÉGATION) **Du tout, pas du tout; aucunement, absolument pas.**
⇒ NULLEMENT.
Il (ne) pleut pas pantoute.
Rien pantoute.
J'exagère pas pantoute!
C'est pas grave pantoute!
« dites ce que vous voudrez, ça ne me dérangera pas pantoute » (J. Ferron, 1969).

ÉTYMOLOGIE
1880; d'après la prononciation de *pas en tout*.

La langue française dans le monde. Édition 2019 (OIF/Gallimard), www.francophonie.org

À partir de ce type de support, on peut mettre en place un jeu du dictionnaire pour amener les apprenants à relever dans le dictionnaire *Usito* des expressions qui les surprennent et leur demander de chercher des équivalents dans leur contexte.

Plusieurs activités peuvent également être mises en place à partir du nouveau dictionnaire (https://www.dictionnairedesfrancophones.org/) qui présente différentes spécificités lexicales et qu'on peut proposer de compléter en tant que francophone avec des spécificités que les autres locuteurs francophones ne connaissent pas. L'enseignant peut s'aider de fiches pédagogiques du *Dictionnaire des francophones* (Découvrons le DDF), élaborées par l'équipe du CAVILAM – Alliance Française avec le soutien de la Délégation générale à la langue française et aux langues de France du Ministère français de la Culture, et qui s'adressent en particulier aux apprenants de FLE : https://www.leplaisirdapprendre.com/portfolio/decouvrons-le-ddf/

Dans le monde du français sur objectif spécifique (Mangiante et Parpette, 2004), le vocabulaire présente aussi des spécificités que l'apprenant a besoin de comprendre, particulièrement s'il est amené à intégrer la vie professionnelle en français. On trouve un ensemble d'activités sur le vocabulaire francophone des affaires[6] sur des sites comme : https://www.oqlf.gouv.qc.ca/ressources/bibliotheque/dictionnaires/vocabulaire_francophone_affaires.pdf

5. http://observatoire.francophonie.org/wp-content/uploads/2016/02/Usito.pdf
6. Délégation générale à la langue française et aux langues de France et Office québécois de la langue française.

21	**aguichage** Procédé publicitaire qui consiste à diffuser, dans un ordre précis, deux ou plusieurs annonces dont la ou les premières ne dévoilent qu'en partie le message au public, afin d'exciter sa curiosité et de soutenir son attention jusqu'au dévoilement complet du message.	• *teasing*
22	**aguiche** | **accroche** Annonce publicitaire qui est généralement la première d'une série d'annonces plus longues ou plus élaborées, et dans laquelle le produit n'est dévoilé que très partiellement afin de susciter la curiosité du public.	• *teaser* • *teaser ad* • *teaser advertisement*

Vocabulaire francophone des affaires, © Gouvernement du Québec/ Délégation générale à la langue française et aux langues de France, Québec, Paris, 2018, www.francophonie.org

Dans une démarche de recherche, des activités de compréhension qui consistent à aller à la chasse d'expressions francophones utilisées dans différents contextes et chercher leur sens contribue à une autonomisation de l'apprentissage du français. Faire un affichage numérique sur un mur virtuel (*padlet*) des expressions en fonction de leur zone géographique d'origine permet de se constituer un répertoire langagier francophone plus vaste et plus diversifié.

Comprendre le rapport entre la francophonie et les autres phonies

Le français est la 5e langue mondiale par le nombre de ses locuteurs, après le mandarin, l'anglais, l'espagnol et l'arabe. Elle est présente sur les 5 continents. D'après l'observatoire de la langue française (2018), 106 pays et territoires, 300 millions[7] de personnes peuvent s'exprimer en français. À partir du graphique p. 117 sur l'évolution de la population, un débat sur l'avenir prévisible des différentes « phonies » et la place de la francophonie dans la mondialisation serait très intéressant pour faire réfléchir, dans une approche comparative, à la fois sur la langue apprise et sur la langue maternelle quand ce n'est pas le français.

7. http://observatoire.francophonie.org/diversite-linguistique/le-francais-comme-on-le-parle-entre-variete-emprunt-et-innovation/

ÉVOLUTION DE LA POPULATION DE 5 ESPACES LINGUISTIQUES DÉFINIS SELON LA LANGUE OFFICIELLE DES PAYS DE 1965 À 2065

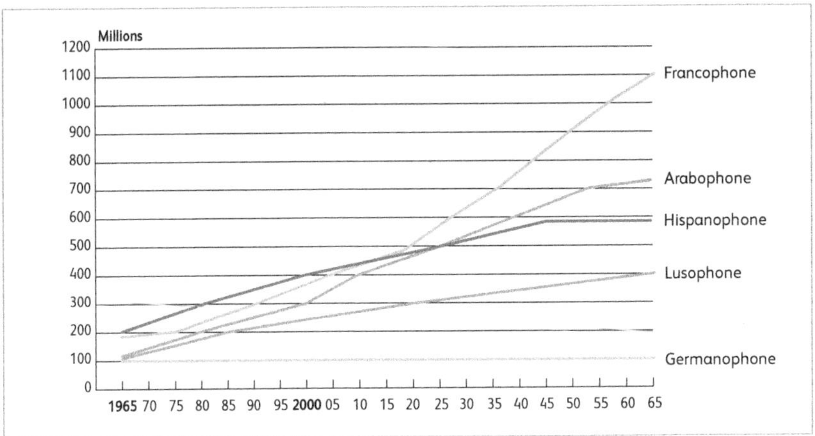

Source : calculs des auteurs s'appuyant sur les estimations et projections issues de *World Population Prospects. The 2012 Revision* (United Nations, 2013).

* Dans le même temps la population des pays ayant l'anglais pour langue officielle sera passée de 1 milliard en 1965 à 2,5 milliards en 2015 pour dépasser 4 milliards en 2065.

La langue française dans le monde. Édition 2019 (OIF/Gallimard), p. 35, www.francophonie.org

Ce type d'activité (à partir de niveau B2) aide à comprendre la dynamique des pluriphonies dans la mondialisation, et à porter des regards croisés qui aident à se décentrer de son milieu linguistique et culturel pour mieux appréhender la diversité. L'apprenant percevra plus clairement que la francophonie s'inscrit dans des espaces multilingues et que les langues en présence peuvent avoir un impact sur l'apprentissage et l'utilisation de la langue française. Il fait prendre conscience également à l'apprenant que sa langue fait partie d'un groupe de « phonies » et qu'elle n'est pas dévalorisée face au français.

Le français a été et est toujours en contact avec d'autres langues. Par conséquent, la francophonie a toujours cohabité avec les autres phonies que ce soit au niveau collectif (contexte multilingue) ou au niveau individuel (plurilinguisme). Le français est partagé par des millions de personnes et chacun le façonne et l'enrichit selon le contexte où il le pratique.

Alain Rey, dans l'ouvrage *Le Voyage des mots* (2013) illustré par Lassaâd Metoui, montre que les mots voyagent, émigrent et évoluent ici et ailleurs. Des mots arabes, turcs, persans et d'autres origines ont nourri la langue française (*cf.* l'entretien avec Alain Rey : https://youtu.be/Iry6ywzRY90). Sur la base de ces documents, demander à des apprenants d'effectuer une recherche sur des mots du français venus d'autres langues, de préciser ces langues et leur histoire avec le français, d'expliquer les transformations que ces mots ont subies et comment le français les a intégrées est une façon de développer des compétences linguistiques et des connaissances sur la langue qu'ils apprennent. Ce genre d'activité permet aussi de comprendre en quoi la connaissance de l'origine des mots est importante pour les francophones.

5. Pistes d'activités d'appropriation et de réinvestissement

5.1. Retenir des savoirs sur l'histoire de la francophonie

À l'issue de la phase de définition, de découverte et d'étude, on peut faire rédiger collectivement aux élèves des synthèses plus ou moins élaborées en fonction des niveaux, en s'inspirant de l'exemple suivant et en le leur présentant comme texte source :

HISTOIRE DE LA FRANCOPHONIE

Du Moyen-Âge au XVIIIe siècle, la France était le pays le plus peuplé d'Europe et le français était la première langue d'Europe. Le français était la langue des Lumières et la langue des élites cultivées, y compris de la cour de Prusse ou de celle de Russie

La révolution française et les conquêtes napoléoniennes provoquèrent un élan nationaliste dans la plupart des pays d'Europe s'accompagnant d'un recul de l'usage du français en Europe. Le français a continué d'être utilisé à la cour du tsar de Russie dans les traités de paix et dans les milieux scientifiques.

Le terme de « francophonie » apparaît pour la première fois en 1880 dans l'ouvrage du géographe Onésime Reclus intitulé *France, Algérie et colonies*. Le géographe définit alors comme francophone « *tous ceux qui sont ou semblent destinés à rester ou à devenir participants de notre langue* ». La francophonie se constitue donc à la fin du XVIIIe siècle comme une unité linguistique.

La francophonie regroupe alors tous les locuteurs du français, essentiellement dans les colonies françaises et belges, mais aussi dans des territoires ayant appartenu au premier empire colonial français, comme Haïti et le Québec.

Le terme de « francophonie » connaît un renouveau au moment de la décolonisation. La francophonie ne se définit plus alors seulement comme une unité linguistique mais également comme une communauté culturelle et politique. Léopold Sédar Senghor appelle de ses vœux la création d'un « Commonwealth à la française » dès 1955.

Trang Phan et Michel Guillou, *Francophonie et mondialisation – Histoire et institutions des origines à nos jours*, Belin, 2011.

On peut procéder de la même façon que celle que nous avons proposée pour l'histoire de la francophonie pour amener les apprenants à rédiger un texte sur la géographie francophone et à chercher plus d'informations. Pour une synthèse, on peut regarder la vidéo suivante : https://www.francophonie.org/qui-sommes-nous-5

5.2. Retenir des savoirs sur la géographie de la francophonie

On peut par exemple s'appuyer sur le texte ci-dessous pour faire de nouvelles recherches sur la géographie de la francophonie :

LES TERRITOIRES ET LES ÉTATS FRANCOPHONES

La francophonie regroupe des territoires voisins du foyer de naissance de la langue française, et des territoires aussi lointains que le Vanuatu (ancienne colonie française sous le nom de Nouvelles Hébrides, 31 % de francophones, membre de l'OIF) ou la Nouvelle Calédonie, aux antipodes de l'hexagone.

Parmi les territoires européens, outre la France métropolitaine, des communautés francophones sont présentes en Wallonie, en Suisse romande, en vallée d'Aoste en Italie, et en Andorre (dont la langue officielle est le catalan). Ces communautés ont parfois fait reconnaître le français comme seule langue officielle à l'échelle de leur maille administrative (en communauté française de Belgique et dans les cantons suisses de Genève, Vaud, Neuchâtel et Jura). Le français est également langue co-officielle dans trois cantons suisses, en vallée d'Aoste en Italie et à l'échelle de l'État en Belgique et en Suisse. Par ailleurs, le français est parlé dans les pays proches (Allemagne, Espagne, Italie, Pays-Bas...) où il est enseigné à l'école à une partie des élèves en langue seconde après l'anglais.

La majorité (58 %) des francophones vivent hors des limites conventionnelles du continent européen. Cela comprend les départements et régions d'outre-mer français et les autres territoires ultramarins français (Saint-Pierre-et-Miquelon, Wallis-et-Futuna, la Polynésie française, la Nouvelle Calédonie).

Le **Canada** compte la cinquième communauté francophone hors d'Europe avec 9 millions de locuteurs (derrière la R.D.C., l'Algérie, le Maroc, et le Cameroun). Ils sont très majoritairement au Québec (7,8 millions, 93 %), mais également dans les provinces du Nouveau Brunswick (326 000, 42 %) et de l'Ontario (1,7 million, 11 %).

Par ailleurs la Francophonie regroupe les États d'Afrique et d'Asie **où la France et la Belgique ont exercé dans l'histoire une domination coloniale** (Sénégal, Côte d'Ivoire, Mali, Congo, R.D.C, Madagascar...), y compris les colonies prises à l'Allemagne après la Première guerre mondiale (Cameroun et Togo). [...] Dans certains États membres de l'OIF, comme le Vietnam, le Laos et le Cambodge, le français n'est plus connu que par une infime minorité de la population. Au Maghreb, la langue, arabe mais pas seulement, joue un rôle important dans l'identité culturelle et a été un ciment dans la construction des États post-indépendance. Si l'usage du français reste courant au Maroc et en Tunisie, l'Algérie a accompli une politique linguistique plus poussée de « défrancisation ».

Jean-Benoît Bouron, « Où en est la francophonie ? », *Géoconfluences*, juin 2019.

5.3. Retenir des savoirs sur la francophonie linguistique

Amener les élèves à faire une synthèse pour retenir les savoirs les plus pertinents en utilisant le texte page suivante :

LE FRANÇAIS COMME ON LE PARLE : ENTRE VARIÉTÉ, EMPRUNT ET INNOVATION

La langue française emprunte différents sentiers à travers le monde. Dans son expansion hors de France, cette langue s'est trouvée en contact avec d'autres langues qui l'ont enrichie et modifiée. Aujourd'hui, « la francophonie est multiple dans ses mots, dans ses accents, dans ses façons de dire les réalités ». Le français se renouvelle, se réinvente et n'hésite plus à transgresser les règles. Les mutations que connaît cette langue à l'échelle de l'espace francophone sont particulièrement visibles dans les pays du Sud, essentiellement en Afrique.

Qu'il s'agisse de la question de l'intercompréhension nécessaire entre locuteurs pour pouvoir évoquer l'idée d'un espace linguistique et tirer parti des avantages qu'il procure, ou de celle de l'apprentissage fondée sur une norme commune, la pratique de différentes variétés de français mérite une attention particulière pour envisager les évolutions possibles de l'espace francophone.

Au-delà des variations bien connues et désormais largement inventoriées, y compris dans des dictionnaires spécifiques, que l'on retrouve sous les termes génériques d'africanismes, de québécismes, belgicismes (« La minute belge ») et autres helvétismes, se développent et s'emploient de plus en plus des formes différentes issues de la langue française ou la combinant avec d'autres langues. Sans prétendre procéder à une classification scientifique qui occupe d'éminents chercheurs depuis fort longtemps, on peut distinguer trois grandes catégories (parfois poreuses) dans les variétés qui s'appliquent à la langue française : les variations de la langue qui peuvent être générées par le besoin de nommer des réalités endogènes (culturelles, climatiques, toponymiques ou liées aux espèces vivantes) ; celles qui naissent de l'interpénétration entre les langues donnant lieu à un enrichissement du français de termes ou de formes directement issus ou influencés par une ou des langues nationales ; celles, enfin, qui tirent leur origine de la volonté (ou de la nécessité) d'une partie des locuteurs de créer un langage codé, censé n'être compris que du groupe qui l'adopte (comme le nouchi en Côte d'Ivoire ou le Toli bangando au Gabon) ou un langage qui leur permet de s'exprimer malgré leur lacune en français. Ce troisième phénomène est assez marginal, mais il est le plus porteur de risques de fragmentation de la francophonie.

De même, au Nord, la variété suisse – extrait LFDM-2014 – du français, parlé par environ 65 % de la population, se caractérise par de nombreux phénomènes de variation régionale interne et par des spécificités locales (car la variété de français utilisée en Suisse romande n'est pas homogène).

Le contenu des dictionnaires s'enrichit de ces variétés du français et de nouveaux termes :
- Usito – extrait LFDM-2014 – est le premier dictionnaire numérique général du français en usage au Québec ;
- « Enrichissez-vous : parlez francophone ! Trésors des expressions et mots savoureux de la francophonie » du professeur Bernard Cerquiglini, publié en 2016 (édition Larousse) rend particulièrement bien compte de la vitalité du français ;
- Le Dictionnaire des belgicismes, dirigé par Michel Francard, paru en 2010 (édition de Boeck – Duculot) célèbre une autre variété du français.

Langue française et diversité linguistique, OIF, 2016, http://observatoire.francophonie.org

5.4. Réinvestir dans des activités orales et écrites (histoire et géographie de la Francophonie)

ACTIVITÉ 1 : La langue française sur tous les continents

NIVEAU : à partir du A2 (FLM : collège)

Selon le niveau des apprenants (A2/B1 – FLM : collège), on peut proposer des activités d'analyse à partir d'une carte qui visualise la répartition de la langue française sur les 5 continents. Exemple :

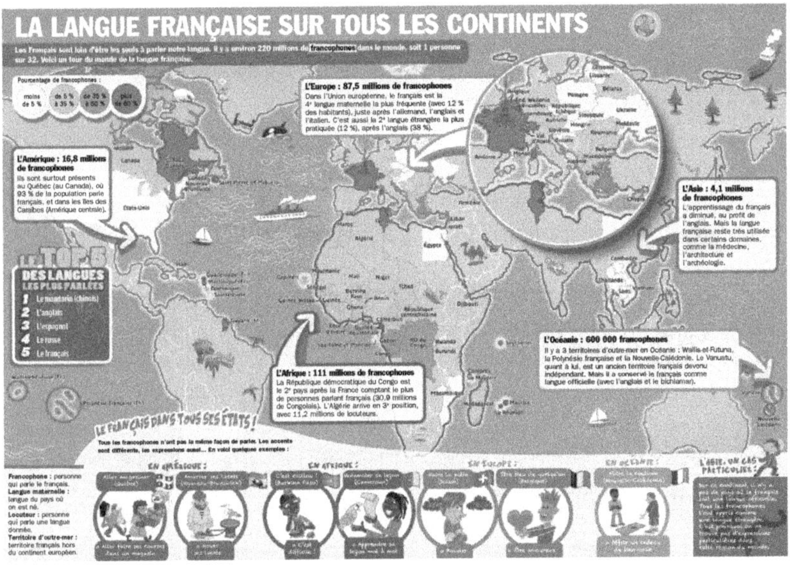

Mon Quotidien, pour les 10-13 ans : 10 minutes de lecture chaque jour, édition spéciale réalisée avec l'Organisation Internationale de la Francophonie, 2013
www.playbacpresse.fr

L'enseignant peut proposer un travail en groupe sur la carte pendant lequel les apprenants repèrent les spécificités de l'espace francophone selon des thématiques telles que :

- **Le français et l'histoire :** les frontières, l'environnement francophone, les représentations et le rapport à la langue française ;
- **Le français et la géographie :** les continents, les pays, et les langues qu'on y parle ;
- **Le français et le contact des langues :** comparaison des langues, le plurilinguisme (langue maternelle-langue française et autres langues), les variétés linguistiques (lexique, accents…) ;
- **Le français et le contact des cultures :** les représentations et les stéréotypes, la comparaison des cultures et les rapports qu'elles entretiennent.

Activité 2 :
Qui suis-je ?

Niveaux :
Tous

Cette activité ludique invite les apprenants à s'amuser en empruntant l'identité d'un francophone à faire découvrir à leurs camarades. En s'aidant d'indices sur la carte ainsi que les spécificités du contexte, on peut utiliser le jeu *Qui suis-je ?* pour trouver le francophone en question et son pays.

Activité 3 :
Dialogue

Niveau :
à partir de A2 (FLM : collège)

Il s'agit d'inventer un dialogue entre deux francophones qui se rencontrent et qui parlent d'un sujet. Chacun annonce qu'il représente un pays francophone (qui n'est pas le sien en réalité) : parler de l'histoire, de la géographie, des coutumes, des chansons, de la littérature, de la mode vestimentaire, de la cuisine...

Suite à ce travail oral, le passage à l'écrit peut s'effectuer sous forme de rédaction d'un texte de comparaison de la vie quotidienne de deux francophones.

Activité 4 :
Questionnaire francophone

Niveau :
B2 et + (FLM : lycée)

La classe organise une journée sur la francophonie. Les élèves doivent fabriquer un questionnaire francophone pour avoir des informations sur les francophones dans le monde. Ils doivent analyser les données de ce questionnaire et présenter les résultats à leurs camarades.

Activité 5 :
Découverte

Niveau :
B2 et + (FLM : lycée)

À partir de la collection *Voyages au cœur de pays francophones*, différents pays sont présentés avec différentes thématiques. Engager une réflexion et un débat sur la situation géographique, sur les préoccupations communes.

Exemple : https://enseigner.tv5monde.com/articles-dossiers/dossiers/la-francophonie-dans-le-monde

Après avoir visualisé le documentaire, les élèves situent sur le plan géographique les pays représentés (continents, frontières, spécificités de la faune et la flore.). Ils choisissent ensuite une vidéo de chaque collection et l'exploitent en s'appuyant sur les fiches pédagogiques proposées.

Ces activités sont également utilisables en FLM où les manuels ne proposent guère d'activités autour de la francophonie. Elles pourront renforcer le cours de français, d'éducation morale et civique (EMC). Dans *lelivrescolaire.fr*, on trouve toutefois l'exemple suivant qu'on peut compléter à partir d'un support du Dossier EMC : La francophonie : https://www.lelivrescolaire.fr/manuel/1189304/histoire-geographie-3e-2016/chapitre/1324452/dossiers-emc/page/1189744/la-francophonie/lecon

Activité 6 :
Concevoir un guide d'explorateurs

Niveau :
B2 (FLM : lycée)

Les élèves choisissent des pays des 5 continents, les présentent et les comparent géographiquement, historiquement, en mettant l'accent sur les spécificités pour donner envie à un voyageur d'aller les visiter.

Activité 7 :
Réaliser un reportage

Niveaux :
Tous

Les élèves font des recherches pour réaliser un reportage télévisé sur leur pays à présenter oralement aux francophones de la planète : situation géographique (carte interactive), histoire (frise), géographie humaine...

5.5. Réinvestir dans des activités orales et écrites (Francophonie linguistique)

Activité 1 :
Simulation globale

Niveau :
à partir de A2 (FLM : collège)

Adapter le canevas d'une situation globale classique (*L'Île, L'immeuble*... (Caré et Debyser, 1995 ; Yaiche, 1996) en demandant aux élèves de transformer la classe en un monde où se rencontrent plusieurs locuteurs francophones. Chacun emprunte le lexique, l'accent, la syntaxe de son pays ou de sa région d'origine pour interagir et faire découvrir son « français ».

Activité 2 :
Les accents en français (1)

Niveaux :
B2-C (FLM : lycée)

À partir d'un ensemble de supports en ligne, on peut effectuer un travail de réflexion sur les différents accents en français, les comparer et les commenter (un classement du plus facile au plus difficile à comprendre permet de prendre conscience de la subjectivité de ce critère) :
- accent libanais : https://youtu.be/DEwPstlvidQ
- accent québécois : francosphère, la construction identitaire en action http://francosphere.acelf.ca/francophonie/rassembleuse/on-se-ressemble-on-se-rassemble/

Activité 3 : **Niveaux :**
Les accents en français (2) **A2-B1 (FLM : collège)**

Sur le site de TV5 Monde direct info, on retrouve l'émission *L'humeur de Linda du 28 juin 2018* consacrée aux accents : https://youtu.be/Ji1avYTqBew?list=PLdeL1gXKY5_n4N2SqYRKypxP6hjlk-4Fp
Ce support peut servir de point de départ pour mettre les élèves dans une situation de recherche sur différents accents (ex. : marseillais, belge, sénégalais, marocain…)

Le lexique et sa diversité

Activité 1 : **Niveau :**
Le pain **à partir du B2 (FLM : lycée)**

À partir de l'émission *La Minute belge* sur l'appellation du pain selon les Belges et les Français (https://youtu.be/ZywBCjTBKxQ), on peut amener les élèves à construire un tableau pour comparer le nom qui désigne chaque variété de pain en France et en Belgique et d'ajouter, après une recherche sur Internet, une 3e colonne pour le Québec et une 4e en choisissant un pays africain.

Activité 2 : **Niveau :**
Les métiers **à partir de B2 (FOS – FLM : lycée)**

La terminologie francophone des métiers et des professions est parfois peu connue. On peut demander à des élèves en situation de FOS, de consulter le *Vocabulaire francophone des affaires* (http://www.oqlf.gouv.qc.ca/ressources/bibliotheque/dictionnaires/vocabulaire_francophone_affaires.pdf) et d'établir une liste des mots qu'ils ne connaissent pas et qui les surprennent.

La francophonie et les autres phonies

Afin de vérifier leurs acquis, les élèves peuvent s'appuyer sur l'extrait ci-dessous pour faire une recherche sur le rapport entre la francophonie et les autres phonies :

LES « X-PHONIES » : UNE INVENTION DE LANGUE FRANÇAISE ?

Bien des langues sont parlées en dehors du territoire national. Les langues internationales les plus répandues et les plus étudiées dans le monde donnent ainsi naissance à la constitution d'espaces où elles se trouvent représentées (Barrat, 1997). La langue française les nomme couramment : *hispanophonie, arabophonie, lusophonie, germanophonie, turcophonie, sinophonie*... sur le modèle du mot *francophonie*, ce mot qui (avec la minuscule) se limitait à désigner les gens parlant le français[1]. Or, le sens de ce mot a évolué : *francophonie* est, en effet, un terme qui, depuis sa renaissance au début des années 1960[2] est devenu plurivalent. Il recouvre « des spécificités linguistiques, culturelles, médiatiques et politiques (Massart-Piérard, 2007) ». Jean-Marc Léger, un observateur engagé, ne manque pas de relever les ambiguïtés propres à la « francophonie ». Elles portent tant sur le mot que sur la nature du rapport à la langue commune. Les images auxquelles renvoie le terme *francophonie* sont entachées de confusion quand elles ne sont pas contrastées (Léger, 1987 : 27). De plus, le rapport à la langue « commune » demeure « variable d'un pays à l'autre, d'un groupe de pays à l'autre (ibidem) » [...] Le français peut en effet être utilisé dans un pays (qui sera alors de langue française) sans que cette langue y ait un statut particulier (en tant que langue officielle...) (Léger, 1987 : 29). Tous ne vivent donc pas leur appartenance à l'espace linguistique de la même manière et avec la même intensité. En serait-il de même pour ce qui concerne les autres x-phonies ?

F. Massart-Piérard, « Espaces linguistiques comparés : trajectoires et processus transversaux », *Revue internationale de politique comparée 1*, Vol. 14, De Boeck Supérieur, 2007.

1. Tel était en tout cas le sens minimaliste que lui donnait en 1880 Onésime Reclus, son inventeur, dans son ouvrage si souvent cité *France, Algérie et colonies*.
2. Mais la « francophonie » trouve une nouvelle vie depuis le début des années 1960, avec la parution du numéro spécial de la Revue *Esprit* consacré au « français, langue vivante », *Esprit*, novembre 1962, dans lequel il est fait référence à la « francophonie ».

8

Culture anthropologique et francophonie

1. Francophonie et identités culturelles

La dimension culturelle de la francophonie est une partie essentielle de son enseignement. En effet, intégrer la francophonie en classe de français dans une démarche interculturelle n'est pas seulement une occasion de s'interroger sur les identités culturelles francophones mais aussi une façon de valoriser la diversité culturelle[1]. Ce chapitre a pour objectif de réfléchir sur les moyens possibles d'introduire un enseignement des cultures francophones et de modifier les représentations courantes d'un enseignement du français réduit à l'enseignement de la culture française en dépassant la dichotomie entre la France et la francophonie. Nous essaierons de comprendre comment partir de la culture de chacun pour aller à la rencontre des cultures francophones.

À cet effet, l'enseignant ne se limitera pas à proposer à ses apprenants, qu'ils soient de langue maternelle, seconde ou étrangère, un enseignement de la civilisation tel qu'on le pratiquait classiquement et tel qu'on le trouve encore dans certains manuels, mais, par des activités diversifiées, leur fera prendre peu à peu conscience des différents sens que peut prendre le mot *culture*.

1. Convention de l'UNESCO (2005) sur la protection et la promotion de la diversité des expressions culturelles.

Claude Lévi-Strauss définit la culture comme « un ensemble complexe comprenant les savoirs, les croyances, les arts, les mœurs, les lois, les coutumes, ou n'importe quelles autres capacités ou habitudes acquises par l'homme en tant que membre d'une société » (1962 : 208). Les pratiques communes à un groupe social façonnent son quotidien et confèrent à ses préférences une légitimation qui « consiste à [les] élever au rang des préférences les meilleures, celles qui dominent toutes les autres » (Cuq, dir., 2003). Or, en dehors de son groupe, d'autres cultures existent et, pour vivre avec les autres, on a besoin de les connaître, de les comprendre et de les comparer à nos propres manières de penser et de faire. Pour Edgard Morin, il existe aussi un cadre d'universalité, une « culture des humanités » qui représente un héritage pour tous et dans laquelle « littérature, poésie et cinéma doivent être considérés, non seulement ni principalement comme objets d'analyses grammaticales, syntaxiques ou sémiotiques, mais comme des écoles de vie » (Morin, 1999 : 52) ou encore des « écoles de la complexité humaine » (*op. cit.* : 53) et « écoles de la compréhension humaine » (*op. cit.* : 54).

De nombreux auteurs proposent leur propre définition de la culture et ces définitions constituent le premier contact avec la découverte du concept et sa place dans la francophonie. En voici quelques exemples.

- **Falardeau et Simard** (2010)[2] : « La culture se définit pour nous non seulement **comme un objet** – un corps de connaissances, des artéfacts matériels ou symboliques produits par l'humanité et transmis de génération en génération, des coutumes, des valeurs, etc. – mais aussi **comme un rapport** qui amène le sujet à transformer sa compréhension du monde et de lui-même en s'appropriant des objets de culture » (p. 127)
- **F. Dumont** (1996)[3] définit « **la culture première** comme une reprise consciente de la première, une mise à distance du familier par laquelle il recompose son expérience du monde à travers l'art, la science, la religion, les rencontres les plus diverses, les voyages, etc. » (cité par Falardeau et Simard, 2010 : 127).
- **J.-P. Warnier** (1999)[4] : « La culture est une totalité complexe faite de normes, d'habitudes, de répertoires d'action et de représentation, acquise par l'homme en tant que membre d'une société. Toute culture est singulière géographiquement ou socialement localisée, objet d'expression discursive dans une langue donnée, facteur d'identification pour les groupes et les individus et de différenciation à l'égard des autres, ainsi que d'orientation des acteurs les uns par rapport aux autres et par rapport à leur environnement. Toute culture est transmise par des traditions reformulées en fonction du contexte historique » (pp. 13-14).
- **E.B. Tylor** (1871)[5] : « Le mot *culture* ou *civilisation*, pris dans son sens ethnographique le plus étendu, désigne ce tout complexe comprenant à la fois les sciences, les croyances, les arts, la morale, les lois, les coutumes et les autres facultés et habitudes acquises par l'homme dans l'état social » (p. 20).

2. Falardeau et Simard (2010), *11e Rencontres des chercheurs en didactique des littératures*, « Quelle articulation langue-littérature pour quels rapports à la culture ? », Genève.
3. Dumont F. (1996), *Le lieu de l'homme*, Bibliothèque québécoise.
4. Warnier, J.-P. (1999), *Construire la culture matérielle. L'homme qui pensait avec ses doigts*, PUF.
5. Tylor, E.B. (1920), *La civilisation primitive. Tome premier.* Traduit de l'anglais sur la deuxième édition (1873) par Pauline Brunet. Paris : Ancienne Librairie Schleicher, Alfred Costes, Éditeur.

- **Cl. Lévi-Strauss** (1958)[6] : « En se plaçant à un point de vue plus théorique, le langage apparaît aussi comme condition de la culture, dans la mesure où cette dernière possède une architecture similaire à celle du langage. L'une et l'autre s'édifient au moyen d'oppositions et de corrélations, autrement dit, de relations logiques. Si bien qu'on peut considérer le langage comme une fondation, destinée à recevoir les structures plus complexes parfois, mais du même type que les siennes, qui correspondent à la culture envisagée sous différents aspects » (pp. 78-79).
- **M. Abdallah-Pretceille** (2004)[7] : « Les cultures sont véhiculées par des individus et ne peuvent s'exprimer que par leur intermédiaire. Il est donc vain de chercher à cerner objectivement la réalité culturelle à partir de structures ou de traits culturels pris isolément. » (p. 9).

De ce fait, si les définitions du concept de culture sont multiples, l'identité culturelle, elle, se construit selon l'environnement de l'individu et du groupe d'appartenance. Elle peut évoluer selon la mobilité des individus et sous l'effet de la généralisation culturelle induite par la mondialisation. Lorsqu'il est mis en situation d'observateur, de comparateur, de passeur de cultures, l'apprenant développe une interculturalité interne, spécifique à son groupe et une interculturalité externe construite par l'école ou par la mobilité linguistique et géographique. Il doit apprendre à les gérer pour en tirer le meilleur profit.

Le schéma ci-dessous montre la dynamique de la formation de l'identité culturelle, entre les savoirs linguistiques et culturels initiaux de l'apprenant et ceux de la (des) nouvelle(s) culture(s) qu'il acquiert :

FORMATION DE L'IDENTITÉ CULTURELLE

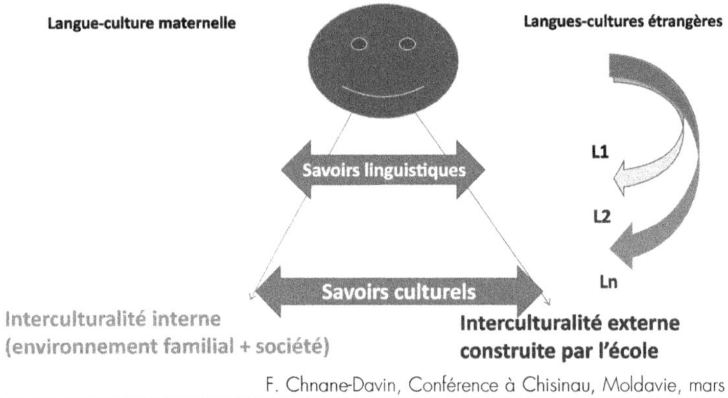

F. Chnane-Davin, Conférence à Chisinau, Moldavie, mars 2015.

6. Lévi-Strauss Cl. (1962), *La Pensée sauvage*, Plon.
7. Abdallah-Pretceille M. (2004), *L'éducation interculturelle*, PUF.

2. Francophonie et démarche interculturelle

L'inscription de l'enseignement de la francophonie dans une démarche interculturelle permet d'organiser un va-et-vient entre les cultures francophones et de les comparer afin de les comprendre et de les valoriser. Le préfixe *inter-* de l'adjectif *interculturel* renvoie à une mise en relation qui permet de mettre l'accent sur les ressemblances et les différences entre les cultures et de soulever les questions de l'identité et de l'altérité. C'est une façon d'envisager l'affirmation de soi et la reconnaissance de l'Autre.

Développer une compétence interculturelle, c'est apprendre à l'apprenant à se confronter positivement à des individus et à des groupes d'appartenances culturelles diverses. La démarche interculturelle développe les qualités d'écoute, d'empathie, de capacité à croiser les regards et les points de vue. Elle prépare ainsi l'apprenant à appréhender correctement les éléments culturels auxquels il sera confronté sans en être déstabilisé, et sans avoir face à eux un comportement de rejet *a priori*, voire conflictuel.

Cela suppose aussi d'apprendre à prendre du recul, à avoir une réflexion sur sa propre culture et d'accepter le développement de nouveaux « cadres de références ». Jean-Marc Defays (2003 : 72), souligne l'importance de trois phénomènes lors du contact avec une culture étrangère :
- prise de recul par rapport à son environnement culturel immédiat pour « s'associer à la faveur de valeurs mieux partagées » ;
- réflexion sur sa propre culture puisque « l'autre, par ses différences, par ses étonnements, par ses questions, nous tend en quelque sorte un miroir où nous nous voyons avec ses yeux » ;
- prééminence accordée au développement de nouveaux « cadres de références et de nouvelles perspectives enrichies des cultures des uns et des autres ».

De son côté, le *CECR* (2001 : 84) insiste sur les aptitudes et les savoir-faire interculturels comme :
- la capacité d'établir une relation entre la culture d'origine et la culture étrangère ;
- la sensibilisation à la notion de culture et la capacité de reconnaître et d'utiliser des stratégies variées pour établir le contact avec des personnes d'une autre culture ;
- la capacité de jouer le rôle d'intermédiaire culturel entre sa propre culture et la culture étrangère et de gérer efficacement des situations de malentendus et de conflits culturels ;
- la capacité à aller au-delà des relations superficielles stéréotypées.

De même, on lit dans le *Portfolio européen des langues*[8] qu'il faut :
- amener l'apprenant à se décentrer sur le plan culturel et à abandonner certaines représentations ;

8. https://www.coe.int/fr/web/portfolio

– faire de lui un médiateur culturel, tolérant et ouvert sur le monde et les autres cultures ;
– le rendre capable d'interpréter sa culture et les autres cultures sans jugement de valeur.

Martine Abdallah-Pretceille (2004 : 104-105) propose pour sa part quelques principes pour développer une pédagogie interculturelle des échanges :
– analyser la place des échanges et des rencontres dans un objectif d'éducation à l'altérité ;
– dépoussiérer les échanges de certains mythes comme ceux de l'entente, de la spontanéité, de la communication authentique, de la sympathie mutuelle, du dialogue entre les cultures, car il ne suffit pas de réunir des individus pour faire un groupe, encore moins de les obliger à se côtoyer pour s'accepter ;
– ne pas pointer dans les échanges les différences au détriment des ressemblances : rechercher une cohérence et des points communs afin de dépasser le niveau du détail, de l'intuition et de la subjectivité ;
– ne pas focaliser uniquement son attention sur la culture d'autrui, sur l'autre, mais apprendre à savoir qui on est dans une situation donnée, apprendre à objectiver sa manière d'être Allemand, Français... Dans une perspective interculturelle, ce sont les comportements intersubjectifs qui priment ;
– évaluer l'échange : vérifier que les programmes de rencontres internationales sont des lieux favorables à la rencontre interculturelle.

Pour entrer concrètement dans la démarche interculturelle, et voir comment développer les compétences afférentes, nous proposons à l'enseignant d'analyser les tableaux suivants du site de l'association canadienne d'éducation de langue française et de s'en inspirer pour construire ses propres outils pour concevoir des séquences et les évaluer :

LES COMPÉTENCES CULTURELLES, INTERCULTURELLES ET TRANSCULTURELLES

Étapes du cheminement (selon le modèle construit par l'ACELF)	Compétences culturelles	Compétences interculturelles	Compétences transculturelles
Ouverture et constat	Mieux se connaître soi-même et mieux connaître son identité culturelle.	Connaître d'autres cultures.	Approfondir sa connaissance de sa propre culture et celle des autres avec l'intention de construire une culture collective renouvelée.

Expérience	Établir des relations individuelles et de groupe dans sa culture d'origine.	Établir des relations individuelles et de groupe avec des personnes d'autres cultures.	Gérer des échanges interculturels.
Modes d'affirmation	S'engager envers la culture francophone de sa communauté et affirmer son identité.	Interpréter les contextes culturels et ajuster ses comportements.	Construire de nouvelles représentations culturelles communes.

Compétences culturelles

Étapes du cheminement identitaire	Ouverture et constat Mieux se connaître soi-même et mieux connaître son identité culturelle.	Expérience Établir des relations individuelles et de groupe dans sa culture d'origine.	Affirmation S'engager envers la culture francophone de sa communauté et affirmer son identité.
Compétences culturelles	Se situer par rapport à ses origines. Démontrer de l'intérêt pour des référents culturels de la culture collective francophone. Définir ses croyances, ses aspirations et ses façons de penser relativement à son milieu.	Communiquer avec l'autre avec respect. Interagir de façon appropriée avec les autres en se servant de la langue française pour exprimer ses pensées, ses sentiments, ses positions. Adopter des normes de conduite tenant compte des valeurs et des croyances de sa propre culture dans le respect des autres cultures.	Intégrer des référents culturels de sa communauté à sa culture individuelle. Participer volontairement à l'épanouissement de la culture francophone dans sa communauté. S'exprimer avec fierté. Défendre ses convictions et ses droits dans son milieu.

Compétences interculturelles

Étapes du cheminement identitaire	Ouverture et constat Connaître d'autres cultures.	Expérience Établir des relations individuelles et de groupe avec des personnes d'autres cultures.	Affirmation Interpréter les contextes culturels et ajuster ses comportements.

Compétences interculturelles	Faire preuve de curiosité à l'égard des autres cultures. Chercher à comprendre les croyances, les valeurs, les normes, les aspirations et les modes de vie d'une autre culture.	Dépasser ses propres perceptions pour mieux comprendre celles de l'autre. Rechercher les échanges avec des individus d'autres cultures, à l'école et dans la communauté. Interagir en tenant compte des différences culturelles.	Respecter les valeurs d'autres cultures. Apprécier l'apport des autres cultures à la sienne et à la culture collective. Accepter d'abandonner ses préjugés. S'approprier de nouveaux référents d'autres cultures tout en tenant compte des repères de son identité.

Compétences transculturelles

Étapes du cheminement identitaire	**Ouverture et constat** Approfondir sa connaissance de sa propre culture et de celle des autres avec l'intention de construire une culture collective renouvelée.	**Expérience** Gérer des échanges interculturels.	**Affirmation** Construire de nouvelles représentations culturelles communes.
Compétences transculturelles	Établir et mettre en valeur les rapports harmonieux avec des individus et des groupes de cultures différentes de la sienne. Accepter les variations linguistiques dans des situations de communication.	Aller au-delà des différences entre les cultures pour valoriser les ressemblances. Favoriser les échanges qui contribuent à enrichir sa culture et la culture collective. Participer au développement d'une culture francophone pluraliste et renouvelée.	Manifester de l'empathie à l'égard d'autres cultures que la sienne. Agir comme médiateur culturel dans des situations d'incompréhension. Proposer des solutions qui contribuent à un nouveau savoir-vivre ensemble.

Comprendre la construction identitaire, ACELF, 2015.

Sur le même site, on propose une *Trousse du passeur culturel* qu'on peut télécharger : https://acelf.ca/ressources/passeur_culturel/

3. Pistes d'activités de découverte et de définition

3.1. Définir la culture anthropologique

On reconnaît souvent à la langue française d'être un véhicule des valeurs humanistes. Comme l'explique Dominique Wolton, « beaucoup d'étrangers, francophones ou francophiles, lui associent des idées de liberté, de justice, de solidarité, de démocratie, de fraternité » (2008 : 31). Ces valeurs humanistes ne sont pas l'apanage d'un seul pays – la France, même si celle-ci s'en est souvent prévalue –, elles appartiennent à la francophonie tout entière. Car, dit Tahar Benjelloun, « la francophonie est une maison pas comme les autres, il y a plus de locataires que de propriétaires » (Benjelloun[9], cité par Wolton, 2008). Mais pour fondamentales qu'elles soient, les valeurs humanistes ne sont pas les seuls éléments culturels à connaître et à partager en français. Des réalités, plus humbles en apparence, leur donnent corps : ce sont les modes de vie, de penser, d'agir dans la vie quotidienne, bref tout ce qui fait la culture anthropologique de chaque société francophone et qui est disponible à l'enrichissement culturel de tous et de chacun.

La confrontation interculturelle que permet la démarche comparative ouvre à cet enrichissement et permet aussi de prendre une conscience plus aiguë de sa propre culture. La démarche comparative que nous proposons ne consiste pas en un débat abstrait avec l'Autre. Il s'agit, parce qu'on a conscience de la place qu'il prend dans notre propre culture et de la place que nous prenons dans la sienne, des ressemblances (nombreuses) qui nous relient et des différences (parfois irréductibles) qui nous séparent, d'apprendre à vivre mieux avec cet Autre, qui n'est pas un être abstrait mais qui peut être le voisin de table ou de palier, la personne qu'on rencontre dans le métro ou dans un avion, dans une salle de cours ou lors d'un échange sur des réseaux sociaux...

La culture anthropologique française est très présente dans les méthodes de FLE pour les étrangers (qu'elles soient publiées en France ou à l'étranger) mais elle est quasi absente des manuels de FLM, qui la supposent partagée par tous les élèves et se consacrent de ce fait à la culture savante. C'est en partie ce qui les rend difficiles d'accès pour de nombreux enfants migrants, originaires d'autres cultures mais scolarisés et vivant dans la société française. Leur réussite scolaire et du coup leur insertion dans cette société seraient pourtant facilitées si l'école les aidait elle aussi à acquérir « un savoir socioculturel » qui, selon le *Cadre européen commun de référence pour les langues*, englobe « la vie quotidienne, les conditions de vie, les relations interpersonnelles, les valeurs, les croyances et les comportements, le langage du corps, le savoir-vivre, les comportements

9. *Les Cahiers de la Francophonie*, n°1, 1999, L'Harmattan.

rituels » (*CECR*, chapitre 5). Adopter en FLM une démarche comparative et une perspective francophone pourrait y contribuer grandement.

Prenons l'exemple du rapport au temps. En Afrique, on dit parfois aux Européens qui se montrent pressés : « Vous avez les montres et nous avons le temps ». On peut, à partir de cette anecdote, amorcer une réflexion sur cette notion en apparence partagée. Or elle montre que la façon de concevoir le temps n'est pas la même ici et ailleurs. Pour certains, le temps est bien réparti sur une période qui peut être une journée, une semaine, une année voire plus (importance des agendas, des plannings pour la gestion du temps) et pour d'autres, le temps c'est d'abord le temps présent, il n'est pas pensé à long terme. Chez certains, le temps est même conçu comme une réalité qui n'est pas de la seule responsabilité de l'être humain. Ces philosophies du temps sont liées aux références et à l'histoire de chaque peuple mais sont surtout extrêmement différentes d'un individu à l'autre. Ces deux modèles d'organisation du temps ont été catégorisés par Hall (1984) en termes de « polychrone » et de « monochrone », catégories dans lesquelles le temps est soit géré et contrôlé avec rigueur soit incontrôlable[10]. Hall situe les cultures monochroniques dans les pays anglo-saxons, la France et les pays d'Europe du Nord et les cultures polychroniques dans les pays d'Afrique, d'Asie, de la Méditerranée, d'Amérique latine, dans les pays arabes et en partie en Grèce et en France du sud. Connaître les conceptions culturelles que les autres se font du temps (arriver à l'heure, en retard, reporter un rendez-vous sans avertir, ne pas venir sans reporter ni s'excuser...) est une façon de comprendre leur comportement et d'éviter les malentendus.

Le rapport à l'espace joue également un rôle important dans les rencontres interculturelles. Ce rapport renvoie à des concepts sociaux tels que l'espace privé et l'espace public. Dans certaines cultures, ces deux espaces peuvent être relativement poreux alors que dans d'autres, il existe des frontières étanches entre les deux. C'est encore une fois l'anthropologue américain Hall qui a théorisé ce rapport à l'espace matériel avec le concept de proxémie (Hall, 1971). Hall considère l'espace comme un produit culturel. Il nous fait prendre conscience que l'espace n'a pas la même signification partout et que la distance qu'on peut avoir avec les autres, qu'elle soit intime, personnelle, sociale, ou publique, n'est pas une catégorie objective. De ce fait, un comportement en apparence naturel comme par exemple garder ou pas une certaine distance physique avec son interlocuteur peut être parfois source de malentendus.

Tout cela peut certes s'apprendre dans la vie courante mais l'école a aussi un grand rôle à jouer car chaque apprenant est ou sera, qu'il le veuille ou non, en situation de contact des langues et des cultures. Il doit lui-même apprendre à en gérer plusieurs simultanément : culture familiale, culture scolaire, culture des pairs, cultures de la société, cultures des réseaux sociaux. C'est l'apprentissage de cette gestion qui construit peu à peu la compétence

10. Cf. https://www.letemps.ch/economie/rapport-temps-varie-selon-culture

plurilingue et pluriculturelle qui structure la compétence francophone. Cela nécessite à la fois une capacité de régulation et d'ouverture sur les autres, un besoin de les connaître pour les accepter, mais aussi un besoin de compréhension de sa propre identité et de sa trajectoire personnelle.

Le rôle de l'enseignant est, comme le disent Martine Abdallah-Pretceille et Louis Porcher (1998), d'aider l'élève à gérer ses forces et ses faiblesses afin de gérer ses gains et ses pertes culturels lors des contacts des cultures. Car « comprendre les cultures ce n'est pas accumuler des connaissances et des savoirs, mais c'est opérer une démarche, un mouvement, une reconnaissance réciproque de l'homme par l'homme, c'est apprendre à penser l'autre sans l'anéantir, sans entrer dans un discours de maîtrise afin de sortir du primat de l'identification et du marquage. » (Abdallah-Pretceille, 1999 : 59-60.)

Dans une perspective francophone, des questions méthodologiques se posent à l'enseignant :

- Quels repères donner aux élèves pour les faire entrer dans une culture francophone ?
- Comment mettre en place un enseignement interculturel francophone ? Quelles sont les activités susceptibles de le favoriser ?

Identifier les représentations et les faire évoluer

La première phase à travailler avec les apprenants consiste à identifier leurs représentations. Quand on pose la question « Que représente apprendre le français pour vous ? », la réponse qui vient le plus souvent spontanément est : « la France, Paris, la Tour Eiffel, Chanel... ». La langue et la culture sont réduites à un seul contexte : la France et les autres contextes sont trop souvent ignorés, au grand dam des enseignants des autres pays de langue maternelle française qui s'en plaignent souvent. À l'inverse, une représentation qui réduit le français à la langue de la colonisation voire d'une néo-colonisation, conduit parfois à des réactions conflictuelles et même de rejet de la France.

La mise en valeur des autres contextes francophones et la légitimation des autres cultures de la francophonie aident à dépasser ces représentations et ces stéréotypes.

La construction de nouvelles représentations passe par la mise en situation de problématisation et de recherche des apprenants : le francophone est certes en France mais bien ailleurs aussi et on ne le connaît pas. L'enseignant organise des activités et des tâches pour le retrouver et le comprendre, pour savoir comment il vit au quotidien, quelles sont ses coutumes, son alimentation, ses loisirs... Il s'agit de dépasser le folklorisme, de sortir de la culture « carte postale » pour entrer réellement dans les cultures anthropologiques francophones.

Dans la planification de séquences d'enseignement intégrées à l'ensemble de la progression, l'introduction de différents supports décrivant ou racontant des faits culturels sur des contextes francophones permet d'effectuer un travail préalable sur les représentations en tant que jugements préconstruits et d'images que l'on applique à un groupe humain. Le recueil de ces représentations *via* des activités orales et écrites mène vers la vérification de leur fondement.

L'INTERCULTURALITÉ FRANCOPHONE (1) : LA CULTURE QUOTIDIENNE

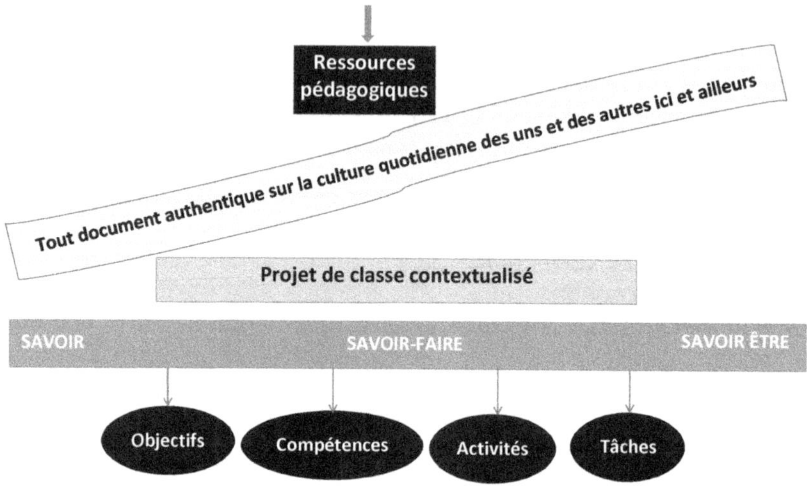

F. Chnane-Davin, document d'auteur non publié.

Relativiser sa propre culture

Amine Maalouf explique au début de son livre *Les Identités meurtrières* (2001) :

> On a souvent tendance à se reconnaître dans son appartenance la plus attaquée ; parfois, quand on ne sent pas la force de la défendre, on la dissimule, alors elle reste au fond de soi-même, tapie dans l'ombre, attendant sa revanche ; mais qu'on l'assume ou qu'on la cache, qu'on la proclame discrètement ou bien avec fracas, c'est à elle qu'on s'identifie. L'appartenance qui est en cause – la couleur, la religion, la langue, la classe… – envahit alors l'identité tout entière.
>
> Amine Maalouf, *Les Identités meurtrières*, Le Livre de Poche, 2001, p. 37.

À chacun il semble, en effet, que le regard des autres sur sa propre culture peut être vite empreint d'incompréhension, voire d'agressivité. Dans le cadre d'une démarche interculturelle, l'approche comparatiste nécessite que chacun effectue un retour sur sa propre culture et accepte de soumettre au regard des autres même les aspects de sa culture qui lui paraissent pourtant les plus fondamentaux. C'est à ce prix que peut s'ouvrir un véritable dialogue interculturel.

Quand la classe est multiculturelle, il arrive qu'elle ne soit pas indemne de jugements à l'emporte-pièce proférés avec plus ou moins d'agressivité par tel ou tel élève à l'encontre de tel ou tel autre. Des cultures peuvent aussi être critiquées et même rejetées parce qu'elles sont liées à une langue avec laquelle on a des rapports fondés sur des représentations négatives. Ces situations de conflit peuvent cependant être l'occasion pour l'enseignant de faire travailler la classe sur les représentations de soi et des autres, par exemple par l'organisation d'un débat qui peut s'ordonner selon la grille suivante :

Aspects culturels	Différences/ ressemblances	Jugements	Généralisation et commentaires

4. Pistes d'activités d'appropriation et de réinvestissement

4.1. Retenir des éléments indicatifs et comparatifs des cultures

L'objectif est maintenant de proposer des activités qui permettront aux apprenants de construire des savoirs nécessaires à une bonne connaissance du monde francophone et d'en retenir l'essentiel. S'inscrivant dans une approche interculturelle, ces activités se feront à partir de supports qui facilitent l'observation, l'identification de faits culturels et leur analyse. Il s'agira donc aussi pour l'apprenant de comprendre les différences et les ressemblances que ces faits culturels présentent avec les siens propres et de développer ainsi des compétences de compréhension de l'altérité.

Collès et ses collègues (2006) présentent deux voies méthodologiques d'élaboration de situations d'enseignement-apprentissage :

DE LA CULTURE À L'INTERCULTUREL – PANORAMA DES MÉTHODOLOGIES

[...] l'acquisition de la compétence culturelle en culture d'origine n'est jamais vécue comme un choix entre plusieurs possibles [...]
Les méthodes d'approche interculturelle que nous allons présenter ici envisagent toutes cette « décentration » et la compréhension de l'Autre au détriment de la description et de la connaissance théorique. Elles ont en commun de s'appuyer sur des sciences humaines auxquelles elles empruntent sans compter : la sociologie, la psychologie sociale, l'anthropologie, l'ethnographie de la communication et la linguistique.

Première méthodologie : L'approche de l'interculturel par les représentations et les stéréotypes. [...] De cette notion, Zarate fait un véritable instrument pédagogique rendant caduque toute description prétendument objective de la réalité : « Comprendre une réalité étrangère, c'est explciter les classements propres à chaque groupe et identifier les principes distinctifs d'un groupe par rapport à un autre » (Zarate, 1993 : 37) Les représentations permettent de problématiser la relation entre culture maternelle et culture cible. La mise en relation des représentations propres à chacun correspond, de toute évidence, à la nature même de la didactique de l'interculturel. La découverte, puis la confrontation des diverses représentations mises en présence dans le contexte de la classe de langue aboutissent ainsi à une réflexion sur les stéréotypes. [...], Gilles Verbunt, en rappelle les différentes fonctions : renforcement de la cohésion du groupe qui les exprime, représentation de celui-ci et création d'un consensus aux dépens de l'étranger (Verbunt, 1994) [...] Il est donc essentiel que l'enseignant travaille les représentations de l'Autre avec ses élèves.

Deuxième méthodologie : Le détour par l'analyse des heurts de la rencontre. La didactique de l'interculturel vise aussi à développer une réflexion destinée à réduire, voire à éviter les heurts qui surgissent dans des rencontres entre personnes de cultures différentes.

L. Collès, J.-L. Dufays, F. Thyrion (eds), *Quelle didactique de l'interculturel dans les nouveaux contextes du FLE/S ?*, Cortil Wodon, EME, 2006, pp. 6-26.

Activité 1 :
Les nationalités

Niveau :
à partir du A2 (FLM : collège)

Chaque époque migratoire a vu naître dans la population d'accueil une série de termes péjoratifs pour désigner les nationalités des migrants : les *Ritals* pour les Italiens, les *Polaks* pour les Polonais, les *Espingouins* pour les Espagnols... Dans sa chanson *Les ritals* (https://youtu.be/lCLpqHR8bDk), le chanteur italo-belge Claude Barzotti dit sa fierté d'adulte d'appartenir à une telle communauté en décrivant les traits qui définissent pour lui un petit Italien immigré en Belgique ou en France : la couleur de peau ou des cheveux, les manières de se comporter, les préférences culinaires, sportives, musicales, les manières de prier... Sur ce modèle on peut faire lister à chacun ce que sont pour lui les traits qui définissent le mieux son identité ou même écrire d'autres paroles sur la musique de Barzotti.

Activité 2 :
Les stéréotypes

Niveau :
à partir du B1 (FLM : collège)

Travailler sur les représentations ou sur les stéréotypes, est une façon d'amener l'apprenant à retenir que dans l'apprentissage d'une langue et d'une culture, on part parfois de représentations non fondées. La chanson, ou les sketchs humoristiques, permettent de les identifier dans une situation formatée mais motivante et se prêtent bien à une analyse. On propose par exemple la chanson de Linda Lemay, *Les maudits Français* (https://youtu.be/7uuZGzyz3kI), ou le sketch, *Les clichés*, de Gad Elmaleh (https://youtu.be/1xENcushVpY).

Activité 3 :
Les voyages

Niveau :
à partir du A2 (FLM : lycée)

Le désir de voyager et les programmes internationaux de mobilité facilitent les déplacements des étudiants partout dans le monde. Ils sont souvent amenés à côtoyer des étudiants venus comme eux d'autres pays mais aussi des étudiants locaux. Les premiers besoins sont de s'intégrer dans les communautés dans lesquelles ils vont vivre. La préparation à adopter des comportements nécessite de comprendre des bases qui éviteront les malentendus culturels et de commettre des erreurs, comme on le voit sur le schéma ci-dessous sur le Québec. Le travail consiste à faire retenir les éléments importants pour adopter un comportement culturel adéquat.

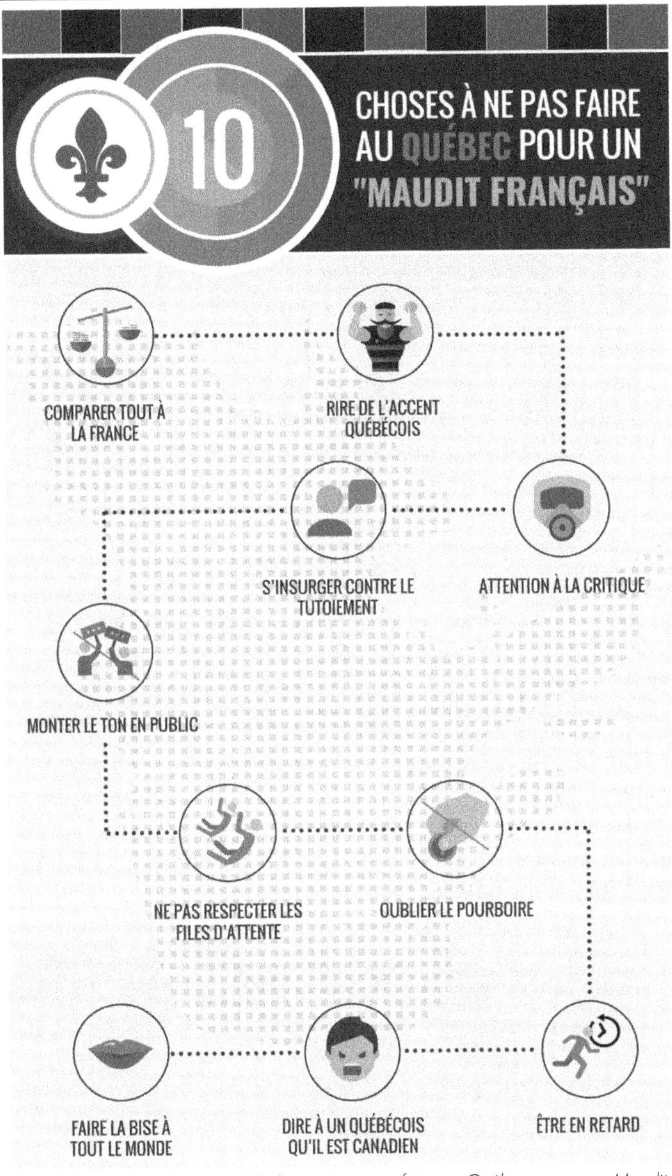

Simon Lemay, *10 choses à ne pas faire au Québec pour un « Maudit Français »*, Authentik Canada, 2016.
Authentik Canada - Spécialiste du road trip au Canada

4.2. Réinvestir des acquis pour développer des compétences (inter)culturelles

Tous les manuels de FLE proposent aujourd'hui des activités consacrées au développement de compétences culturelles quotidiennes, mais ces activités demeurent le plus souvent liées au contexte français.

Les manuels FLS, qui sont souvent fabriqués localement dans les pays francophones, sont naturellement plutôt tournés vers la culture du pays où ils sont conçus et tiennent généralement assez peu compte de la diversité culturelle dans le monde. Certains, notamment dans des pays africains, restent encore très liés à la tradition française où domine la culture littéraire (Thiam, 2014). En ce qui concerne les manuels de FLM, les concepteurs partent du fait que l'apprenant n'a pas besoin d'une « formation » à la culture anthropologique puisque la culture quotidienne du pays est celle de la grande majorité des élèves, et ils sont centrés sur des études littéraires réparties en époques ou en thèmes.

Dans les trois cas, pour favoriser l'émergence d'une conscience francophone chez leurs élèves, les enseignants sont amenés à compléter eux-mêmes les manuels par des documents issus de contextes francophones diversifiés. Dans une perspective méthodologique active et actionnelle, l'apprenant est guidé pour prendre le relais pour faire ses propres recherches, compléter ses connaissances et trouver des moyens pour les réinvestir. Comme l'explique R. Richterich (1985)[11] :

> « *Enseigner est une action qui se termine lorsque l'information est transmise. Apprendre est une action qui se poursuit après la transmission, de diverses façons, et sans qu'on puisse en déterminer avec précision l'achèvement. Les informations, une fois communiquées, cessent d'exister pour l'enseignant alors qu'elles continuent d'être traitées par l'apprenant.* » (p. 36)

Aujourd'hui, les réseaux sociaux ouvrent un grand espace de communication interculturelle et l'Internet, *via* des sites pédagogiques, offre un panel assez large que l'enseignant peut exploiter avec ses élèves. On cite ici à titre d'exemples quelques supports qui ont été testés lors de formations ou de stages internationaux.

Activité 1 : Les salutations	Niveau : à partir du A2 (FLM : collège)

Les salutations sont le premier moment du contact avec l'Autre. D'un pays à l'autre, les règles d'usage et les formules de politesse diffèrent. En partant d'une vidéo sur *Pourquoi les Français sont champions du monde de la bise ?* (https://www.facebook.com/franceinfo/videos/404255196928545/) qui retrace

11. Richterich, R. (1985), *Besoins langagiers et objectifs d'apprentissage*, Hachette.

l'histoire de la bise et ses modalités, croisé avec *Le tchip* en Guadeloupe (https://www.youtube.com/watch?v=e_a7znLXSHA), *le tchip* antillais et africain (https://www.youtube.com/watch?v=xzbehcdinWc), l'élève peut entamer une recherche sur la manière de saluer dans d'autres contextes francophones. Il peut poser des questions sur un forum dans les réseaux sociaux... L'enseignant peut lui demander de dresser un tableau comparatif en choisissant plusieurs pays de l'aire francophone.

Activité 2 : **Niveau :**
Le rapport à l'espace et au temps **à partir du B1 (FLM : collège et lycée)**

La gestion du temps est, on l'a vu, une source fréquente de malentendus interculturels. Le rapport au temps, qui varie d'une culture à l'autre, peut engendrer une gestion des contraintes communes assez fortement différente par les personnes appartenant à des cultures différentes. L'objectif de l'activité est d'établir un lien entre le temps et les contextes pour s'en approprier les spécificités et être capable de se comporter correctement dans des situations de rencontres avec les autres. On propose dans un premier temps de visionner une vidéo comme[12] https://youtu.be/N1gx6opyJyY, d'amener l'élève à commenter certaines situations et à relever les spécificités. Une fois ce travail effectué, on peut procéder à une simulation en binôme pour imaginer des commentaires sur la place du temps dans les cultures de deux francophones qui travaillent ensemble. Par exemple : un Marseillais et un Casablancais, un Antillais et un Suisse, un Gabonais et un Québécois, un Malien et un Luxembourgeois...
On a vu également que le rapport à l'espace peut lui aussi être différent d'une culture à l'autre et que la méconnaissance de ces faits culturels, en particulier les frontières entre l'espace privé et l'espace public, peut occasionner de graves malentendus.
À partir de leurs expériences personnelles ou grâce à des images recueillies sur les réseaux sociaux, l'enseignant peut demander aux élèves d'effecteur une enquête sur la perception de l'espace dans divers contextes francophones. Une mise en commun permettra de procéder à un échange oral.

Activité 3 : **Niveau :**
Habitudes alimentaires **à partir du B2 (FLM : collège)**

La richesse du patrimoine gastronomique des pays francophones fait partie des éléments culturels qui peuvent être travaillés en classe de façon motivante. L'enseignant peut inviter l'élève à procéder à des recherches sur les façons de manger des pays francophones de son choix puis proposer une comparaison des habitudes. On peut par exemple comparer les habitudes des Sénégalais décrites dans le texte ci-dessous avec celles d'un autre contexte plus proche ou plus éloigné du Sénégal :

12. Voir début de la vidéo.

Le repas : le repas se prend accroupi par terre ou assis sur un petit tabouret, dans un plat commun, souvent avec la main. Déchaussez-vous avant de marcher sur la natte, lavez-vous les mains et n'utilisez que la main droite, la gauche étant réservée à d'autres usages. Avant de commencer à manger, attendez que le maître ou la maîtresse de maison ait prononcé le « *Bismilahi* ». On ne boit qu'une fois le plat principal fini. Pour son hôte, la maîtresse de maison enlèvera les arêtes du poisson ou avancera les meilleurs morceaux : n'en soyez pas gêné. Le plus souvent, les hommes mangent d'abord, les femmes et les enfants ensuite.

Quelques règles pour ne pas choquer et mieux s'intégrer, au-senegal.com, 2013.

Des activités orales et écrites peuvent également être proposées sur les spécialités des plats emblématiques du monde francophone. Par exemple, le visionnement de vidéos comme celles sur le couscous (https://fr.unesco.org/news/traditions-du-couscous-lunesco-exemple-cooperation-culturelle-internationale) peut lancer une comparaison avec une spécialité nord-américaine, la poutine (https://youtu.be/oMkGNimfA1w).

ACTIVITÉ 4 : Des pratiques ancestrales

NIVEAU : à partir du B2-C1 (FLM : lycée)

Les cérémonies de mariage figurent parmi les pratiques traditionnelles des francophones qui peuvent être travaillées en classe. La chanson *Beaux dimanches à Bamako* (https://youtu.be/O30-zyU-U3M) d'Amadou et Mariam, originaires du Mali, a eu un grand succès. Quand on observe le vocabulaire, on peut constater que des noms d'instruments de musique, de moyens de transport et d'habits locaux ont été intégrés sans que cela gêne la compréhension globale de la chanson chez d'autres francophones. La description du mariage peut surprendre des élèves qui vivent dans des contextes culturels très éloignés mais peut en revanche parler à d'autres apprenants qui vivent dans des contextes culturels assez proches[13].

Après la première écoute et le visionnement de la vidéo, l'enseignant demande aux élèves de dire ce qui leur paraît surprenant, différent, difficile à comprendre. Dans un second temps, afin de faciliter la compréhension, il peut distribuer une liste de vocabulaire avec l'équivalent des termes en français ou demander aux élèves de la constituer en effectuant une recherche sur Internet (ex. : Un dunun, un balan, un tama, une kora, un n'goni, un boubou, le bazin, le bogolan, un somatra, un dougoumi, un griot). Pour compléter l'activité, une comparaison avec d'autres contextes francophones peut être mise en œuvre.

On peut aussi travailler sur d'autres éléments culturels qui sont des pratiques fondamentales dans chaque société. L'exemple des enterrements et de la façon de traiter les défunts peut certainement susciter des réactions vives lors d'activités orales. Après la lecture du texte et sa compréhension, un exercice écrit sous forme de commentaire peut être demandé aux élèves.

13. Retours de stagiaires lors d'une formation.

FAMADIHANA À MADAGASCAR

En Imerina, la cérémonie qui a lieu durant la saison sèche, l'hiver austral, de juin à octobre, a pour nom *famonosan-damba ny razana* ce qui signifie « remballer l'ancêtre d'un nouveau suaire ». On appelle aussi ce rituel *famadihana*. En langue française, ce signifiant est, le plus souvent, improprement traduit par « retournement des morts » [...]
Un famadihana dure de un à trois jours [...]. Le jour de l'ouverture du tombeau (que l'on nomme *famongarana*) est attendu par tous. [...]. L'astrologue creuse la première pelletée tandis que la foule danse près de l'édifice, à l'endroit qu'il a désigné. Dès que le tombeau est ouvert, des hommes de la famille y pénètrent, portant des nattes neuves dans lesquelles les corps seront transportés [...].
Aussitôt sortis du tombeau, les corps des ancêtres sont palpés, serrés, saisis par les enfants des ancêtres et emportés dans une danse autour de l'édifice. À un moment précis, déterminé, toujours par l'astrologue, la danse cesse, les descendants se regroupent autour des corps de leurs ancêtres pour envelopper leur ancien suaire d'un *lambamena*, un linceul neuf. C'est un moment de recueillement durant lequel les familles touchent le corps, et font des offrandes en glissant dans le nouveau linceul des cadeaux emblématiques de ce que le défunt aimait bien. [...]
Une fois les corps remballés, ceux-ci sont saisis à bout de bras, et de nouveau emportés dans la danse autour du tombeau, les pieds en avant [...].
Au moment où l'astrologue en donne l'ordre, les corps sont extraits des nattes qui ont été utilisées pour les transporter et les faire danser. Ils sont remis aux *mpamoaka razana*. L'ordre d'entrée des ancêtres dans le tombeau suit un protocole très strict qui varie suivant les données astrologiques du jour et du lieu. [...] Lorsque tous les corps ont été reconduits dans le tombeau, les enfants des ancêtres pénètrent dans l'édifice pour dire au revoir à leur ascendance jusqu'au prochain famadihana, et aussi, pour que chacun se souvienne de l'emplacement des corps dans les gisants. »

Didier Mauro, « Images des cultes malgaches : le famadinaha », *Journal des anthropologues*, n° 84, 2001, URL : http://journals.openedition.org/jda/2623 ; DOI : 10.4000/jda.2623

ACTIVITÉ 5 : La place de la femme

NIVEAU : à partir du A2-B1 (FLM : collège et lycée)

À partir de plusieurs supports, on fait réfléchir les apprenants sur la situation de la femme dans le monde francophone. Après écoute, le professeur établit un débat oral et fait ensuite écrire une synthèse individuelle où chacun peut librement exprimer son avis.

Support 1 :
Niveau : à partir du A2 (FLM : collège)

Un entretien avec Hadja Idrissa Bah, jeune guinéenne, qui se bat pour faire évoluer les mentalités dans son pays et libérer la parole de la femme (reportage en Guinée) : https://apprendre.tv5monde.com/fr/exercices/b2-avance/hadja-idrissa-bah-et-les-droits-des-femmes

Support 2 : La violence faite aux femmes
Niveau : à partir du B1 (FLM : lycée)

Fiche et chanson sur TV5 Monde : https://youtu.be/Hi7Rx3En7-k

ACTIVITÉ 6 :
Simulation globale

NIVEAU :
à partir du A1

Il s'agit d'une activité autonome de réinvestissement où l'élève est amené à inventer un monde fictif, avec des personnages francophones qui ont une identité complexe et un comportement culturel diversifié : par exemple, certains saluent comme des Sénégalais, d'autres parlent comme des Québécois, tandis que d'autres chantent comme des Belges ou dansent comme des Antillais…

ACTIVITÉ 7 :
Rédaction d'un guide culturel sur les comportements des francophones

NIVEAU :
à partir du B1

Ce guide devra répondre aux besoins des francophones en termes de comportements culturels lors de mariages, repas, fêtes, enterrements… Il sera conçu pour les rassurer et leur donner des explications pour faire évoluer leurs représentations.

9

Culture savante : la littérature

1. La littérature francophone dans la culture savante

Si la culture anthropologique s'intéresse à la vie quotidienne des membres d'une communauté ou d'une société, la culture savante s'intéresse à la dimension culturelle de la culture cultivée universelle. Le sens qu'on donne ici aux termes de *culture savante* ou *culture cultivée*, qui ont remplacé aujourd'hui celui de *civilisation* auquel s'attachent trop les connotations liées aux anciennes dominations, est celui des productions intellectuelles en termes d'œuvres où on retrouve les valeurs morales, esthétiques et intellectuelles d'une société. Mais aujourd'hui, comme le rappellent les sociologues, aucune société n'est monolithique : Michel Serres souligne bien que nos sociétés sont « métissées, tigrées, tatouées, arlequinées » (1991 : 11), qu'on ne peut plus faire l'impasse sur le croisement des cultures puisqu'aujourd'hui « plus aucun individu ne se situe dans un cadre culturel unique » (Abdallah-Pretceille 2005 : 37) et qu'on est amenés à vivre ensemble avec nos ressemblances et nos différences.

La culture savante occupe une grande place dans l'enseignement de la francophonie, d'une part parce qu'elle est présente dans chaque contexte éducatif, qu'il soit FLM, FLS ou FLE, et d'autre part, parce qu'elle est faite d'éléments culturels hétérogènes dans lesquels chaque individu est amené à se reconnaître. Si la langue française n'est pas l'outil de communication premier de tous les francophones, elle est pour les apprenants de langue seconde une langue d'instruction et d'information (Vigner, 1987) et pour tous ceux qui l'apprennent un instrument d'accès à une culture nouvelle, qui leur permet, selon le terme consacré, de s'y acculturer. Outre la culture anthropologique, l'acculturation se fait par la culture savante : la littérature, l'histoire, la peinture, la médecine, les grandes inventions...

La culture savante produite dans l'espace francophone est riche et très diversifiée. Elle est présente dans toutes les disciplines scolaires, mais on peut aussi l'acquérir en dehors de l'école et elle introduit une nouvelle médiation au monde. Comme l'explique Edgar Morin (1999)[1] :

> « *Une culture fournit les connaissances, les valeurs, les symboles, qui orientent et guident les vies humaines. La culture des humanités a été, demeure, et doit devenir désormais, non plus pour une élite, mais pour tous, une préparation à la vie. Littérature, poésie et cinéma doivent être considérés, non seulement ni principalement comme objets d'analyses grammaticales, syntaxiques ou sémiotiques, mais comme des écoles de vie.* » (1999 : 52)

L'approche comparative permet de croiser la culture savante de l'apprenant avec les autres cultures en français et contribue à établir dans un continuum une véritable culture francophone.

On peut certes trouver des éléments de la culture savante dans tous les manuels pour les travailler en classe mais comme le montre Michèle Verdelhan-Bourgade (2002), leur degré d'interculturalité n'est pas le même. Les manuels universalistes de FLE sont centrés sur la France, et, quand elle est mentionnée, sur la littérature française. Les manuels de FLM, notamment en France, se limitent le plus souvent à la littérature française et à son évolution à travers les siècles alors qu'il existe, exemple parmi d'autres, un foisonnement de productions de littérature québécoise qui restera, à la fin de leurs études, largement inconnue aux élèves français. À l'inverse, dans certains manuels de FLS, « l'indication de la France se résume à l'indication de Paris » et dans d'autres « la France n'apparaît pratiquement pas, les Français non plus. Dans certains ouvrages, elle est totalement absente. » « Il peut y avoir un ouvrage complet sans qu'il soit fait mention de la France (ex. : Algérie 4e ou 5e AF) » (Verdelhan-Bourgade, *op.cit.*, p. 73). La même auteure constate aussi que « pour les manuels destinés à l'Afrique, la francophonie est plus particulièrement africaine » (p. 74). C'est sans doute le poids du passé colonial qu'on retrouve dans beaucoup de pays qui interdit de parler de la France. Les auteurs français font pourtant bien partie, eux aussi, de la francophonie : l'introduction de la culture savante dans l'enseignement de la francophonie, par l'articulation des productions locales et des autres francophonies, y compris française, permet un certain rééquilibrage interculturel.

---

1. Morin E. (1999), *La tête bien faite : repenser la réforme, réformer la pensée*, Seuil.

2. Des critères pour réussir l'entrée dans la culture savante

Nous proposons ici aux enseignants quelques critères qui, en fonction des contextes, sont à prendre en compte pour aider les élèves à réussir leur entrée dans la culture savante.

2.1. Le niveau de compétence linguistique

Tous les genres de la culture savante peuvent être exploités dans un cours mais le niveau linguistique des élèves est déterminant dans le choix des supports. On peut intégrer dans le programme une ouverture sur la culture savante francophone à partir du collège pour des contextes FLM ou FLS et à partir de fin B1, début B2 quand l'apprenant en FLE « peut comparer, opposer et synthétiser par écrit (en langue B), les informations et les points de vue donnés dans des publications académiques et professionnelles (en langue A), liés à ses domaines d'intérêt. » (Conseil de l'Europe, 2018 : 116)

2.2. Le niveau de compétence en lecture

Engager un travail sur des textes littéraires demande que l'apprenant soit capable de lire, de comprendre, de réagir et d'interagir. Il s'agit de vivre « la lecture littéraire comme une expérience dans le sens où elle appelle un type de réaction affective, intellectuelle » (Cicurel, 1991 : 12). Autrement dit, s'inscrire dans ce que Francine Cicurel désigne par *lectures interactives*, où « le texte n'est plus seulement un objet étranger, un objet à étudier, difficilement accessible, mais un texte dont on s'empare, dans lequel on s'implique et sur lequel on a le droit de dire quelque chose » (p. 18), qui donne des références culturelles nouvelles, qui élargit les connaissances sur un contexte francophone ou non, décrit et raconté en français. On parle bien ici d'une compétence de lecture et de compréhension de texte littéraire.

2.3. Le choix des supports

La variation des extraits travaillés devrait partir du local vers l'universel. Les événements, l'environnement et les personnages tout au moins au début, devraient être proches de l'univers de l'apprenant pour ne pas bloquer la compréhension. L'élargissement à différents contextes francophones devrait permettre de travailler sur la comparaison des spécificités et des généricités culturelles. Le support doit être un moyen pour comprendre que « le romancier est un médiateur, un initiateur qui favorise la décentration par le simple fait que son texte suggère des interrogations et des hypothèses » (Abdallah-Pretceille, 2010 : 155).

2.4. La pertinence des thématiques

Il ne s'agit pas de tomber dans la culture folklore mais d'aborder différentes thématiques situées géographiquement, historiquement et culturellement, qui permettent de se construire des connaissances à partir d'extraits d'œuvres. L'objectif est d'engager l'apprenant dans la compréhension des préoccupations des auteurs francophones et de développer ainsi les qualités d'empathie et de tolérance.

En FLM, en France par exemple, le *Socle commun de connaissances, de compétences et de culture* (désormais *SCCCC*, 2015) insiste beaucoup sur le développement de la culture humaniste à partir de références nationales, européennes et internationales.

En FLE, l'approche interculturelle permet d'aborder des thématiques plus diversifiées que celles qui mettent seulement en rapport la France et le pays d'origine. Quant au FLS, la diversité des contextes (Québec, Afrique francophone, classes bilingues, classe d'allophones) ne devrait pas être un obstacle à l'introduction de thématiques de comparaison internationales. Ce qui est préconisé dans le Socle de 2006[2] en termes de culture humaniste pourrait être adapté à tous les contextes :

> La culture humaniste permet aux élèves d'acquérir tout à la fois le sens de la continuité et de la rupture, de l'identité et de l'altérité. En sachant d'où viennent la France et l'Europe et en sachant situer dans le monde d'aujourd'hui, les élèves se projettent plus lucidement dans l'avenir [...] Elle se fonde sur l'analyse et l'interprétation des textes et des œuvres d'époques ou de genres différents. Elle repose sur la fréquentation des œuvres littéraires (récits, romans, poèmes, pièces de théâtre), qui contribuent à la connaissance des idées et à la découverte de soi. Elle se nourrit des apports de l'éducation artistique et culturelle.
>
> *Socle commun de connaissances, de compétences et de culture*, 2015.

2.5. Le type d'activités

Les activités proposées s'attacheront à l'articulation des aspects langagiers et des aspects culturels en tenant compte de la diversité des situations d'enseignement et d'apprentissage (FLM, FLE, FLS, classes bilingues, UPE2A – unités pédagogiques pour allophones arrivants...). L'enseignant alternera et fera varier des activités de compréhension et de production orale et écrite, et d'activités interactives (notamment les débats sur des problématiques soulevées par la lecture d'un texte, l'étude d'un tableau ou autres).

2. https://www.education.gouv.fr/bo/2006/29/MENE0601554D.htm

2.6. Le type d'évaluation

L'objectif est que l'apprenant soit évalué sur sa capacité à comprendre, à analyser et à comparer les références des cultures en présence « dans une perspective d'un apprentissage de l'altérité au service d'un humanisme du divers » (Abdallah-Pretceille, 2010 : 147). Afin de favoriser le développement d'une compétence interculturelle francophone, l'évaluation ne devrait pas être centrée sur les problèmes linguistiques mais sur les connaissances culturelles et les compétences interculturelles.

3. Activités de découverte des littératures francophones

3.1. La littérature francophone, une nouvelle médiation au monde

Dans l'enseignement de la francophonie aussi, la littérature est une médiation interculturelle entre l'univers du texte et celui de l'apprenant. C'est une forme de transposition de la culture anthropologique mais dans un genre second (Bakhtine, 1984). Qu'elle soit issue de pays historiquement de tradition FLM (Belgique, France, Québec, Suisse), de langue seconde (Afrique francophone, Liban), écrite ou traduite en langue française, elle permet de dépasser les frontières et de voyager dans l'espace et dans le temps. C'est le cas par exemple des auteurs dits « classiques » dont on constate qu'ils sont devenus des textes en quelque sorte étrangers même pour des élèves français.

Même s'il existe un tronc commun (Vigner, 2003) et des partages FLM, FLE, FLS (Chnane-Davin, 2009), l'enseignement des objets d'étude est organisé de façon différente dans les trois didactiques du français. En FLM (transmission), l'enseignement littéraire est organisé dans le programme à partir de l'école primaire. En FLS (instruction) également, il est intégré dans le programme scolaire mais à partir du secondaire, même si on peut avoir dès l'école des textes de lecture extraits d'œuvres littéraires. En FLE (communication), l'enseignement de la littérature est facultatif et il est le plus souvent réservé aux niveaux avancés à partir de fin B1 ou début B2. Dans tous les cas, on observe que les apprentissages sont souvent couronnés par des projets de créativité, d'invention, de simulations globales, sous forme de tâche finale au sens large du terme.

Le texte littéraire francophone permet d'introduire une nouvelle médiation au monde. C'est une source d'acquisition de références et de découverte de l'histoire esthétique, culturelle et sociale de la francophonie mais aussi de connaissance de la place des auteurs francophones et de leurs œuvres dans la littérature en général, car comme dit Edgar Morin, « dans toute grande œuvre, de littérature, de poésie, de musique, de peinture, de sculpture, il y a une pensée profonde sur la condition humaine » (1999 : 48).

Il est, donc, nécessaire de comprendre la diversité culturelle et la pluralité des productions littéraires francophones pour pouvoir articuler ces littératures y compris la littérature française, les littératures universelles d'expression française et les littératures universelles traduites en français. Parler des littératures au pluriel est un choix pour marquer la diversité des productions et des contextes.

> La question n'est peut-être pas principalement de se demander comment appeler ces littératures mais de savoir comment appréhender de façon cohérente les littératures francophones, héritières d'un passé, afin de pouvoir les penser au mieux à la fois en synchronie et en diachronie. Cette question est subordonnée à une réflexion indispensable – que chaque enseignant chercheur et chaque participant au marché du livre devrait se poser : quelle est l'importance de la littérature ? Quels enjeux y a-t-il à l'enseigner, à la transmettre ? Certes, ces questions sont banales ; pourtant, on s'aperçoit bien vite qu'elles sont rarement posées…
>
> C. François, « Le débat francophone », *Recherches & Travaux*, 2020, p. 139.

On fait le choix dans les propositions qui suivent d'aborder la littérature francophone à des niveaux intermédiaires en FLE (fin B1/B2) ou du collège en FLM ou FLS. Étant donné la grande variété des genres littéraires, on ne présentera que des exemples sur le roman, le conte et la poésie. Chaque enseignant peut bien entendu élargir ses choix à la nouvelle, au théâtre, à la fable ou aux autres genres.

3.2. Exploiter la littérature francophone en classe de langue

Planifier une étude des textes francophones dans une démarche interculturelle, c'est contribuer à la construction d'identité du lecteur francophone, de ses connaissances et de ses compétences. Des éléments d'aide à l'entrée dans le texte et à la compréhension sont à fournir ou à faire chercher par les apprenants, tels que :
- situer l'espace francophone (géographie) du texte ;
- comprendre l'histoire francophone et l'origine du texte ;
- repérer les spécificités culturelles et linguistiques du contexte ;
- connaître la biographie de l'auteur, sa francophonie et le choix de son éditeur ;
- comprendre les circonstances de l'écriture du texte.

Il se peut que l'apprenant ait des difficultés à se représenter l'univers de référence et à mémoriser les informations pour effectuer les tâches. Dans ce cas, on peut :
- faire émerger collectivement une idée des personnages ;

– aider à la construction des représentations mentales nécessaires à l'activité de lecture ;

et pour cela :
– alterner l'oral et l'écrit et favoriser les interactions à deux ou collectives ;
– multiplier les documents parallèles (images, film, CD, appels au vécu...).

L'articulation des ressources pédagogiques est d'un grand apport pour s'acculturer à la littérature francophone. À cette fin, l'enseignant privilégiera les critères de qualité, d'accessibilité et de degré de difficulté de compréhension.

L'INTERCULTURALITÉ FRANCOPHONE (2) : LA CULTURE SAVANTE

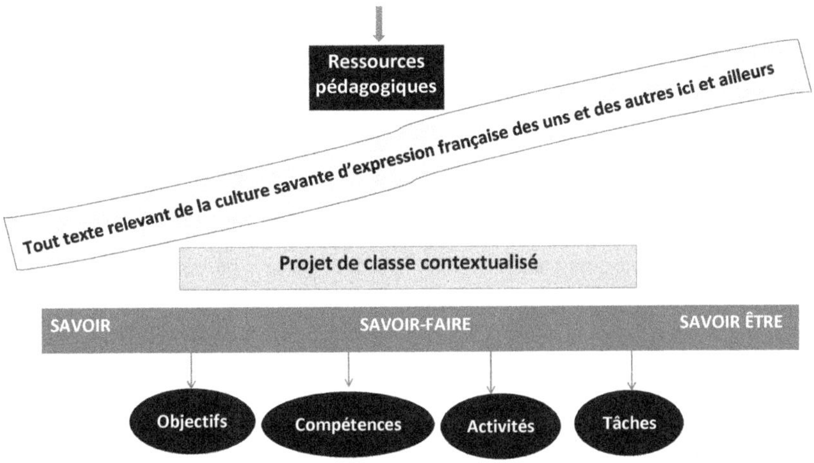

F. Chnane-Davin, document d'auteur non publié.

3.3. Découvrir les différentes littératures francophones

En plus de la version imprimée des œuvres ou des extraits dans des manuels, la recherche documentaire sur Internet permet d'accéder à des supports littéraires diversifiés (littérature classique, contemporaine, de jeunesse, album, bande dessinée...). Chaque enseignant peut se constituer sa bibliothèque et aider ses élèves à se constituer les leurs. Mais pour cela, il faut d'abord que l'enseignant soit informé et (auto)formé aux courants littéraires et à la littérature ou plutôt aux littératures francophones dans le monde. On propose ci-dessous quelques éléments de base pour enseigner la francophonie littéraire.

Les littératures dites francophones

On a vu au chapitre 4 que le terme de littérature francophone est aujourd'hui récusé par de nombreux écrivains et critiques si on l'entend comme un séparateur entre la littérature française et la littérature des autres pays francophones. Nous l'utiliserons cependant dans ce chapitre avec son sens premier, c'est-à-dire pour désigner l'ensemble des œuvres publiées en français dans le monde, y compris la littérature française.

Nous limiterons[3] notre panorama de la francophonie littéraire aux anthologies de littérature francophone, à la littérature française, la littérature québécoise, la littérature belge, la littérature suisse, la littérature maghrébine, la littérature africaine, la littérature universelle d'expression française et la littérature étrangère traduite en français.

On peut consulter un panorama des littératures francophones selon un découpage géographique sur le site :
https://data.bnf.fr/fr/12083177/litterature_francophone/

- Littérature africaine de langue française
- Littérature algérienne de langue française
- Littérature américaine de langue française
- Littérature antillaise de langue française
- Littérature belge de langue française
- Littérature béninoise de langue française
- Littérature bulgare de langue française
- Littérature burkinabé de langue française
- Littérature camerounaise de langue française
- Littérature canadienne de langue française
- Littérature centrafricaine de langue française
- Littérature comorienne de langue française
- Littérature congolaise (République démocratique) de langue française
- Littérature congolaise (République) de langue française
- Littérature djiboutienne de langue française
- Littérature égyptienne de langue française
- Littérature fantastique francophone
- Littérature française
- Littérature francophone pour la jeunesse
- Littérature grecque de langue française
- Littérature guinéenne de langue française
- Littérature guyanaise française
- Littérature haïtienne de langue française
- Littérature hongroise de langue française
- Littérature indochinoise de langue française
- Littérature israélienne de langue française
- Littérature ivoirienne de langue française
- Littérature libanaise de langue française

- Littérature luxembourgeoise de langue française
- Littérature maghrébine de langue française
- Littérature mahoraise
- Littérature malgache de langue française
- Littérature malienne de langue française
- Littérature marocaine de langue française
- Littérature mauricienne de langue française
- Littérature mauritanienne de langue française
- Littérature méditerranéenne de langue française
- Littérature néo-calédonienne de langue française
- Littérature nigérienne de langue française
- Littérature océanienne de langue française
- Littérature palestinienne de langue française
- Littérature réunionnaise
- Littérature russe de langue française
- Littérature rwandaise de langue française
- Littérature sénégalaise de langue française
- Littérature seychelloise de langue française
- Littérature suédoise de langue française
- Littérature suisse de langue française
- Littérature syrienne de langue française
- Littérature tchadienne de langue française
- Littérature tunisienne de langue française
- Littérature vietnamienne de langue française
- Nouvelles francophones
- Poésie francophone
- Roman francophone
- Théâtre (genre littéraire) francophone

L'enseignement des francophonies peut s'appuyer sur une richesse inépuisable de textes littéraires dont une partie se trouve sur Internet, par exemple le site de la fédération internationale des professeurs de français

3. Il existe bien sûr aussi une littérature francophone au Moyen-Orient (Égypte, Liban, Israël)

(FIPF) dans la rubrique « Boîte à outils pédagogiques » : https://bop.fipf.org/anthologie-de-textes-litteraires/ comme les *Anthologies de textes littéraires, 1990-2015 : 25 ans, 25 textes* (Bernard Magnier) qui présentent des textes du monde entier écrits par des francophones (extraits de romans, de contes, de poésie..., récits courts) accessibles selon les niveaux et qu'on peut didactiser. Certains sont déjà didactisés et on peut adapter les fiches proposées.

La littérature française

Nous ne développerons pas particulièrement cette littérature qui est la mieux connue des enseignants de français, mais mentionnerons seulement des sources documentaires particulièrement intéressantes, et une ouverture sur la littérature antillaise :

- **La bibliothèque numérique des textes classiques**
  https://bibliothequenumerique.tv5monde.com/

On peut aussi travailler avec des ressources en version imprimée, comme par exemple les ouvrages des éditions Adonis :

- **Le texte littéraire en bande dessinée**
  https://www.bedetheque.com/serie-16408-BD-Romans-de-toujours.html

  Cette collection[4] de bandes dessinées présentant des œuvres littéraires a le mérite de pouvoir travailler l'écrit *via* les illustrations et en lisant le texte intégral, l'oral en écoutant l'œuvre enregistrée sur un CD, sur lequel figure aussi tout un ensemble d'informations sur l'auteur, son époque et ses contemporains, la présentation de l'œuvre sous forme de synthèse illustrée, un aperçu sur l'histoire des événements, sur la vie économique et sociale, un lexique sous forme de répertoire à la fin pour aider à comprendre les mots difficiles, un lexique d'un grand choix de mots traduits en cinq langues.

- **Le texte littéraire en français facile**
  Selon les niveaux, on peut aborder les textes littéraires dans des versions adaptées, comme le fait par exemple la collection « Lire en français facile » (Hachette) qui propose des fictions et des grands classiques de la littérature française.

  https://www.hachettefle.com/collections/lff-lire-en-francais-facile

- **La littérature antillaise**
  Elle est particulièrement riche (Césaire, Chamoiseau, Condé, Maximin, Zobel...). L'article cité p. 154 montre son intérêt pour un enseignement du français ouvert à la francophonie.

---

4. Cette collection ne se limite pas à la littérature française mais s'ouvre à plusieurs œuvres de littérature étrangère traduites en français. Voir plus loin p. 158.

Fort-de-France : Pourquoi les textes d'Aimé Césaire parlent aux francophones et aux non-francophones ?, https://langue-francaise.tv5monde.com/decouvrir/voyager-en-francais/la-piste-de-la-francophonie/episode-28

La littérature québécoise[5]

Pour comprendre la littérature québécoise et découvrir ses auteurs, l'ouvrage détaillé de Michel Biron, François Dumont et Elisabeth Nardout-Lafarge (2010), *L'histoire de la littérature québécoise* (une synthèse de Jan Goes[6] est sur Internet), est un bon document. Il propose en cinq périodes l'histoire de la littérature et les auteurs qui ont marqué chaque époque :

- Les écrits de la Nouvelle-France (1534-1763) ;
- Écrire pour la nation (1763-1895) ;
- Le conflit entre l'ici et l'ailleurs (1895-1945) ;
- L'invention de la littérature québécoise (1945-1980) ;
- Le décentrement de la littérature (depuis 1980).

Cette acculturation et familiarisation des enseignants, en FLE, FLS et FLM, avec la littérature québécoise permet d'élargir le champ de la littérature francophone en classe à une région du monde souvent ignorée comme le montre cet article du journal *Le Monde* rédigé par David Homel[7].

LA LITTÉRATURE QUÉBÉCOISE N'EST PAS UN PRODUIT D'EXPORTATION

Que connaît la France du Québec lorsqu'il s'agit des arts et des lettres ? Pour la province francophone du Canada, tout semble se passer sur scène, que ce soit les spectacles du Cirque du Soleil ou de Robert Lepage, de Céline Dion ou des Cowboys fringants, ou encore des danseurs d'Édouard Lock. Et le livre ? Très peu. Presque le néant. En règle générale, les auteurs québécois sont quasiment absents des librairies françaises, et ce malgré des opérations de charme du gouvernement de la province, comme le Printemps du Québec à Paris en mars 1999. [...] En plus, les écrivains québécois ne bénéficient pas de la vague postcoloniale, qui a vu une popularité grandissante des auteurs de pays dits en voie de développement, anciennes colonies européennes. Pensons, dans la francophonie, aux pays d'Afrique noire, du Maghreb ou des Caraïbes. Le Québec n'a pas eu son Patrick Chamoiseau, son Tahar Ben Jelloun, son Ahmadou Kourouma.

Mais c'est justement à partir de ces grands noms que la situation se complique. La langue française pratiquée par ces écrivains est douce à l'oreille de Paris, tandis que les livres québécois arrivent avec un net accent qui serait difficile à assimiler par la machine de l'édition française. Selon Pascal Assathiany, éditeur québécois (Boréal), le français d'outre-France ne passe pas en France ; il vaudrait mieux que les écrivains québécois composent leurs œuvres dans une autre langue, pour ensuite passer en France par le biais de la traduction, comme les Américains.

Hélas, pour le moment, ils restent des « provinciaux », des « petits-cousins d'Amérique » avec peu d'accès au public en France. Alors, dans leur espace restreint au Québec (quelque 7 millions d'habitants, dont la majorité francophone), sur quoi les écrivains écrivent-ils ? Qu'est-ce qui les préoccupe, les mêmes questions qu'en France ?

5. https://ec56229aec51f1baff1d-185c3068e22352c56024573e929788ff.ssl.cf1.rackcdn.com/attachments/original/3/2/5/002600325.pdf
6. https://www.vlrom.be/pdf/051goes.pdf
7. Romancier américain, David Homel réside à Montréal depuis 1975.

Pays tranquille, littérature tranquille. Les grands thèmes de la littérature du Québec restent intimes : la famille et ses secrets, la quête de soi, l'enfant qui peine à devenir adulte, comme dans les histoires de Réjean Ducharme ou de Marie-Claire Blais. Peu de tentatives d'embrasser le vaste espace américain avec ses excès. C'est surtout une littérature féminine, et pour cause. La grande majorité des lecteurs sont des lectrices : jusqu'à 80 % de l'achat des livres est fait par des femmes, selon les libraires de Montréal […]

Tradition orale

[…] Depuis quelque temps, un phénomène nouveau se fait sentir dans le paysage littéraire qui n'est pas proprement littéraire. Il s'agit du conte, une sorte de performance orale qui s'inspire du folklore canadien-français, et assez exportable, car le conte est la parole dynamisée, et ne relève pas de l'écrit. […]

David Hommel, *Le Monde*, « Que connaît la France du Québec lorsqu'il s'agit des arts et des lettres ? », 16 mars 2006.

Si les versions imprimées sont indisponibles, on peut avoir un accès libre à plusieurs œuvres de littérature québécoise sur le site : https://beq.ebooksgratuits.com/pdf/index.htm

Cette littérature est élargie à celle des Amériques et particulièrement à la bibliothèque des Amériques : https://www.bibliothequedesameriques.com/actualites-litteraires/selection-audio/jeunesse

La littérature belge

C'est une littérature souvent intégrée dans la littérature française sans que soit distinguée l'origine des auteurs. Une enquête menée sur la présence de la littérature belge dans les manuels français dans les années 1990 a montré que :

Le constat est donc net et cruel, mais à vrai dire sans surprise : dans leur ensemble, les manuels français se désintéressent à peu près totalement des auteurs belges d'expression française, et lorsqu'ils les évoquent, c'est pour les citer de manière indistincte au milieu de leurs collègues français, en se contentant tout au plus de signaler le caractère « nordique » de certaines de leurs thématiques. Ceci confirme un constat déjà maintes fois effectué : aux yeux des Français, la littérature de langue française se confond avec la production hexagonale, et ce qui déborde de celle-ci est soit assimilé (Michaux), soit considéré comme une curiosité exotique, soit tout simplement ignoré.

J.-L. Dufays, « La littérature belge de langue française dans les programmes et les manuels scolaires du XXe siècle : enquête sur une présence-absence », *Textyles* n°15, 1999, p. 3.

Comme l'écrit aussi Jean-Louis Dufays, « les adjectifs *belge, suisse, québécois, négro-africain* n'apparaissent nulle part. Les listes d'auteurs à étudier comportent bien les noms de Michaux et Simenon, mais sans jamais les identifier comme des Belges. » (1999 : 2).

Cette absence/confusion de la littérature belge en tant qu'entité contextualisée dans un environnement et avec des auteurs ayant un vécu certainement différent de celui de leurs collègues français, n'est pas sans inconvénient car dans une logique de découverte de la littérature francophone, car l'apprenant a besoin de situer un texte dans son contexte, de connaître les circonstances de l'écriture et la posture de l'auteur.

Des fiches d'autoformation pour comprendre la littérature belge francophone sont disponibles en ligne (http://www.mondesenvf.fr/wp-content/uploads/Ateliers/Simenon/01_Fiche_de_synthese_la_litterature_belge_francophone.pdf) et permettent de se familiariser avec cette littérature où on apprend que même parmi les auteurs belges francophones, certains avaient en réalité le flamand pour langue maternelle.

- L'e-Bibliothèque de l'Académie royale : https://www.arllfb.be/ebibliotheque/index.html
- Les plaquettes de la Fureur de lire : https://objectifplumes.be/complex/la-fureur-de-lire/#.Xny4v1RKhPY
- *Marginales* : des nouvelles, beaucoup de nouvelles : https://www.marginales.be/
- Numeriques.be : les patrimoines numérisés : http://numeriques.be/
- Bon-à-tirer : des inédits en ligne : http://www.bon-a-tirer.com/
- eBooksgratuits : des livres électroniques en un clic : https://www.ebooksgratuits.com/

La littérature suisse

Comme les Belges, les Suisses soulignent l'hégémonie parisienne de la littérature française. Casanova et ses collègues disent que « l'indéfinissable mais permanente et quasi insurmontable domination qu'exerce l'espace français induit – presque mécaniquement (et il faudrait ajouter légitimement) – la revendication, la proclamation d'une différence suisse, c'est-à-dire d'une définition nationale de la littérature. » (Casanova et *alii.*, 2006 : 155). Or, il existe bien une littérature suisse romande francophone dont les étudiants français et même francophones ne connaissent pas la tradition. Afin d'explorer cette littérature, la bibliothèque numérique romande met à la disposition des lecteurs des œuvres en ligne gratuitement :

Bibliothèque numérique romande, Les ebooks gratuits : https://ebooks-bnr.com/

La littérature maghrébine

La littérature maghrébine ou ce qu'on désigne aussi par littérature maghrébine d'expression française, est une littérature exprimée dans une langue non maternelle et héritée de l'histoire coloniale, le français. Née dans un espace géographiquement peu éloigné, de l'autre côté de la Méditerranée, elle regroupe des auteurs de l'Algérie, du Maroc et de la Tunisie. Ces auteurs sont en rupture avec une certaine tradition arabe, et en même temps, leur mode d'expression romanesque est tout à fait différent de celle des auteurs français. Les thèmes dominants de cette littérature ont longtemps été liés à la question de la colonisation, de l'indépendance et aux problèmes de revendication identitaire. Mais rapidement, ceux de la société et de la famille maghrébines sont venus au centre des productions et font connaître les problèmes et les préoccupations quotidiennes des habitants en intégrant, chez certains auteurs, les cultures populaires. Parfois cette écriture est violente et exprime dans la langue de l'*autre* ce qu'on n'ose pas exprimer dans sa langue maternelle. Charles Bonn (1985)[8] écrivait :

> « *La littérature maghrébine de langue française est en grande partie cette danse de désir mortel devant un miroir fabriqué par l'Occident. Miroir qu'on ne cesse de briser et de reconstituer, pour mieux souligner le simulacre d'un projet de meurtre qui se retourne le plus souvent en quête d'amour et revendication d'une reconnaissance éperdue, et toujours contrite.* » (1985 : 5)

Mais comme pour ces auteurs, la langue française est aussi la leur, ils s'en sont emparés pour exprimer leurs sentiments, leurs frustrations et leur bonheur à la recherche d'une identité multiple qu'ils ont parfois du mal à assumer. Comme le dit Abdelhak Serhane[9] (cité par Laroussi, 2004) :

> « *Qui es-tu ? D'où viens-tu ? Pourquoi écris-tu ? Pourquoi dans cette langue et pas dans l'Autre. Quelle langue ? Ils ne savent pas que tu écris dans TA langue. Celle-là ou autre, c'est toujours ta patrie. Tu es la langue que tu utilises. Mais tu n'es point son esclave. Tu n'es point son objet, ni sa fin. Tu n'es point un bourreau quand tu empruntes la hache de celui-ci pour couper du bois ! La langue n'appartient à personne. Elle n'a pas de frontières. La langue appartient à celui qui s'en sert.* » (1987 : 21-24)

Des textes présentant des auteurs et leurs bibliographies sont consultables sur : http://www.limag.com/ et http://www.limag.com/Textes/Manuref/Table.htm

La littérature d'Afrique francophone

De tradition orale, la littérature africaine commence à émerger au XIXe siècle et à se développer au XXe siècle, au moment de la colonisation (française et belge) et de la scolarisation des enfants avec, dans une logique d'assimilation, un enseignement calqué sur celui, par exemple de la France[10]. On est passé d'une littérature *sur* l'Afrique noire où des Européens racontaient et décrivaient les « indigènes » à une littérature *de* l'Afrique francophone écrite par des auteurs africains décrivant et racontant l'Afrique de l'intérieur. On abordera en classe la *négritude*, « une révolution efficace contre le phénomène de l'assimilation culturelle » (Semujanga, 2004) qui a marqué la première grande rupture avec le colonialisme. Ce thème majeur est né à Paris où « de jeunes intellectuels antillais et africains venus faire leurs études "en métropole" se découvrent alors une cause commune : le refus du dénigrement dont la race noire fait l'objet depuis les premiers contacts de l'Europe avec le "continent noir" » (*op. cit.*)

8. Bonn Ch. (1985), *Le roman algérien de langue française*, L'Harmattan.
9. Serhane A. (1987), « L'artisan du rêve », dans *Visions du Maghreb*, pp. 21-24, Édisud.
10. *Cf.* Jean Dard, le premier instituteur français qui a ouvert la première école le 7 mars 1817 à Saint-Louis au Sénégal.

Dans un entretien avec Nadia Chahed[11], l'écrivain guinéen Tierno Monenembo (Grand Prix de la Francophonie en 2017) explique que la littérature africaine est :

> « *"monstrueuse", née de "l'abâtardissement culturel produit par la violente rencontre entre l'Afrique et l'Europe et des ténèbres de la colonisation". "Ce monstre est aujourd'hui plus ou moins dompté et adopté et il a tracé un large sillon derrière lui. Peu de gens connaissent la littérature africaine mais tout le monde a déjà entendu parler d'Aimé Césaire et de Léopold Sédar Senghor, de Wole Soyinka ou encore de Birago Diop" considérés comme des "pères" de la littérature.* » (2017)

La richesse de cette littérature africaine et son histoire représentent une partie très importante de la littérature francophone enseignée partout dans les universités mais dans des départements souvent spécialisés. L'enseignement de la francophonie pourrait être une manière de généraliser son enseignement dans les différents niveaux scolaires et dans les classes où on apprend le français comme langue maternelle, étrangère et seconde. On peut, à cet effet, utiliser par exemple, le *Panorama des littératures francophones d'Afrique en Livret numérique* que présente Bernard Magnier[12]. On y reviendra vers la fin de cette partie.

On retrouve également d'autres propositions de lecture pour les jeunes. Par exemple : *21 classiques africains que vous devez avoir lus avant vos 21 ans* : https://www.afrolivresque.com/21-classiques-africains-a-avoir-lus-avant-21-ans/

La littérature étrangère en langue française ou traduite en français

La littérature étrangère en langue française est une littérature qui a éclos un peu partout dans le monde dans des contextes où il n'y a jamais eu de présence coloniale française mais où la culture française a été importée volontairement, et a produit des auteurs qui ont appris le français par choix ou par amour de la langue française. Certains se sont installés dans un contexte francophone de langue maternelle (France, Belgique, Suisse, Québec), d'autres ont écrit en français tout en restant dans leur contexte non francophone.

Quant à la littérature étrangère traduite en français et qui est assez représentative, pour une première approche, l'émission de France Culture « La littérature étrangère dynamise-t-elle le français ? » est une bonne introduction : https://www.franceculture.fr/emissions/du-grain-moudre/la-litterature-etrangere-dynamise-t-elle-le-francais

11. https://www.aa.com.tr/fr/afrique/la-litt%C3%A9rature-africaine-francophone-est-une-litt%C3%A9rature-en-gestation-interview-/863211

12. https://www.africavivre.com/afrique/a-lire/romans/panorama-des-litteratures-francophones-d-afrique-de-bernard-magnier.html

Enseigner la littérature francophone s'inscrit dans ce qu'on désigne aujourd'hui la littérature-monde, concept qui permet de penser les *appartenances multiples* (Maalouf, 2001) des auteurs qui écrivent en français. Ce débat sur l'ouvrage *Pour une littérature-monde* pourrait constituer une conclusion à retenir sur les littératures francophones exposées :

> Nous avons constaté que les écrivains des régions ou pays autrefois colonisés par la France (Tahar Ben Jelloun, Maryse Condé, Ananda Devi, Édouard Glissant, Fabienne Kanor, Dany Laferrière, Alain Mabanckou, Anna Moï, Nimrod, Jean-Luc Raharimanana, Boualem Sansal, Lyonel Trouillot, Gary Victor, Abdourahman A. Waberi) forment une majorité absolue. Les contributions de ces « voleurs de langue » occupent les deux premiers tiers de l'ouvrage. Les écrivains ayant volontairement opté (pour différentes raisons) pour le français comme langue d'écriture (Eva Almassy, Chahdortt Djavann, Nancy Huston, Wajdi Mouawad, Esther Orner, Dai Sijie, Brina Svit) sont plutôt relégués en fin d'ouvrage – alors que ces contributions constituent des regards précieux sur une ligne d'horizon originale. Les écrivains issus des « vieux » pays francophones (Québec, Suisse, Belgique), assez peu représentés (Jacques Godbout, Michel Layaz, Grégoire Polet), semblent intercalés de manière arbitraire au milieu de tous les autres. La très faible présence des écrivains français (Jean Rouaud, Michel Le Bris, Patrick Raynal) est également dommageable.
>
> Olivier Mouginot, *Ateliers du dire en français langue étrangère*, Carnet de thèse numérique (2014-2018), https://atelit.hypotheses.org/185#_ftn1

4. Pistes d'activités d'appropriation et de réinvestissement

L'objectif de ce qui suit est de développer un « capital culturel » au sens que donne Max Weber à cette lexie et de sensibiliser les francophones à la diversité des textes littéraires et des contextes. Cela permet de dépasser la « "sacralisation" de la culture française dans l'enseignement du français ». En France même, cette sacralisation a touché « ses limites lorsque la société française elle-même est devenue *officieusement* multiculturelle avec l'arrivée des migrants dans les années 60-70 » (Chnane-Davin, 2021).

Dans l'article déjà cité sur l'enseignement de la francophonie et les francophonies (Chnane-Davin)[13], on s'est interrogé sur :

> « *les liens qu'on peut trouver entre les textes, par exemple, de Azouz Begag (2002) décrivant la scène où le narrateur était en train de sortir du linge de la machine à laver et que son père le surprend et lui dit avec un air sévère – C'est toi qui laves les culottes ? ; ou de Abdou Rahmane Waberi décrivant les méfaits du khat dans son pays (1994) ; ou encore celui de Tahar Ben Jelloun (2009) évoquant un immigré dont le fils a remplacé le nom de Rachid par Richard ou enfin, celui de Balzac (1842) racontant l'histoire de Rastignac qui veut accéder à une classe sociale ?* » (2018 : 66)

13. Chnane-Davin, F. (2018), « Quels savoirs pour enseigner la Francophonie et les francophonies, *Recherches et Applications*, n° 64.

Afin de réaliser les activités d'appropriation et de réinvestissement, nous proposons ici quelques exemples d'extraits avec des thématiques spécifiques, auxquels nous associons plusieurs tâches : *Lire, comprendre, interpréter et comparer* des textes littéraires.

- **Lire et comprendre** : en s'appuyant sur sa compétence littéraire pour une compréhension globale du texte, repérer et relever des informations sur le contexte, sur l'auteur, avancer des hypothèses, manifester sa sensibilité...
- **Interpréter** pour construire le sens et dégager des références culturelles qui ont des ressemblances ou des différences avec d'autres contextes, confronter son interprétation avec celle des autres...
- **Comparer** dans une perspective interculturelle en procédant à une recherche documentaire sur d'autres écrits de situation(s) comparables pour élargir son univers de connaissance du monde francophone.

C'est à l'enseignant de proposer des thématiques originales et des textes pertinents suscitant de l'intérêt, de la curiosité, ou différents sentiments comme le plaisir, la surprise, le rejet... Il peut demander aussi aux apprenants de faire des recherches et de proposer des textes de leur choix.

4.1. Aborder la diversité des thématiques littéraires

Les situations géographiques, historiques, politiques et sociologiques déterminent l'émergence de productions littéraires qui sont aussi liées à des thématiques enracinées dans le vécu des populations. L'inscription des littératures francophones dans la pluralité permet d'examiner et d'analyser les divergences et les convergences qui peuvent exister entre les cultures. Ce sont des littératures qui représentent à la fois l'identité singulière de leur contexte et l'universalité. Le lecteur peut parfois s'y reconnaître facilement mais il peut aussi être un peu perdu et éprouver le besoin d'être accompagné pour entrer dans la compréhension des textes. Habitué souvent à étudier une littérature « française » perçue comme légitime parce qu'elle est pour lui directement liée à la langue, l'apprenant découvre parfois les autres littératures francophones avec appréhension. Quand il s'agit de littératures ancrées dans un contexte sur lequel il n'a pas d'informations, il est nécessaire d'établir des références culturelles, historiques et géographiques pour faciliter la compréhension. Nous exposons ci-contre quelques thématiques à partir desquelles il est possible de faire réfléchir les apprenants.

Souffrances et calamités

De nombreux écrivains francophones ont, à un moment donné de leur histoire et chacun dans son contexte, évoqué des calamités sociales ou des situations de souffrance quasi indicible. Chaque apprenant est censé connaître certains de ces événements qui ont marqué l'histoire et la mémoire comme le génocide des Juifs lors de la Seconde guerre mondiale, ou certains fléaux sociaux comme les ravages de la drogue. Les situations évoquées ci-dessous en sont des exemples qui peuvent ouvrir à des discussions dans la classe.

ACTIVITÉ 1 : J. Semprun (Espagne)	NIVEAU : à partir du B1 (FLM : collège et lycée)

Il y aura des survivants, certes. Moi, par exemple. Me voici survivant de service, opportunément apparu devant ces trois officiers d'une mission alliée pour leur raconter la fumée du crématoire, la chair brûlée sur l'Ettersberg, les appels sous la neige, les corvées meurtrières, l'épuisement de la vie, l'espoir inépuisable, la sauvagerie de l'animal humain, la grandeur de l'homme, la nudité fraternelle et dévastée du regard des copains. Mais peut-on raconter ? Le pourra-t-on ? Le doute me vient dès ce premier instant.
Nous sommes le 12 avril 1945, le lendemain de la libération de Buchenwald. L'histoire est fraîche, en somme. Nul besoin d'un effort de mémoire particulier. Nul besoin non plus d'une documentation digne de foi, vérifiée. C'est encore au présent, la mort. Ça se passe sous nos yeux, il suffit de regarder. Ils continuent de mourir par centaines, les affamés du Petit Camp, les Juifs rescapés d'Auschwitz.

J. Semprun, *L'Écriture ou la vie*, © Éditions Gallimard, 1994.

Semprun raconte son histoire de survivant des camps de concentration. Il utilise la langue française pour dire le cauchemar que lui et les autres déportés ont vécu pendant et après leur libération des camps de concentration. Mais il se demande même s'il est possible de raconter de telles souffrances. Situer historiquement et géographiquement l'extrait permet d'ouvrir le débat sur la nécessité de la mémoire et sur les leçons qu'on doit tirer des souffrances que l'humanité peut être capable de s'infliger à elle-même.

ACTIVITÉ 2 : A. Waberi (Djibouti)	NIVEAU : à partir du B1 (FLM : collège et lycée)

Awaleh broute, comme on dit chez nous avec une pointe de fierté. À vrai dire, il ne broute pas, il mâche son khat comme on chique du tabac. Ou comme on mâche du chewing-gum. Et tous les quarts d'heure à peu près, il boit une gorgée d'eau fraîche, puis du thé chaud. Le khat donne soif. Le khat donne des fourmis dans les jambes. Mon père change de position toutes les demi-heures ; après le côté droit (son préféré), il s'accoude sur le côté gauche. Il procède toujours de la même manière. Toujours. Le khat rythme la vie des gens dans ce foutu pays. Sans khat point de vie ! De treize à vingt heures, le khat tient les hommes (et les femmes) en vie. Sans lui, que faire, comment vivre ? Seule la voix esseulée du muezzin vient troubler, pour quelques-uns, ce rituel fort bien assimilé.

A. Waberi, *Le Pays sans ombre*, Le serpent à Plumes, 1994, p. 15.

Celui qui lit Arthur Rimbaud[14] aura besoin de situer géographiquement Djibouti, ce petit pays de la Corne de l'Afrique où le poète a séjourné à Tadjourah. C'est également un pays où sont passés plusieurs voyageurs qui ont produit des carnets

14. La grande place de la ville de Djibouti et l'Institut français portent son nom.

de voyage qui font rêver mais l'auteur du texte, Abdourahman Waberi, décrit un fléau qui sévit dans sa société et qui ne fait pas rêver, les ravages du Khat[15]. Le khat est consommé au moment où le soleil frappe avec intensité dans un ce pays où il fait très chaud : « L'heure-fantôme approche à pas de loup. Le khat installe son emprise sur la ville. En attendant la zombification, plus rien ne compte. Le monde extérieur a cessé d'exister. C'est l'heure-fantôme. » (Waberi, 1994 : 16-17).

La guerre et les enfants soldats

Activité : La guerre	Niveau : à partir du B1 (FLM : collège)

À travers les trois extraits ci-dessous, qui abordent de façons différentes le thème de la guerre, on sensibilise les élèves aux ravages qu'elle produit notamment sur les enfants et sur les jeunes.
L'extrait 2 peut être élargi par la diffusion du film de cinéma, *Petit Pays*, sorti en 2020.

Extrait 1 (Côte d'Ivoire) :

M'appelle Birahima. Suis p'tit nègre. Pas parce que je suis black et gosse. Non mais suis p'tit nègre que je parle mal le français. Mon école n'est pas arrivée très loin ; j'ai coupé cours élémentaire deux [...] parce que tout le monde dit que l'école ne vaut plus rien, même pas le pet d'une vieille grand-mère [...] parce que même avec la licence de l'université, on n'est pas fichu d'être infirmier ou instituteur dans une des républiques bananières corrompues de l'Afrique francophone. [...] Avant de débarquer au Libéria, j'étais un enfant sans peur ni reproche [...], j'étais un enfant de la rue. Et quand on n'a plus personne sur terre, ni père ni mère ni frère ni sœur, et qu'on est petit, un petit mignon dans un pays foutu et barbare où tout le monde s'égorge, que fait-on ? Bien sûr on devient un enfant soldat.

Amadou Kourouma, *Allah n'est pas obligé*, © Éditions du Seuil, 2000, Points, 2002, p. 9.

Extrait 2 (Burundi) :

À Bujumbura, Mamie habitait une petite maison au crépi vert, à l'OCAF (Office des cités africaines), Ngagara, quartier 2. [...]
À l'OCAF, les voisins étaient surtout des Rwandais qui avaient quitté leurs pays pour échapper aux tueries, massacres, guerres, pogroms, épurations, destructions, incendies, mouches tsé-tsé, pillages, apartheid, viols, meurtres, règlements de comptes et que sais-je encore. Comme Maman et sa famille, ils avaient fui ces problèmes et en avaient rencontré de nouveaux au Burundi – pauvreté, exclusion, quotas, xénophobie, nostalgie. Des problèmes de réfugiés.
L'année de mes huit ans, la guerre avait éclaté au Rwanda. C'était au tout début de mon CE1. On avait entendu sur RFI que des rebelles – qu'on appelait le Front patriotique rwandais (FRP) – avaient attaqué le Rwanda par surprise. Cette armée de RFP était constituée d'enfants de réfugiés rwandais – la génération de Maman et Pacifique[16] – venant de pays

15. Plante avec des feuilles qui contiennent des alcaloïdes proches de l'amphétamine mâchées quotidiennement.
16. Prénom du frère de maman

limitrophes : Ouganda, Burudi, Zaïre... Maman avait dansé et chanté en apprenant cette nouvelle... Sa joie avait été de courte durée. Quelques jours plus tard, on avait appris la mort d'Alphonse. Alphonse était le deuxième frère de Maman, l'aîné de la famille, l'orgueil de Mamie.

G. Faye, *Petit Pays*, Grasset, 2016, pp. 64-65.

Extrait 3 (France) :

C'est un trou de verdure où chante une rivière,
Accrochant follement aux herbes des haillons
D'argent ; où le soleil, de la montagne fière,
Luit : c'est un petit val qui mousse de rayons.

Un soldat jeune, bouche ouverte, tête nue,
Et la nuque baignant dans le frais cresson bleu,
Dort ; il est étendu dans l'herbe, sous la nue,
Pâle dans son lit vert où la lumière pleut.

Les pieds dans les glaïeuls, il dort. Souriant comme
Sourirait un enfant malade, il fait un somme :
Nature, berce-le chaudement : il a froid.

Les parfums ne font pas frissonner sa narine ;
Il dort dans le soleil, la main sur sa poitrine,
Tranquille. Il a deux trous rouges au côté droit.

Arthur Rimbaud, *Le Dormeur du val*, 1870.

On peut également croiser avec d'autres textes en rapport avec la guerre, que les élèves chercheront en ligne.

Changement de siècle

Activité : Milieu du XIXe siècle	Niveau : à partir du B1 (FLM : collège)

Lire les classiques est toujours une tâche difficile pour les apprenants qui sont éloignés des réalités évoquées dans les textes. Dans l'extrait ci-dessous, les difficultés sont multiples : historiques et sociales (la société française du milieu du XIXe siècle, la valeur accordée au luxe, la monnaie), géographique (les rues de Paris), technologiques (les voitures à chevaux).

Vautrin se prit à sourire d'une façon diabolique.
– Et vous croyez, s'écria ce féroce logicien, qu'un jeune homme à la mode peut demeurer rue Neuve-Sainte-Geneviève, dans la Maison-Vauquer ? pension infiniment respectable sous tous les rapports, certainement, mais qui n'est rien moins que fashionable. Elle est cossue, elle est belle de son abondance, elle est fière d'être le manoir momentané d'un Rastignac ; mais, enfin, elle est rue Neuve-Sainte-Geneviève, et ignore le luxe... *Mon jeune ami*, reprit Vautrin, d'un air paternellement railleur, si vous voulez faire figure à Paris, il vous faut trois chevaux et un tilbury pour le matin, un coupé pour le soir, en tout neuf mille francs pour le véhicule.

H. de Balzac, *Le Père Goriot*, 1842.

Plaisir de lire : la lecture hors du monde francophone

Activité : Situer des pays (Chine)	Niveau : à partir du B1 (FLM : collège)

« Nous nous approchâmes de la valise. Elle était ficelée par une grosse corde de paille tressée, nouée en croix. Nous la débarrassâmes de ses liens, et l'ouvrîmes silencieusement. À l'intérieur, des piles de livres s'illuminèrent sous notre torche électrique ; les grands écrivains occidentaux nous accueillirent à bras ouverts : à leur tête, se tenait notre vieil ami Balzac, avec cinq ou six romans, suivi de Victor Hugo, Stendhal, Dumas, Flaubert, Baudelaire, Romain Rolland, Rousseau, Tolstoï, Gogol, Dostoïevski, et quelques Anglais : Dickens, Kipling, Emily Brontë… – Quel éblouissement ! – Il referma la valise et, posant une main dessus, comme un chrétien prêtant serment, il me déclara : Avec ces livres, je vais transformer la Petite Tailleuse. Elle ne sera plus jamais une simple montagnarde.

Dai Sijie, *Balzac ou la petite tailleuse chinoise*, © Éditions Gallimard, 2000, p. 7.

Après la lecture compréhension de l'extrait, on peut demander de situer les pays des auteurs sur une carte du monde et lancer une recherche sur les biographies des écrivains cités.
On peut également proposer l'élaboration d'une frise chronologique sur l'histoire de la littérature pour aider les élèves à situer les auteurs les uns par rapport aux autres.

Références culturelles et chocs culturels

Activité : Le rapport homme-femme	Niveau : à partir de fin A2 (FLM : collège)

Thématique universelle, le rapport homme-femme selon les sociétés est un grand sujet de réflexion, de débat, d'interactions à travailler à l'oral comme à l'écrit à partir de textes littéraires francophones. Dans l'extrait 1 ci-dessous, on fait relever aux élèves les éléments en rapport avec le comportement du fils et l'attitude du père qui voit son fils étendre le linge. L'extrait 2 peut servir de point de départ pour débattre de la place des femmes dans les sociétés traditionnelles et modernes. Une analyse des comportements des hommes et des femmes peut permettre de défendre les principes d'égalité femme-homme et de réfléchir sur l'évolution des mentalités. On peut aussi amener les élèves à chercher d'autres thématiques fondamentales qui posent problème dans les sociétés.

Extrait 1 (France-Algérie) :

Tout à coup, l'incident se produit. De tous les lourds vêtements que je tire du tambour de la machine, trois culottes se sont emmêlées malencontreusement dans mes mains. Elles se sont nouées l'une à l'autre, comme si elles s'étaient juré dans la machine de ne plus se séparer dans la vie. Tranquillement je défais leur amitié et je les étends derrière moi. Je n'ai pas vu mon père se lever, s'approcher de moi.
– C'est toi qui laves les culottes ?
Son air est sévère.
Il me faut quelques secondes pour comprendre et réagir. Je me débarrasse aussitôt des pièces à conviction et je referme vite la machine à laver.

– C'est pas des… c'est des chiffons pour nettoyer les chaussures.
[…] Un silence de tribunal s'installe. J'ai honte. J'aurais pu faire attention. J'appréhende le moment où il me faudra à nouveau croiser son regard.

Azouz Begag, *Quand on est mort c'est pour toute la vie*, © Éditions Gallimard Jeunesse, 2002.

Extrait 2 (France-Algérie) :

Un jour de septembre 1947, alors qu'elle était enceinte de sept mois, elle s'était retrouvée sur l'avenue de la République que la plupart des Meknassis appelaient simplement « l'Avenue ». Il faisait chaud et ses jambes étaient enflées. Elle s'était dit qu'elle pourrait aller au cinéma Empire ou se rafraîchir sur la terrasse du Roi de la Bière. Deux jeunes femmes l'avaient alors bousculée. La plus brune s'était mise à rire : « Regarde celle-là. C'est un Arabe qui l'a engrossée ». […]

- Amine et Mathilde, ce couple inspiré par vos grands-parents, est en rupture par rapport aux générations précédentes…
- Mouilala, la mère d'Amine, défend la tradition : hommes et femmes doivent rester chacun de leur côté de la frontière, toute transgression mettrait l'ordre du monde en péril. Selma, la sœur d'Amine, représente la génération de femmes qui émerge lors de l'indépendance, parce que les nationalistes marocains ont défendu l'émancipation des femmes. Mais ce qu'ils voulaient pour les femmes en général, ils le refusaient pour leurs sœurs ou leurs filles ! Amine incarne cette ambiguïté : il épouse une étrangère, mais il interdit cette modernité à Selma.

Entretien réalisé avec Leïla Slimani à l'occasion de la parution du *Pays des autres*, © Éditions Gallimard, 2020.
http://www.gallimard.fr/Media/Gallimard/Entretien-ecrit/Entretien-Leila-Slimani.-Le-pays-des-autres

Parcours de migrants

ACTIVITÉ : L'immigration	NIVEAU : à partir du A2 (FLM : collège)

L'immigration est un phénomène permanent qui a toujours existé mais, selon les individus ou les groupes qui émigrent, les réactions, les vécus, les parcours, cet exil n'est pas vécu de la même façon. On peut proposer pour traiter ce thème de comparer plusieurs textes francophones comme ceux ci-dessous de A. Kristof, D. Laferrière et D. Maximin. Dans un tableau on peut comparer les situations géographiques, les histoires, les personnages, les parcours et les sentiments.

Extrait 1 (Hongrie) :

Au début, il n'y avait qu'une seule langue. Les objets, les choses, les sentiments, les couleurs, les rêves, les lettres, les livres, les journaux, étaient cette langue.
Je ne pouvais pas imaginer qu'une autre langue puisse exister, qu'un être humain puisse prononcer un mot que je ne comprends pas.
Dans la cuisine de ma mère, dans l'école de mon père, dans l'église de l'oncle Guéza, dans les rues, dans les maisons du village et aussi dans la ville de mes grands-parents, tout le monde parlait la même langue, et il n'était jamais question d'une autre […]
Quand j'avais neuf ans, nous avons déménagé. Nous sommes allés habiter une ville frontière où au moins le quart de la population parlait la langue allemande. Pour nous, les Hongrois, c'était une langue ennemie, car elle rappelait la domination autrichienne, et c'était aussi la langue des militaires étrangers qui occupaient notre pays à cette époque.

Un an plus tard, c'était d'autres militaires étrangers qui occupaient notre pays. La langue russe est devenue obligatoire dans les écoles, les autres langues étrangères interdites. [...] C'est ainsi qu'à l'âge de vingt et un ans à mon arrivée en Suisse, et tout à fait par hasard dans une ville où l'on parle le français, j'affronte une langue pour moi totalement inconnue. C'est ici que commence ma lutte pour conquérir cette langue, une lutte longue et acharnée qui durera toute ma vie.

Agota Kristof, *L'Analphabète*, © Éditions Zoé, 2004, p. 21.

Extrait 2 (Haïti-Québec) :

Carnet noir : Quand on quitte son pays, on ignore qu'on ne reviendra plus. Il n'y a pas de retour possible, car tout change tout le temps. Les lieux, les gens, les usages. Même notre façon d'appréhender la vie. Si on ne change pas, les autres, eux, changent, et de cette manière nous changent. Perpétuel mouvement. Mais on ne sait pas ce que le temps fera de nous. On peut visualiser l'espace plus facilement. Le temps, c'est le monstre invisible qui dévore tout sur son passage. Ce genre de choses arrive à notre insu. On débarque dans un pays. On y passe des années. On oublie tout ce qu'on a fait pour survivre. Des codes appris à la dure. Chaque mauvais moment annulé par la tendresse d'un inconnu. Un matin, on est du pays. On se retrouve dans la foule. Et là, brusquement, on croise un nouveau venu et tout remonte à la surface.

Dany Laferrière, *Tout ce qu'on ne te dira pas, Mongo*, éd. Mémoire d'Encrier, 2015, p. 9.

Extrait 3 (France, Guadeloupe) :

Un, deux, trois, quatre continents d'origine pour composer ton arche caraïbe : Noirs, Blancs-pays ou Métros, Hindous, Asiatiques, marchands syriens, bâtisseurs italiens, la palette était tout entière présente à Saint-Claude, depuis les cases perchées sur les mornes du Matouba où résidaient les cultivateurs indiens émigrés depuis un siècle de Madras, Pondichéry ou Colombo, jusqu'aux villas de la Cité juste avant Basse-Terre où étaient concentrés tous les fonctionnaires européens, en passant par les résidences officielles et les riches villégiatures profitant du bon air de la montagne.

Daniel Maximin, *Tu c'est l'enfance*, coll. « Haute enfance », © Éditions Gallimard, 2008[17].

Poésie et thématiques universelles

ACTIVITÉ : Poésies — **NIVEAU :** à partir de fin A2 (FLM : collège)

Les littératures francophones abordent en abondance, souvent par la poésie, des thématiques universelles. Repérer ces thèmes permet de sensibiliser à la diversité des préoccupations fondamentales et à l'altérité en travaillant sur l'importance des valeurs et la considération de l'autre. Les deux poèmes ci-dessous, de Léopold Sédar Senghor et de Maurice Carême amènent l'apprenant à prendre conscience de cette universalité de thématiques.

Extrait 1 (Sénégal) :

Cher frère blanc,
Quand je suis né, j'étais noir,
Quand j'ai grandi, j'étais noir,

17. https://bop.fipf.org/wp-content/uploads/2016/02/15-Maximin.pdf

Quand je suis au soleil, je suis noir,
Quand je suis malade, je suis noir,
Quand je mourrai, je serai noir.
Tandis que toi, homme blanc,
Quand tu es né, tu étais rose,
Quand tu as grandi, tu étais blanc,
Quand tu vas au soleil, tu es rouge,
Quand tu as froid, tu es bleu,
Quand tu as peur, tu es vert,
Quand tu es malade, tu es jaune,
Quand tu mourras, tu seras gris.
Alors, de nous deux,
Qui est l'homme de couleur ?

L.S. Senghor, *À mon frère blanc*, extrait de *Chants d'ombre*, 1945.

Extrait 2 (Belgique) :

LA LIBERTÉ

Je suis la liberté,
Répétait-il, la liberté
Avec tous les dangers
Que je vais vous valoir
Et, pour me faire taire,
Il faudra me tuer.

Mais on le laissait faire,
On le laissait parler.
Il était bien trop solitaire
Pour amener l'homme à briser
Le cercle de fer et d'acier
Où l'injustice et la misère
L'avaient peu à peu enfermé.

Je suis la liberté,
Répétait-il encor.
Regardez-vous. Vous êtes morts.
Mais, comme on avait à manger,
On le laissait crier.

M. Carême, *La liberté* issu du recueil *Défier le destin*,

4.2. Partager la complexité des références culturelles

Enseigner la littérature francophone en cours de français ouvre des voies d'accès à la littérature-monde. La démarche de découverte, de recherche, d'interprétation et d'analyse des textes, permet à l'apprenant de comprendre les autres cultures *via* la langue française. Le confronter aux différents types de littérature, c'est le faire voyager dans un monde qu'il va découvrir et qui va l'étonner, le perturber, le faire rêver, l'ouvrir à l'altérité et lui faciliter la communication avec l'Autre et à ses différences.

La littérature est « seule à savoir représenter et élucider les situations d'incommunicabilité, enfermement sur soi, quiproquos comiques ou tragiques. Le lecteur découvre aussi les causes des malentendus et apprend à comprendre les incompris » (Morin, 1999 : 54, citant Mathis). De ce fait, les individus partagent des références culturelles dans toute leur complexité humaine et l'« abondance d'apports réflexifs sur la condition humaine » (*op.cit.* : 47). Le texte littéraire est alors un très bon exemple pour travailler sur la comparaison des cultures exposées dans les écrits des auteurs selon leurs contextes. Amener l'apprenant à chercher les ressemblances et les différences, c'est les accompagner dans la construction d'une compétence interculturelle qui leur permet de s'interroger par exemple sur les liens entre un texte d'Azouz Begag décrivant la scène où le narrateur est en train de sortir du linge de la machine à laver quand soudain son père le surprend et lui dit avec un air sévère « – C'est toi qui laves les culottes ? » ; ou celui de Tahar Ben Jelloun évoquant un immigré dont le fils a remplacé le nom de Rachid par Richard ou encore celui de Waberi décrivant les méfaits du khat dans son pays ; ou celui de Balzac racontant l'histoire de Rastignac qui veut accéder à une classe sociale supérieure ; ou enfin le texte de Semprun qui revient sur les camps de concentration où le seul espoir est d'en sortir vivant.

La littérature, dans ses différents genres, présente un riche champ d'exemples de textes francophones exploitables ici et ailleurs selon l'âge, le contexte, la motivation, les besoins, les moyens pédagogiques... Le roman (mais aussi le film) « nous donnent à voir les relations de l'être humain avec autrui, avec la société, avec le monde » (Morin, 1999 : 47). Ce sont des « galaxies de rêves et de fantasmes, des élans inassouvis de désirs et d'amours, des abîmes de malheur, des immensités d'indifférence glacée, des embrasements d'astre en feu, des déferlements de haine, des égarements débiles, des éclairs de lucidité, des orages déments... » (*op.cit.* : 48). Quant à la poésie, elle « nous fait communiquer par le pouvoir du langage avec le mystère qui est au-delà du dicible » (*op.cit.*).

S'approprier les auteurs littéraires francophones, c'est d'abord bien sûr les connaître et les lire, mais aussi les analyser et les comparer pour mieux les comprendre. L'article ci-dessous nous fournit un exemple qu'on peut exploiter et utiliser comme support permettant d'ouvrir sur d'autres auteurs qui ont reçu des distinctions, des œuvres à comparer et des contextes à explorer.

Affirmant leurs propres spécificités, les auteurs francophones prouvent leur qualité comme précurseurs en utilisant la langue française intelligemment. Beaucoup de grands prix littéraires ont été décernés à des auteurs francophones : au Marocain Tahar Ben Jelloun, lauréat du Prix Goncourt pour son œuvre *La Nuit Sacrée* en 1987, puis à Yasmina Reza qui reçoit le Prix Molière, à l'Africain Ahmadou Kourouma, avec les prix Renaudot et Goncourt, et au Congolais, Alain Mabanckou, qui a reçu le Grand Prix Littéraire de l'Afrique Noire en 1999. Les auteurs francophones développent des thèmes aussi variés que l'esclavage, la colonisation,

la critique de la culture, la recherche de l'identité et aussi le racisme. Cette richesse que l'on rencontre dans les œuvres francophones, a contribué à considérer ces dernières comme matière d'analyse aussi méritoire que des ouvrages français [...]
La recherche que nous avons faite porte sur l'analyse des romans francophones intitulés : *Solibo Magnifique* (1988) de Patrick Chamoiseau et *Moha le fou Moha le Sage* (1978) de Tahar Ben Jelloun. Les raisons du choix de ces romans sont tout d'abord l'origine différente des auteurs qui signale la richesse de cultures, et puis la réputation très respectée de chacun d'eux, et finalement les thèmes évoqués variés, mais toujours classiques et universels de ces deux romans. L'objectif général de cette recherche est essentiellement d'avoir une description de l'analyse des œuvres francophones. Tandis que les buts spécifiques de l'étude, premièrement c'est pour connaître les caractéristiques des romans *Solibo Magnifique* et *Moha le fou Moha le sage*, à travers l'analyse des codes littéraires et culturels. Deuxièmement, c'est pour connaître les parallélismes et contrastes existant entre ces deux romans.

T.I. Permana, « Étude comparative et interculturelle. Des deux œuvres littéraires francophones », *Francisola*, 2017. http://ejournal.upi.edu/index.php/FRANCISOLA

Dans le cadre d'un travail en groupe ou en autonomie, des exposés sur les différentes littératures francophones abordées dans ce chapitre, peuvent, comme on l'a dit, être l'occasion de débats et mettre l'accent sur la diversité linguistique et culturelle dans les productions littéraires. Par la suite, un voyage *via* des textes choisis, permettra de faire connaître plus d'œuvres, plus d'auteurs et plus de cultures dans le monde. L'objectif est d'accompagner l'élève dans la construction d'une géographie et d'une histoire littéraire personnelles, enracinées dans la réflexion d'auteurs.

4.3. Réinvestir les acquis pour développer des compétences (inter)culturelles en littérature

Antoine de Saint-Exupéry disait dans son œuvre *Lettre à un otage* publiée en 1943 : « Si je diffère de toi, loin de te léser, je t'augmente. » (p. 27)[18]. Cet enrichissement ne peut passer que par l'interculturalité qui facilite les interactions entre individus de cultures différentes.

En littérature, la démarche interculturelle passe par les questionnements identitaires d'écrivains qui provoquent le questionnement des lecteurs et les poussent à se décentrer pour mieux comprendre un texte. Celui-ci est souvent riche en références culturelles à explorer et à comparer aux siennes propres : c'est, autrement dit, faire dialoguer les cultures. Comme l'explique Michel Serres (1991), « tout apprentissage consiste en un métissage ». C'est un processus à long terme qui permet de développer des compétences interculturelles d'autant plus nécessaires aujourd'hui que la mondialisation numérique et les réseaux sociaux ont artificiellement rapproché les individus. Dans cette construction, on privilégie une démarche de compréhension et de comparaison destinée à dépasser le

18. http://www.bouquineux.com/?telecharger=965&Saint-Exup%C3%A9ry-Lettre_%C3%A0_un_otage

stade des stéréotypes pour aller vers une véritable éducation à la diversité et à l'altérité. Les textes littéraires francophones qui traitent de l'histoire coloniale liée à la langue française, en particulier, se prêtent bien à cette démarche car ils permettent une médiation culturelle authentique entre l'universalité et les cultures spécifiques des sociétés dans lesquelles ils sont ancrés. En développant peu à peu une « compétence idéologique » (Eco, 1985), l'apprenant devient capable de comprendre le sens et le message, le dit et le non-dit véhiculé par les œuvres.

De ce fait, réinvestir des apprentissages littéraires ne se réduit pas à accomplir des tâches linguistiques ou stylistiques mais vise également la formation d'un citoyen du monde francophone capable de comprendre les autres. Travailler des œuvres francophones avec des élèves francophones ou allophones en France, des élèves arabophones au Maghreb ou des wolofophones au Sénégal, c'est d'abord les sensibiliser au fait qu'ils sont tous francophones, malgré les espaces géographiques qui les séparent mais avec une langue qui les rapproche, qui les enrichit et qu'ils peuvent enrichir à leur tour par de nouvelles productions. C'est dans ce rôle de participant à l'évolution de la langue et des cultures francophones que le réinvestissement des apprentissages prend son sens. Comme le disait dans un discours Sony Labou Tansi[19], lors de *La Semaine africaine* à Brazzaville en juin 1989 : « Nous sommes les locataires de la langue française. Nous payons régulièrement notre loyer. Mieux même, nous contribuons aux travaux d'aménagement de la baraque. Nous sommes en partance pour une aventure de co-propriété. »

Depuis la pandémie du Covid-19, les cours et les recherches en ligne font partie du quotidien des enseignants et des élèves. On peut facilement consulter des œuvres francophones et les proposer en classe. Par exemple, Bernard Magnier a publié sur le site de l'Institut français une centaine d'œuvres de littératures francophones exploitables en classe. Cet ouvrage intitulé *Panorama de littératures francophones d'Afrique*[20] est téléchargeable et offre des pistes aux enseignants qui désirent utiliser des supports variés et caractérisés par la diversité culturelle. Les textes sont organisés par thèmes.

Après que la thématique a été choisie avec soin, les élèves sont amenés à procéder à une lecture-compréhension suivie d'une analyse comparative pour repérer les spécificités d'un texte et celles de son contexte ainsi que les éventuels points de ressemblances avec d'autres aspects thématiques. Un autre travail de Bernard Magnier que nous avons cité auparavant,

19. http://fipf.org/actualite/livret-numerique-panorama-des-litteratures-francophones-dafrique
20. https://www.culturetheque.com/Default/doc/syracuse/1003/panorama-des-litteratures-francophones-d-afrique-bernard-magnier?_lg=en-us

permet d'accéder à une multitude de textes francophones[21] du monde entier sur le site de la FIPF. On propose dans ce qui suit quelques exemples.

ACTIVITÉ 1 : L'immigration — **NIVEAU : à partir du B1 (FLM : collège)**

À partir de la lecture d'un corpus de trois extraits en rapport avec la thématique de l'immigration, l'objectif est de situer les origines des personnages, de comprendre leur psychologie et de décrire leur contexte. Pour passer au débat sur les problèmes de l'immigration, ce qui a été travaillé dans d'autres textes francophones peut être réinvesti, notamment en ce qui concerne les questions qui ont trait aux variétés de langue, à l'accueil des migrants et à leur intégration. On peut aussi inviter les élèves à procéder à une recherche documentaire pour retrouver d'autres textes qui évoquent des situations de difficultés et de quiproquos linguistiques à débattre.

Extrait 1 (Serbie) :

Je suis assis sur ce banc public à Rennes. Il pleut de l'eau tiède et bénite sur la ville. Je réalise peu à peu que je suis le réfugié. L'homme sans papiers et sans visage, sans présent et sans avenir. L'homme au pas lourd et au corps brisé [...] Je n'ai plus de nom, je ne suis plus ni grand ni petit, je ne suis plus fils ou frère. Je suis un chien mouillé d'oubli, dans une longue nuit sans aube, une petite cicatrice sur le visage du monde. Je suis le réfugié.

[...] Fraîchement restauré, le foyer de demandeurs d'asile à Rennes me fait penser à mon lycée. [...] La misère du monde s'est donné rendez-vous à Rennes en cette fin d'été 1992. L'Irak et la Bosnie, la Somalie et l'Éthiopie, plusieurs pays de l'ex-bloc soviétique [...]

Je suis accueilli par une dame aux énormes lunettes. Elle parle doucement en me regardant droit dans les yeux. C'est une première pour moi. Depuis mon arrivée en France, tout le monde (y compris les gens bien intentionnés) me parle très fort et en phrases courtes, genre : *Toi... Manger... oui... Miam, miam, mmmm c'est bon...*, ou : *Toi, attendre, ici ! Ici, attendre !*

Là, c'est autre chose. La dame m'explique, tout doucement – et comme par miracle je comprends tout –, le fonctionnement du foyer. Je saisis que je vais avoir une chambre simple, pour célibataire, que la salle de bains et la cuisine sont communes et que j'ai droit à un cours de français pour adultes analphabètes trois jours par semaine.

Je suis un peu vexé :

– I have BAC plus five, I am a writer, novelist...

– Aucune importance mon petit, répond la dame. Ici tu commences une nouvelle vie...

Velibor Colic, *Comment réussir son exil en trente-cinq leçons*, © Éditions Gallimard, 2016, p. 23.

Extrait 2[22] (Maroc-France) :

Mes enfants ont la tête très arabe, la tête et les gestes, ils disent qu'ils sont intégrés, j'ai jamais compris ce que c'est ; un jour Rachid m'a montré une carte et m'a dit : avec ça je vote, moi aussi je suis Français et Européen, je lui dis, va doucement, déjà pour avoir les papiers t'as attendu plus d'un an et demi, tu vas pas commencer le même cirque pour te dire européen, n'oublie pas d'où tu viens, d'où tes parents viennent, c'est important, partout où tu iras, n'oublie pas que ton pays d'origine est inscrit sur ton visage, il est là, que tu le veuilles ou non.

21. La boîte à outils pédagogiques, Anthologies des littératures francophones : https://bop.fipf.org/anthologie-de-textes-litteraires/

22. https://bop.fipf.org/wp-content/images/stories/anthologiemagnier/benjelloun.pdf

Moi, je n'ai jamais douté de mon pays, vous autres, vous ne savez pas de quel pays vous êtes, oui, vous vous dites Françaouis, je crois que vous êtes les seuls à le croire, tu penses que le flic te traite comme un Françaouis cent pour cent ? Oui, si tu vas au tribunal, le juge dira que t'es Françaouis, il est obligé, mais il pense que tu es étranger, ou bien un bâtard. On dirait que la France a fait plein de gosses avec une femme venue d'ailleurs et que ces enfants, elle a oublié de les déclarer, […] Quand nous sommes arrivés, il y avait déjà des immigrés, des gens d'Italie, d'Espagne, du Portugal. Ils nous regardaient avec un œil pas sympathique, en fait, ils étaient de moins en moins immigrés, leurs pays allaient tous entrer dans l'Europe […]
N'oublie jamais d'où tu viens, mon fils. Dis-moi, c'est vrai que tu te fais appeler Richard ? Richard Ben Abdallah ! Ça va pas ensemble, tu maquilles le prénom mais le nom te dénonce, Ben Abdallah, fils de l'adorateur d'Allah ! […] Richard ! Dire que j'ai égorgé un beau mouton le jour de son baptême ! Rachid c'est plus beau que Richard, enfin qu'y puis-je ?

Tahar Ben Jelloun, *Au pays*, © Éditions Gallimard, 2009.

Extrait 3 (France) :

Kabyles de la Chapelle et des quais de Javel
Hommes de pays loin
Cobayes des colonies
Doux petits musiciens
Soleils adolescents de la porte d'Italie
Boumians de la porte de Saint-Ouen
Apatrides d'Aubervilliers
Brûleurs des grandes ordures de la ville de Paris
Ébouillanteurs des bêtes trouvées mortes sur pied
Au beau milieu des rues
Tunisiens de Grenelle
Embauchés débauchés
Manœuvres désœuvrés
Polacks du Marais du Temple des Rosiers

Cordonniers de Cordoue soutiers de Barcelone
Pêcheurs des Baléares ou du cap Finistère
Rescapés de Franco
Et déportés de France et de Navarre
Pour avoir défendu en souvenir de la vôtre
La liberté des autres
Esclaves noirs de Fréjus
Tiraillés et parqués
Au bord d'une petite mer
Où peu vous vous baignez
Esclaves noirs de Fréjus
Qui évoquez chaque soir
Dans les locaux disciplinaires
Avec une vieille boîte à cigares
Et quelques bouts de fil de fer
Tous les échos de vos villages
Tous les oiseaux de vos forêts
Et ne venez dans la capitale
Que pour fêter au pas cadencé
La prise de la Bastille le quatorze juillet

Enfants du Sénégal
Dépatriés expatriés et naturalisés

Enfants indochinois
Jongleurs aux innocents couteaux
Qui vendiez autrefois aux terrasses des cafés
De jolis dragons d'or faits de papier plié

Enfants trop tôt grandis et si vite en allés
Qui dormez aujourd'hui de retour au pays
Le visage dans la terre
Et des hommes incendiaires labourant vos rizières.

On vous a renvoyé
La monnaie de vos papiers dorés
On vous a retourné
Vos petits couteaux dans le dos

Étranges étrangers
Vous êtes de la ville
Vous êtes de sa vie
Même si mal en vivez
Même si vous en mourez.

Jacques Prévert, « Étranges étrangers » dans *Grand bal du printemps*, © Éditions Gallimard, 1951.

Activité 2 : Une langue non maternelle

Niveau : B1 (FLM : collège et lycée)

Le débat peut porter sur la manière dont une langue non maternelle habite certains écrivains qui écrivent en français mais dont le contexte n'est pas francophone pour montrer l'originalité des relations tissées par l'auteur du premier extrait avec la langue française, sa grammaire, sa littérature et sa « musique ». Un extrait à comparer avec le second qui décrit la souffrance due à l'obligation de n'utiliser que le français comme langue de l'école dans une institution religieuse. On peut à travers ces textes littéraires travailler sur le rapport entre la langue et l'identité, la langue et la liberté de la pratiquer, de la choisir ou de la rejeter.

Extrait 1[23] (Japon) :

– Akira, tu parles un français !... Excuse-moi, je suis obligé de le dire... Je perçois, de temps à autre, une pointe d'accent méridional, c'est tout. Je te dirai d'ailleurs que c'est très agréable. Comment se fait-il que tu n'aies pas d'accent comme les autres ?

– Oui, j'ai vécu un peu plus de deux ans à Montpellier. C'est là que j'ai dû l'attraper. Le japonais n'est pas une langue que j'ai choisie. Le français, si. Heureusement on peut choisir sa langue ou ses langues. Le français est la langue dans laquelle j'ai décidé, un jour, de me plonger. J'ai adhéré à cette langue et elle m'a adopté... C'est une question d'amour. Je l'aime et elle m'aime... si j'ose dire...

On me l'a dit, en effet, et combien de fois : « C'est troublant que tu parles comme ça sans accent... » Combien de fois ! On m'a souvent pris aussi pour un Vietnamien né en France ou un Chinois issu de l'immigration, grandi en France. Chaque fois, j'ai dû expliquer et préciser :

– Non, je suis un pur produit japonais...

Akira Mizubayashi, *Une langue venue d'ailleurs*, © Éditions Gallimard, 2011.

Extrait 2 (Liban) :

Dans cette école privée installée dans la montagne de Ghâzir, parler en français était une obligation. Du seul fait de nous y adonner, nous étions récompensées par des +1. Sœur Paule adorait en distribuer et majorait nos moyennes dans les carnets de notes. Fadia aurait pu ne s'exprimer qu'en arabe mais il lui plaisait de défier Sœur Paule dans la langue légale du collège. « L'hégémonie est pernicieuse et la langue est un piège », me confiait-elle. Additionner, soustraire, féliciter, réprimander : Sœur Paule n'avait que ces pratiques. « Il suffirait de la cloner en milliers d'exemplaires pour que le français aille mieux mondialement. » Les fayottes n'avaient pas accès aux cerveaux. À l'école, Fadia pensait en arabe et parlait en français ; chez elle, elle pensait en français et parlait en arabe. « Tu vois, disait-elle, la liberté est là, dedans. » De son poing refermé elle cognait sur son crâne. Le plus petit mot de français échappé d'elle lui valait d'être battue par son père qui ne tolérait pas qu'elle fît étalage de son français devant lui. À l'école, nous étions dénoncées à la moindre intonation arabe. Nous ne savions jamais laquelle parmi nous était une espionne à la solde de Sœur Paule. Certaines élèves, issues de milieux modestes où l'arabe était la seule langue parlée, préféraient se taire plutôt que chercher un vocabulaire qui leur faisait défaut.

Hyam Yared, *La Malédiction*, Éditions des Équateurs, 2012.

23. https://bop.fipf.org/wp-content/uploads/2017/06/3-3-Mizubayashi.pdf

Activité 3 : Les conditions de vie

Niveau : B2 et + (FLM : collège)

Extrait 1[24] (Niger) :

La cloche a sonné sans succès : les questions continuent à susciter l'intérêt général. « Différence entre malnutrition et sous-alimentation ? Symptômes et séquelles des avitaminoses A, B, C, D, E, F ? »... La classe se mue en une forêt de doigts. Tous les élèves réclament la parole. Glucose, fructose, lactose, galactose... Même les moins brillants se surpassent. Même Alikou le taciturne qui, le visage éclairé, pointe le doigt en l'air. D'habitude, il ne demande jamais la parole, mais cette fois, ses yeux brillent, il insiste sans pourtant participer au chahut de ses camarades. Monsieur le Professeur est vraiment fier. La veille, il a expulsé Alikou, parce que trois boutons manquaient à sa chemise ; après ce genre d'incident, les élèves ont généralement tendance à bouder... Alikou, non. Décidément, ce cours est une réussite !

Midi cinq.

Quelques questions plus complexes avant de se séparer : « Un repas composé de trois cents grammes de riz, cent cinquante grammes de viande et cent grammes de dattes, est-il équilibré ? »... Allons, il suffit de réfléchir. Alors... qui ?... Oui, toi, Alikou!

– Monsieur, je demande la permission de partir. Nous sommes dix chez mon tuteur. Si je ne rentre pas à temps pour le dîner, les autres mangeront tout.

Monsieur le professeur soupire... tandis que le beau tableau punaisé se détache du mur et tombe comme une feuille morte.

Alfred Dogbé, *Bon Voyage Don Quichotte*, éd. Lansman, 1997.

Extrait 2[25] (Haïti) : *Exode à Port-au-Prince*

Trois semaines plus tard, il n'en faut pas plus pour s'habituer, tout devient presque familier. L'odeur de la mer sale, les couleurs électriques, la ronde des cafards, les cris hystériques, les piqûres de moustique. Certains voisins ont un nom, d'autres une fonction précise, d'autres une réputation. Il y a aussi des enfants, ceux qui n'ont même plus la force de pleurer leur faim, ceux qui ont déjà pleuré toutes les larmes de leur petit corps malingre, ceux qui jouent à être adultes, ceux qui rêvent de tout ce qui est impossible. À Cité de Dieu, il y a tout. Les espaces de jeux pour le foot ou le basket, le domino ou le poker, il y a des restaurants et des débits de boissons, des dealers et des prostitués des deux sexes, des pasteurs et des sorciers, des artisans, des pêcheurs, des commerçants, des militaires, des ouvriers, des gangsters, des étudiants, des techniciens, des travailleurs quoi. Il y a tout, même l'espoir, car, là où il y a des hommes, il y a folie.

Ronald C. Paul, *Les Enfants des cyclones* (Prix Éthiophile 2015), Le Soupirail, 2014.

Extrait 3[26] (France, La Martinique, Fort de France)

Anglophones, hispanophones, créolophones ou francophones, tout ce que la Caraïbe comptait de traîne-misère était venu échouer sur le Bord du Canal. Il faut croire qu'ailleurs, chez eux, ça ne devait pas être très reluisant, pour qu'ils en soient réduits à faire le choix d'une vie qu'on tenait pour une malédiction. Pour loger ces téméraires, beaucoup de petits restaurateurs ou de patrons de bar avaient improvisé l'étage de leur établissement en hôtel avec, à la clé, cinq étoiles en dessous de zéro [...]

Et comme pour souligner un peu plus ces infections, le canal, lorsqu'il faisait chaud, c'est-à-dire tous les jours, diluait une puanteur d'eau morte jusque dans les placards. Le matin,

24. https://bop.fipf.org/wp-content/images/stories/anthologiemagnier/alfred_dogbe.pdf
25. https://bop.fipf.org/wp-content/uploads/2016/02/13-Paul.pdf
26. https://bop.fipf.org/wp-content/uploads/2016/02/14-Alexandre.pdf

quand vous mettiez la main sur vos vêtements, ils fleuraient les nausées que distille l'odeur de la vase. Plusieurs fois, sur certains bougres, juste avant qu'ils ne virent dans la folie, ou ne crèvent, épuisés par la vie ou tout bonnement descendus, on avait flairé vapeurs nauséeuses, incrustées dans leur peau. C'est à ces signes-là qu'on comprenait qu'un étranger était des nôtres, autrement dit qu'il s'était laissé empêtrer dans le filet de haine et de saleté qui nous reliait les uns aux autres.

Alfred Alexandre, *Bord de canal*, Éditions Dapper, 2004.

Activité 4 : Du lecteur à l'auteur — Niveaux : Tous

Passer de la posture de lecteur à celle d'auteur nécessite de réinvestir les compétences scripturales acquises lors des travaux antérieurs sur les littératures francophones. Pour aller de la lecture-compréhension-interprétation à la création scripturale, l'élève passera, s'il est nécessaire, dans un premier temps, par la réécriture en s'appuyant sur un texte source étudié en lecture (Chnane-Davin, 2011). L'objectif est de produire des textes à orientation littéraire en situant les événements dans un contexte francophone réel ou virtuel. La production finale pourra être communiquée en classe et diffusée sur les réseaux sociaux.

Culture savante : la chanson et le cinéma

Dans la partie de son rapport *Promouvoir la culture francophone dans les écoles en français* (proposition 11)[1], Jacques Attali (2014) suggère de travailler en classe la musique et le cinéma. Pour lui, l'enseignement du français tirerait « profit du succès des artistes francophones, en particulier musicaux, partout dans le monde, y compris dans les pays non-francophones » (p. 64). Attali va même jusqu'à proposer de *créer un Netflix francophone*[2] (proposition n° 16, *Renforcer et étendre l'aire culturelle francophone,* p. 65). En effet, en plus de la littérature, d'autres aspects de la culture savante (Chnane-Davin, 2021) ou cultivée peuvent contribuer à découvrir, comprendre et promouvoir la francophonie et la francophilie. Regarder, écouter des productions artistiques procure non seulement une grande motivation pour dire et faire en français mais contribue aussi à développer les compétences interculturelles des apprenants en favorisant l'émergence de nouvelles représentations des autres cultures et leurs facultés interprétatives (Beacco, 2000). C'est ce qu'avancent aussi Muller et Borgé (2020), pour qui des activités élaborées à partir d'œuvres francophones permettent aux participants d'interpréter à leur tour, de manière interactive, une représentation de la réalité » (2020 : 43). Le fonds ne manque pas : le cinéma, le théâtre, la chanson, les arts visuels comme la peinture, la photographie, la

1. Proposition n° 11 : Promouvoir l'apprentissage du français par la musique et le cinéma.
2. Il existe aujourd'hui une plateforme francophone : SALTO.

bande dessinée, le dessin humoristique, constituent une immense banque de données francophones dans laquelle l'enseignant peut puiser pour enrichir les supports pédagogiques.

1. La chanson francophone

Dans la proposition 12 : *Enseigner la musique francophone*, Attali (2014) incite à « enseigner la chanson francophone, en faisant étudier les textes aux élèves » et à « capitaliser sur les appartenances multiculturelles des artistes francophones ». En fait, les professeurs utilisent depuis longtemps la chanson comme un support privilégié et les didacticiens se sont aussi souvent penchés sur ce qu'elle peut apporter à l'enseignement du français (Dumont, 1998). C'est que, comme l'explique Prévost-Thomas[3] :

> « *Nous pouvons considérer la chanson comme une* construction symbolique de la réalité, *puisque mieux que n'importe quel autre objet culturel, de par sa brièveté, son accessibilité, ses nombreux moyens et supports de diffusion, elle se positionne aisément dans la mémoire grâce à sa mélodie et à son refrain, se lie à notre vie, peut rythmer nos activités, se fait l'écho des événements, des faits de société, et nous offre enfin un répertoire illimité pour traduire nos émotions.* » (2002 : 336)

Mais comme pour la littérature, la chanson française est souvent dominante et elle est la plus connue et la plus utilisée en classe de FLE, FLS et FLM au détriment de la chanson francophone, qui est souvent moins connue, peut-être par manque de diffusion. À vrai dire, il se produit souvent un certain amalgame et il suffit pour le grand public international que la chanson soit en langue française pour que son interprète soit étiqueté comme chanteuse ou chanteur français. Or, parmi les chanteurs bien connus classés dans la chanson française, on trouve bien entendu des Belges, des Suisses, des Africains, des Québécois, des Maghrébins... Il est important de sensibiliser les apprenants à toutes ces origines et de leur expliquer qu'il s'agit bien de chanteurs francophones. On peut aussi compléter la liste des plus célèbres d'entre eux par d'autres qui sont moins connus. Cette prise de conscience permettra aux apprenants de comprendre que si, en tant que produit culturel, la chanson francophone est certes ancrée dans le contexte où elle a été produite, sa part d'universalité la rend transposable dans d'autres contextes car elle représente « un espace privilégié qui raconte la société et où la société se raconte ». (Cuq et Gruca, 2009 : 436)

Un autre aspect de la chanson à travailler avec les élèves, est celui de son rapport avec le genre littéraire qui lui est le plus proche : la poésie. En effet, la chanson est une façon de faire entrer la poésie en classe, en tant que

3. Prévost-Thomas, C. (2002), « Les temporalités de la chanson francophone contemporaine », *Cahiers internationaux de sociologie* n° 2/113.

genre littéraire. Comme l'explique Pierre Girard (1999)[4], toute poésie peut devenir chanson, du moment où elle est combinée à un support musical. Il s'agit de « la poésie sonorisée », dit-il en citant Paul Zumthor. On peut par exemple écouter Lio chanter Prévert, Léo Ferré chanter Baudelaire, Rimbaud ou Verlaine (*L'Albatros, Rêve pour l'hiver...*) ou encore Ferrat chanter Aragon...

« Espèce de petit poème lyrique fort court, qui roule ordinairement sur des sujets agréables , auquel on ajoute un air pour être chanté dans des occasions familières » (Rousseau, 1768 : 78), support d'apprentissage motivant car elle fait partie intégrante de la vie de chaque apprenant, la chanson connaît comme tout art des modes et des genres qui ont marqué et marquent leur génération[5] : le twist, le rock, le disco, le reggae, le raï, le rap, le slam... sont des genres associés à des décennies précises. Ils ne sont pourtant pas toujours faciles à distinguer. Selon Prévost-Thomas :

> *« La tâche de classification des chansons devient encore plus complexe si l'on s'intéresse aux créations d'artistes contemporains comme Alain Bashung et Éric Lareine en France, Robert Charlebois et Jean Leloup au Québec, Arno en Belgique et Stephan Eicher en Suisse qui, selon le support médiatique (oral ou écrit) diffuseur de leurs œuvres, seront classés comme rockers ou chanteurs du fait de leur éclectisme textuel et musical [...] Si les frontières du genre sont de plus en plus complexes à délimiter, c'est aussi parce que la chanson francophone – et cela souligne sa spécificité en tant que genre musical –, s'inscrit dans une longue tradition, et qu'elle colporte à travers les générations un répertoire toujours plus dense, des influences toujours renouvelées. »* (*ibidem*, 2002 : 336)

C'est ce lien intergénérationnel que le public ressent instinctivement et que les enseignants favorisent lorsqu'ils puisent dans le patrimoine musical francophone. De plus, « la chanson est un lien avec la culture de l'autre dans sa diversité. Elle est un lieu de découverte de la réalité multiculturelle française et francophone » (Boiron, 2005). Elle procure également, selon le même auteur, du plaisir qui justifie par le fait que « Le français n'est pas uniquement fait pour travailler, pour faire des exercices. On peut rire, danser, s'amuser avec des chansons... en français. » (*op.cit.)*

1.1. Exploiter la chanson francophone en classe de langue

La chanson, en tant qu'activité artistique, est très utilisée en classe de langue dans ses différentes formes comme le rap, le raï ou la chanson française « classique ». Mais elle l'est souvent en tant que support pour sensibiliser aux accents, à la musicalité de la langue, voire pour apprendre le lexique ou une structure grammaticale. Or, la chanson francophone,

4. https://constellation.uqac.ca/956/1/12048750.pdf
5. Les moyens de diffusion, sont eux-mêmes toujours en évolution et adaptés à l'époque : disque, cassette, CD, DVD, MP3, MP4, etc.

en plus de son aspect motivant, est, selon Paradis et Vercollier (2010), un moyen d'analyses « paralinguistiques et extralinguistiques » et a aussi des dimensions interculturelles et esthétiques qui permettent d'apprendre à aborder spécifiquement les faits sociaux qu'elle véhicule. Comme le dit Calvet (1981 : 7), « il en va de la musique et de la chanson comme de multiples autres faits culturels : on a le plus souvent tendance à les traiter en fonction de nos références propres, de notre héritage, de nos habitudes, sans nous demander si ces faits ne comportent pas une certaine spécificité qui justifierait un discours critique spécifique. »

Pour l'introduire en classe de français, il faut donner à la chanson francophone une certaine légitimité didactique : introduire des supports artistiques « comme des déclencheurs de productions langagières » (Muller et Borgé, 2020 : 55), nécessite de les didactiser. Or, parce qu'ils la considèrent souvent comme un moyen de divertissement et de récréation en classe et non pas comme un objet d'étude au même titre que la poésie, les élèves ne prennent pas au sérieux son enseignement. Du côté des enseignants, comme l'avance Pierre Dumont[6] :

> « *la chanson n'est très souvent qu'un mauvais prétexte à une explication de texte linéaire qui se veut renouvelée – plus linguistique que littéraire, plus rhétorique que stylistique - mais qui n'est pas bien différente de celle qui se pratique à partir de textes jugés plus nobles* ». (1998 : 89)

Mais, que le professeur didactise lui-même les supports qu'il a choisis, ou qu'il s'aide des nombreuses ressources pédagogiques qu'offre Internet, un travail pédagogique s'impose tout de même pour que le cours de français langue étrangère *via* la chanson soit un vrai moment d'éducation à l'écoute de paroles d'une langue non maternelle, de développement des compétences d'analyse et d'interprétation du dit et du non-dit.

Avec la chanson, ce sont en effet les pratiques langagières et culturelles de chaque artiste qui sont mises en avant de façon originale mais qui peuvent poser des problèmes de compréhension. Le travail sur les stratégies d'écoute, l'analyse linguistique et culturelle, l'interprétation et la comparaison des contextes des chansons sont des étapes méthodologiques qui inscrivent l'étude de la chanson francophone dans une réelle démarche interculturelle et plurilingue et, en quelque sorte, dans celle de la formation d'un bon auditeur. C'est en effet ce travail qui permet de comprendre pour chaque chanson « la vie quotidienne, [l]es conditions concrètes dans lesquelles elle est composée, chantée, reçue » (Calvet, *op.cit.*). Pour accompagner au mieux l'apprenant dans cette démarche, Cornaire et Germain (1998) insistent sur l'utilisation de ses connaissances antérieures, de ses capacités d'inférence, de prédiction ou d'anticipation.

---

6. Dumont, P. (1998), *Le français par la chanson, Nouvelles approches de l'enseignement de la langue et de la civilisation françaises à travers la chanson populaire contemporaine*, L'Harmattan, Paris.

Grâce à l'évolution technologique et aux outils informatiques (il suffit parfois d'un téléphone portable !), il est facile aujourd'hui de faire le tour du monde de la chanson francophone et d'accéder à des supports sonorisés ou sous forme de vidéos mais aussi à des documents déjà didactisés. Mais quelle chanson francophone choisir ? C'est une question que se pose tout enseignant lorsqu'il veut sortir des habituels grands succès de la chanson française pour aller vers une plus grande diversité culturelle et linguistique. Comme le dit Calvet (*op.cit.*), « les enseignants peuvent laisser leurs apprenants découvrir "autres choses que Piaf, Aznavour et le Pont d'Avignon" », voire décider par eux-mêmes quelles chansons ils veulent écouter et étudier. Or la chanson francophone offre un extraordinaire choix de textes, de mélodies et de rythmes qui n'ont rien à envier aux productions en anglais desquelles les apprenants adolescents sont constamment abreuvés. D'autre part, les méthodologies actuelles, qui mettent l'apprenant au centre du processus didactique, exigent de tenir compte de ses attentes et de ses goûts, et de ne pas réduire la chanson à l'exploitation de ses caractéristiques linguistiques. Écouter une chanson est une invitation à d'autres rencontres, à éviter les blocages culturels et à dépasser les stéréotypes mais ce doit d'abord être un plaisir. Et c'est ce plaisir qui donnera le mieux envie à l'apprenant d'entrer dans la communauté des francophones.

On peut utiliser la chanson dès l'école primaire en FLM et dès le niveau A1 en FLE et FLS. Par exemple *l'Hymne et Ode à la Francophonie*[7], qui montre des jeunes enfants chantant la francophonie et sa diversité géographique, permet de sensibiliser les enfants à l'appartenance francophone.

Les thématiques des chansons francophones sont souvent étroitement liées à celles qui sont abordées dans les manuels de FLE, FLS ou FLM de tous les niveaux. Prévost-Thomas fait par exemple remarquer que :

> *« les chansons du répertoire francophone qui ont le plus marqué le XXe siècle ont pour thème récurrent le temps dans ses modes passé, présent ou à venir. Citons, entre autres, Les feuilles mortes de Prévert et Kosma, Avec le temps de Léo Ferré, Ne me quitte pas, de Jacques Brel*[8]*, Comme d'habitude de Claude François, ou encore Quand les hommes vivront d'amour de Raymond Lévesque.* » (*ibidem*, 2002 : 336)[9]

Comme première entrée, l'enseignant peut amener les élèves à constituer une liste de thèmes (*cf.* l'exemple du tableau p. 181) en cherchant sur Internet pour trouver des chansons francophones où ils ont été abordés.

7. https://youtu.be/c1vuo1TgqkY
8. D'après l'auteur, récemment élue « chanson du siècle », *in Le Parisien*.
9. *Quand les hommes vivront d'amour* a été reprise en trio par Félix Leclerc, Gilles Vigneault et Robert Charlebois.

Thématique de A à Z	Titre de chanson	Chanteur(se)	Pays

1.2. Activités de découverte des chansons francophones

Faire découvrir aux élèves la diversité de la chanson francophone est une façon de développer chez eux une compétence culturelle musicale qui leur permet de comparer et de comprendre les contextes d'émergence des chansons. Écouter les chanteurs français comme Renaud (*Laisse béton*) et comprendre son style, sa syntaxe, son lexique en argot, ses textes engagés, c'est comprendre une langue française parlée spécifique qui dépasse les limites du français standard appris en classe de FLE. Engagé, le chanteur Grand Corps Malade l'est aussi avec ses textes de slam saccadés, qui décrivent et éclairent avec un lexique riche des situations sociales et culturelles contemporaines (*L'école de la vie*). Engagée aussi, la chanteuse Zaz, dont la chanson *Je veux*, est entrée dans les classes de FLE du monde entier, a un répertoire qui plaît aux élèves et aux enseignants parce qu'il est exploitable sur le plan linguistique et culturel (*Si...*). De la période contemporaine, on peut remonter dans les chefs-d'œuvre de la chanson française et francophone : la liste est longue de chansons qui peuvent procurer du plaisir, de l'émoi, de la surprise, de l'humour, de la révolte, de la joie, du chagrin, du bonheur, et autres sentiments.

Les élèves ignorent souvent l'origine véritable des chanteurs belges et suisses et les intègrent au nombre des chanteurs français. L'exploitation de la chanson francophone est l'occasion de les situer dans leur contexte et de montrer en quoi ils le transcendent.

Au-delà du plaisir d'écoute, étudier la chanson *Papaoutai* de Stromae, artiste belge de son vrai nom Paul Van Haver, permet par exemple d'aborder l'histoire du génocide au Rwanda, le mariage mixte entre un père rwandais assassiné pendant la guerre et une mère belge. Dans un registre moins dramatique, on peut introduire des chanteurs suisses comme Nicolas Fraissinet ou encore Stephan Eicher dont la collaboration artistique avec l'écrivain français Philippe Djian illustre aussi le lien entre la chanson et la littérature.

Plus classiquement, la chanson de Jacques Brel, *Le plat pays*, permet d'engager un travail sur la Belgique et de donner vie aux cartes géographiques et aux images de ce pays. Mais on peut élargir la dimension francophone en mettant par exemple en regard la chanson du Camerounais Manu Dibango *Ce soir au village* ou encore *Mon pays* du Québécois Gilles Vigneault.

Comme lui, nombreux sont les chanteurs québécois[10] qui ont acquis une renommée internationale. Comme beaucoup de chanteurs d'autres régions de France ou de la francophonie, certains ont gardé voire cultivé leur accent qui marque leur identité et les rend immédiatement reconnaissables aux oreilles des autres francophones, alors que d'autres, comme Céline Dion ou Garou, l'ont largement perdu ou gommé lorsqu'ils chantent. Mais tous nourrissent leur originalité par leur double culture américaine et francophone. Certes, la chanteuse la plus célèbre et la plus utilisée par les enseignants est Céline Dion mais d'autres ont tout à fait leur place en classe, de Félix Leclerc (*Moi, mes souliers)*, pour parler des voyages jusqu'à Garou (*Petit garçon*) en passant par Robert Charlebois (*Cartier*) ou par Linda Lemay (*Les Maudits français*).

Les chanteurs africains et maghrébins contribuent eux aussi à l'enrichissement du patrimoine de la chanson francophone. On a évoqué plus haut le Camerounais Manu Dibango, mais tant d'autres offrent leurs textes et leurs mélodies à l'imaginaire francophone, des Maliens Amadou et Mariam (*Beaux Dimanches*), à l'Algérien Rachid Taha (*Je suis africain),* ou à Amel Bent chantant son appartenance franco-algéro-marocaine *(Ma philosophie)*.

1.3. Pistes d'activités d'appropriation et de réinvestissement

Dans le cadre du développement de la compétence culturelle/interculturelle francophone, amener les élèves à découvrir des genres de chansons liés à des époques et des générations de chanteurs fait partie de la culture générale, littéraire et artistique. Introduire la chanson francophone en classe (Gourvennec, 2017), c'est ouvrir la classe à la diversité culturelle et linguistique avec un support motivant et original. De plus en plus, la didactisation des chansons fait partie des activités enseignantes. Le choix de chansons adaptées au niveau et à l'âge des apprenants, aux thématiques du programme et des manuels, aux moyens techniques dont disposent les établissements selon les contextes (urbain, rural...) est un moment très important dans la conception pédagogique.

10. https://www1.tonbarbier.com/les-19-albums-francophones-qui-ont-marque-la-musique-quebecoise/

Activité 1 :
(Bamako, Mali)
Amadou et Mariam, *Beaux dimanches*

Niveau :
à partir du B1
(FLM : collège et lycée)

À partir du clip vidéo (images et son) de la chanson (https://youtu.be/O30-zyU-U3M), on peut faire voyager l'apprenant pour le faire assister à un mariage en Afrique. Ce type de chanson permet de découvrir une thématique sociale contextualisée et de la comparer à son propre contexte ou à d'autres contextes francophones. Après un premier visionnement et une première écoute, et pour faciliter la compréhension globale, le professeur recueille d'abord les réactions des apprenants, les amène à situer géographiquement le Mali et Bamako. Un travail sur le lexique est alors nécessaire pour faciliter une compréhension plus fine du texte. Dans une démarche active, les élèves sont appelés à relever les mots qu'ils trouvent « étranges » ou difficiles, comme « les djembés, les dununs, les balans, les tamas, la kora, le n'goni… » et à chercher leur explication et/ou des illustrations, à repérer les constructions verbales qui paraissent ne pas répondre à la norme syntaxique qu'ils connaissent, comme par exemple « les sotramas, les dougounis, les taxis et les voitures ; les frères, les sœurs, les badauds, les griots ». Des fiches pédagogiques que l'enseignant peut adapter sont disponibles sur TV5 Monde : http://www.tv5monde.com/TV5Site/upload_image/app_fp/fiche_complete/beaux_dimanches.pdf

Activité 2 :
(Québec)
Linda Lemay, *Les maudits Français*

Niveau :
à partir du B1 (FLM : collège)

Pour changer de zone géographique, on peut partir au Québec avec la chanson de Linda Lemay dont on peut trouver le clip sur youtube : https://youtu.be/2hgiMJu2CdM.

L'objectif principal de l'introduction de cette chanson, qui illustre les représentations qu'ont les Québécois des Français, est de travailler de façon plus générale, sur les représentations. Les élèves notent ces représentations (dans ce lien, on peut les visualiser) et essaient d'expliquer ce qu'ils ont compris. On peut bien entendu exploiter aussi cette chanson sur le plan linguistique car les élèves relèveront sans doute spontanément l'accent qui caractérise la façon de parler des Québécois. Cela permettra à la classe de s'interroger sur l'importance des aspects phonétiques, dont les particularités peuvent, chez chaque francophone, entraver la compréhension des autres et sur les limites de la variation. Sur le plan syntaxique, on peut aussi aborder les variations dans certaines phrases qui ne sont pas écrites en français standard et qui risquent de surprendre des élèves à qui on demande habituellement de faire des phrases canoniques, comme par exemple :

Y parlent avec des mots précis
Puis y prononcent toutes leurs syllabes
À tout bout d'champ, y s'donnent des bis
Y passent leurs grandes journées à table

Au niveau lexical enfin, plusieurs termes peuvent être travaillés. Par exemple :

Et quand ils arrivent chez nous
Y s'prennent une **tuque** *et un* **Kanuk**
Se mettent à chercher des **igloos**
Finissent dans une cabane à sucre
Y tombent en amour sur le coup
Avec nos forêts et nos lacs
Et y s'mettent à parler comme nous
Apprennent à dire : **Tabarnak**

ACTIVITÉ 3 :
(France)
Grand Corps Malade, *Mesdames*

NIVEAU :
à partir du B2 (FLM : lycée)

La chanson de Grand Corps Malade, *Mesdames* (https://youtu.be/TC7aA1WlkyQ), est un bon exemple pour travailler une thématique contemporaine et universelle, le féminisme, et une question littéraire, la frontière entre la poésie et la chanson. La richesse du texte permet de décliner les thèmes : les femmes dans le monde, les femmes au travail, les femmes à travers les générations, les visages des femmes, les responsabilités, les discriminations, le harcèlement et la place de la femme dans les sociétés ici et ailleurs... et de comprendre finalement tout ce qui suscite l'admiration du chanteur. On peut s'arrêter plus particulièrement sur un passage et l'exploiter en demandant aux élèves de chercher d'autres femmes célèbres, francophones ou non, dans les domaines scientifique, culturel, politique ou historique.

On peut aussi choisir de mettre l'accent sur le style de la chanson, écrite à la deuxième personne du pluriel, sous la forme d'une déclaration d'amour, d'un hommage qui s'adresse à toutes les femmes. Le travail peut se poursuivre par la place du rap dans la chanson francophone. On peut ainsi faire le tour du monde à la recherche de chanteurs de rap en français et les présenter. Pour terminer, le passage de lecteur-auditeur de chanson de rap à auteur permettra de procéder à un travail de créativité en inventant une chanson et en la présentant en classe.

ACTIVITÉ 4 :
Créativité : français/musique

NIVEAUX :
Tous

Il s'agit pour les élèves, collectivement ou par groupe, de composer une chanson francophone en choisissant un genre musical (rap, slam, raï, rock, reggae, blues, jazz, disco...) et de la mettre en musique.

2. Le cinéma francophone

Le cinéma est lui aussi un support artistique très motivant. Il fait entrer les apprenants dans un monde de références culturelles dans lequel ils se reconnaissent et auquel ils s'identifient parce qu'il est proche de leur univers, ou bien dans lequel ils découvrent des situations culturelles et linguistiques nouvelles et enrichissantes, qu'ils peuvent apprécier, critiquer ou rejeter.

En FLM, les établissements scolaires français (mais aussi de plusieurs autres pays) reçoivent chaque année une liste de films pédagogiques exploitables en classe, parfois même avec la fiche pédagogique à adapter (Lavrilleux et Zamaron, 2014). Mais le cinéma peut aussi faire partie des outils didactiques pertinents en classe de FLE et de FLS.

Nous proposons ci-dessous des pistes d'activités que l'enseignant pourra adapter au niveau et à l'âge de ses élèves. Chez les plus jeunes, on peut remplacer les films par des films d'animation ou des contes.

Mais avant cela, on aimerait rappeler certains points pour exploiter le cinéma francophone. Que ce soit en classe de FLE, de FLS ou de FLM, introduire un support cinématographique francophone contribue à l'émergence d'une conscience francophone. Même si le cinéma français demeure dominant, la richesse des autres cinémas francophones permet aux apprenants de découvrir d'autres façons de vivre exprimées en français.

Toutefois, si ce support motive particulièrement les élèves, il ne faut pas oublier que le cinéma est avant tout un art et il faut le traiter en tant que tel, sans tomber dans le piège de n'en faire qu'un objet d'étude en renvoyant seulement aux aspects linguistiques, littéraires ou même culturels qu'il met en images : comme pour la chanson, l'exploitation d'une production cinématographique est aussi l'occasion d'ouvrir la classe au plaisir de la variété esthétique francophone.

De nombreuses publications (Albera et Tortajada, 2001 ; Brahimi, 2016 ; Gignac et Lanlo, 2016) et des sites internet permettent d'aider à comprendre le cinéma francophone et à enrichir la culture cinématographique. À l'aide de questionnaires et par le repérage d'une typologie de films, on peut développer ce type de compétence culturelle chez les apprenants.

2.1. Pistes de découverte du cinéma francophone

En général, on n'utilise le terme de *cinéma francophone* que lorsqu'il y a un festival du film francophone. Comme pour la littérature ou la chanson, le cinéma français se taille la part du lion dans le cinéma de langue française mais d'autres pays francophones d'Afrique ou du Maghreb, la Suisse, la Belgique ou le Québec, ont une production cinématographique de qualité. On présente ci-dessous des exemples de cinéma francophone exploitables en classe de français.

Le cinéma français

Afin de situer linguistiquement et culturellement les références et l'intrigue d'un film, les apprenants ont besoin d'être sensibilisés à son contexte de production. Certains films qui évoquent une culture anthropologique franco-française sont *a priori* destinés à un public français, mais on peut les exploiter en classe de FLE ou de FLS afin de faire découvrir les spécificités de la culture quotidienne française. Parmi de grands succès, on peut citer *Le Petit Nicolas, Bienvenue chez les Chtis, Le fabuleux destin d'Amélie Poulain, Jean de Florette* et *Manon des sources...*

On peut bien sûr aborder la question de la diversité culturelle (et même les chocs culturels !) avec un film français mais il sera lui aussi situé dans un contexte social particulier. Par exemple, le film *Qu'est-ce qu'on a fait au bon Dieu ?,* comédie française coécrite et réalisée par Philippe de Chauveron (2014), permet de pointer les stéréotypes d'une famille issue de la grande bourgeoisie catholique dont les parents espèrent marier leurs quatre filles à des Français, catholique, blancs... Or, ils vont être confrontés à une situation culturelle et religieuse qui va les mettre dans un état psychologique difficile. En effet, la première fille épouse un musulman, la seconde un juif et la troisième un Chinois. Comme il est dit dans le résumé du film, leur seul et dernier espoir était de voir la dernière se marier à l'église puisqu'elle a rencontré un bon catholique. Mais cet espoir va s'évaporer, puisque celui-ci est noir. Il s'agit d'un film certes français mais dont les contenus pourraient être transposés dans n'importe quel contexte familial dans le monde. Ce type de film, où se mêlent des questions de culture, de religion, de gastronomie, de racisme, de communautarisme, et des représentations de l'Autre et de ses différences, permet de débattre de problématiques vives, de comprendre la diversité, de critiquer et d'analyser les comportements.

D'autres films également utilisables en classe viennent de contextes culturellement mixtes. C'est le cas du film *Petit Pays* (France-Rwanda), une adaptation au cinéma du livre de Gaël Faye, prix Goncourt des lycéens en 2016. Il s'agit d'une belle rencontre entre la littérature et le cinéma dans lequel un petit garçon, issu du mariage mixte entre un père français et une mère rwandaise vit au Burundi et mène une enfance normale jusqu'à ce que la guerre civile éclate. On lit dans une critique du film[11] que c'est :

> « *un film aux saveurs et aux couleurs de l'Afrique, avec sa joie de vivre, sa musique, ses danses et son ambiance festive, qui pointe du doigt l'absurdité de ce qu'un homme est capable de faire à un autre uniquement par peur de*

11. https://www.sortiraparis.com/loisirs/cinema/articles/225746-petit-pays-le-film-adapte-du-livre-de-gael-faye-critique-bande-annonce-et-invita

ses différences. [...] Pendant près de 2 h le spectateur est transporté dans un voyage initiatique au cœur de l'Afrique subsaharienne entre la bonhomie et l'amabilité de ses habitants et la rudesse impitoyable de la vie locale à un moment critique de l'Histoire du Burundi qui fait écho au génocide qui s'est déroulé à la même période au Rwanda voisin. » (www.sortiraparis.com)

Pour compléter la découverte du film, un reportage lors du *Festival du Film francophone d'Angoulême* (TV5 Monde) permet de comprendre le ressenti de l'auteur face son œuvre reproduite sous forme de film : https://culture.tv5monde.com/cinema/l-invite/petit-pays-l-incroyable-parcours-du-livre-de-gael-faye-327904

ACTIVITÉ : *La cour de Babel* (2014)	**NIVEAU :** B1 (FLM : collège)

Pour travailler sur la diversité linguistique et culturelle, on peut utiliser en classe le film documentaire *La cour de Babel* (2014) de la réalisatrice Julie Bertuccelli. Il s'agit d'une classe d'élèves allophones qui participe à une compétition de films courts du festival Ciné-Clap de Chartres. Malgré les problèmes de la langue, les élèves vont s'impliquer dans la construction de ce projet filmique dans une démarche interculturelle.

SYNOPSIS

Ils viennent d'arriver en France. Ils sont Irlandais, Serbes, Brésiliens, Tunisiens, Chinois ou Sénégalais... Pendant un an, Julie Bertuccelli a filmé les échanges, les conflits et les joies de ce groupe de collégiens âgés de 11 à 15 ans, réunis dans une même classe d'accueil pour apprendre le français. Dans ce petit théâtre du monde s'expriment l'innocence, l'énergie et les contradictions de ces adolescents qui, animés par le même désir de changer de vie, remettent en cause beaucoup d'idées reçues sur la jeunesse et l'intégration et nous font espérer en l'avenir...

© Allociné

© pyramidefilms

Le cinéma québécois

Le Québec est en nombre le second producteur de cinéma francophone après le cinéma français. Faire découvrir le cinéma francophone québécois, c'est faire voyager l'apprenant dans un univers linguistique (phonétique, syntaxique, lexical) qu'il ne rencontre pas dans les manuels scolaires ou dans les méthodes de FLE/FLS. Écouter, comprendre cette façon de parler, de dire et de faire différente, l'incitent à chercher à comprendre l'histoire, les origines et les problèmes contemporains de cette francophonie d'Amérique.

Le cinéma québécois est dominé par une thématique centrale, celle de l'identité québécoise. Christian Poirier (2005)[12] explique que :

> *On peut constater, parfois chez un même cinéaste, un va-et-vient constant entre une identité conçue comme une essence associée à un récit nostalgique, avorté ou menacé du destin collectif, et une identité découvrant une valeur positive à l'ambiguïté fondamentale et à la multiplicité des appartenances des Québécois. Il semble en fait que la richesse et l'originalité du cinéma québécois tiennent précisément à la tension qui existe entre ces deux trames narratives parcourant la cinématographie québécoise* » (2005 : 166).

L'auteur cite le film *Le chat dans le sac* de Gilles Groulx (1964) où les personnages se cherchent et s'interrogent sur leur appartenance. C'est une problématique universelle dans laquelle tout immigré pourrait certes se reconnaître mais qui, au Québec, a la particularité d'être plus ancienne pour certains et plus actuelle pour d'autres. La question du collectif dans une société multiculturelle et de contact de langues mais qui a un objectif, la francisation de tous les arrivants dans la langue française québécoise, qu'on repère souvent dès le début d'un film, est un thème permanent dans le cinéma québécois.

Dans son article, Christian Poirier (*op.cit.*) présente un corpus de films qu'il analyse de façon fine et qui peut aider à choisir des exemples pour les aborder en classe.

Activité : *Monsieur Lazhar* (2011)	Niveau : B2 (FLM : lycée)

Le film de Philippe Falardeau *Monsieur Lazhar* (2011) est, entre autres, un bon support pour travailler sur les questions de l'immigration, de l'intégration et de la rencontre des cultures d'enseignement et des cultures d'apprentissage. Il raconte l'histoire d'un réfugié politique algérien (interprété par l'humoriste Fellag), recruté comme professeur dans une école.

SYNOPSIS

À Montréal, une enseignante du primaire meurt subitement. Apprenant la nouvelle dans le journal, Bachir Lazhar (Fellag), un Algérien de 55 ans, frappe à la porte de l'école pour offrir ses services à titre de remplaçant. Rapidement embauché pour combler le vide laissé par la disparue, l'immigrant fait son entrée sur le marché du travail québécois dans un établissement en situation de crise alors qu'il nage lui-même en pleine tragédie personnelle.
Dès son arrivée, le fossé culturel entre Bachir et sa classe se dessine, alors qu'il propose aux enfants une dictée hors de leur portée, tirée d'Honoré de Balzac. Peu à peu, Bachir apprend à mieux connaître un groupe d'écoliers

© Christophel

12. Poirier C. (2005), « Le "renouveau » du cinéma québécois", Presses Universitaires de France, *Cités* 2005/3, n°23.

aussi ébranlés qu'attachants. Parmi ceux-ci, Alice et Simon, deux élèves charismatiques témoins d'un incident tabou, se révèlent particulièrement atteints par le décès de leur professeur. Pendant que la classe amorce un processus de guérison, personne à l'école ne soupçonne le passé douloureux de Bachir qui risque l'expulsion du pays à tout moment.

Bruno Modica, Clio-Ciné, 2012. https://cinehig.clionautes.org/monsieur-lazhar.html

Le cinéma africain

Anne Vincensini explique que « le cinéma a été introduit en Afrique au début du siècle, principalement par les missionnaires. L'éducation religieuse des pères reposait sur des films liturgiques suivis systématiquement d'un film comique, basé sur une cascade de gags visuels » (1993 : 210). Que ce soit au niveau de la production ou de la diffusion, les colonies françaises africaines vont bénéficier de la diffusion des films français où les autochtones sont filmés comme des personnages pittoresques et folkloriques. Le cinéma africain ne verra le jour qu'après les indépendances dans les années 1960. À cause du manque de moyens financiers, « les films réalisés par des Africains [...] seront financés par le ministère de l'information ou de la coopération » (*op.cit.*, 2011). D'après le magazine Jeune Afrique[13], ce n'est qu'en « 1963 qu'est apparu, sous la forme d'un court-métrage, le premier véritable film 100 % africain, c'est-à-dire tourné par un Africain en Afrique avec des Africains : *Borom Sarret*[14] » du réalisateur sénégalais Sembene Ousmane. Celui-ci va tourner son premier long-métrage en 1966, intitulé *La Noire de* qui raconte, à partir d'un fait divers réel, l'histoire d'une « jeune bonne sénégalaise, Diouana [qui] suit ses patrons jusqu'en Europe, sur la mythique Côte d'Azur. Alors qu'elle était traitée plutôt correctement en Afrique, on lui fait subir désormais vexation sur vexation. Isolée, déracinée, réduite à la servitude totale, elle se révolte. De la seule manière possible, en se suicidant » (*op.cit.).*

En 1969 a eu lieu la première édition du FESPACO (Festival panafricain du cinéma et de la télévision de Ouagadougou) au Burkina Faso, qui a réuni cinq pays africains autour de vingt-quatre films présentés. Chacune des éditions de ce festival est un moment important pour la diffusion et la promotion du cinéma africain qui manque de visibilité internationale. C'est le Sénégal et le Burkina Fasso qui en ont été les pionniers, suivis ensuite par d'autres pays. Actuellement, pour se faire une place, le cinéma africain jongle avec les exigences du cinéma international et les préférences des Africains.

---

13. https://www.jeuneafrique.com/110982/archives-thematique/et-sembene-inventa-le-cinma-africain/

14. En ligne sur : https://www.agora-francophone.org/les-places-fortes-du-cinema-en-afrique-de-l-ouest-francophone

Plusieurs exemples de films sont exploitables en classe dans une approche interdisciplinaire français-histoire-géographie-éducation morale et civique. On peut proposer des activités orales et écrites à partir d'extraits des films. L'objectif est, après les avoir visualisés, de faire réagir les apprenants face à des événements historiques avec des références culturelles et linguistiques contextualisées.

■ **Exemple 1 : *Un homme qui crie* (2010) du réalisateur Mahamat Saleh Haroun (Tchad), Prix du Jury au Festival de Cannes 2010**

SYNOPSIS

Le Tchad de nos jours. Adam, la soixantaine, ancien champion de natation est maître-nageur de la piscine d'un hôtel de luxe à N'Djamena. Lors du rachat de l'hôtel par des repreneurs chinois, il doit laisser la place à son fils Abdel. Il vit très mal cette situation qu'il considère comme une déchéance sociale. Le pays est en proie à la guerre civile et les rebelles armés menacent le pouvoir. Le gouvernement, en réaction, fait appel à la population pour un « effort de guerre » exigeant d'eux argent ou enfant en âge de combattre les assaillants. Adam est ainsi harcelé par son Chef de Quartier pour sa contribution. Mais Adam n'a pas d'argent, il n'a que son fils...

© Allociné

© pyramidefilms

■ **Exemple 2 : *Timbuktu* (2014) du cinéaste Abderrahmane Sissako (Mauritanie)**

SYNOPSIS

Non loin de Tombouctou tombée sous le joug des extrémistes religieux, Kidane mène une vie simple et paisible dans les dunes, entouré de sa femme Satima, sa fille Toya et de Issan, son petit berger âgé de 12 ans. En ville, les habitants subissent, impuissants, le régime de terreur des djihadistes qui ont pris en otage leur foi. Finis la musique et les rires, les cigarettes et même le football... Les femmes sont devenues des ombres qui tentent de résister avec dignité. Des tribunaux improvisés rendent chaque jour leurs sentences absurdes et tragiques. Kidane et les siens semblent un temps épargnés par le chaos de Tombouctou. Mais leur destin bascule le jour où Kidane tue accidentellement Amadou le pêcheur qui s'en est pris à GPS, sa vache préférée. Il doit alors faire face aux nouvelles lois de ces occupants venus d'ailleurs...

© Allociné

© Christophel

D'autres films francophones qui peuvent être exploités relèvent d'une catégorie de films réalisés par des non-Africains mais traitent de situations africaines articulées avec un contexte occidental.

Le cinéma maghrébin

Le cinéma maghrébin fait partie du cinéma africain avec toutefois quelques particularités.

Dès le début de l'existence même du cinéma, les frères Lumière ou Méliès ont montré des images de la vie courante en Afrique du Nord. Mais, même si les films coloniaux ont permis de conserver une certaine mémoire visuelle de ces pays, il n'y a pas eu non plus de cinéma proprement magrébin pendant la période coloniale. Dans leur documentaire *Le ciné colonial – Le Maghreb au regard du cinéma français*, Youssef El Ftouh et Moktar Ladjimi montrent en revanche, comment les thématiques maghrébines, où se mêlent exotisme et fantasmes orientaux, ont servi la propagande coloniale :

> Immensité du désert, fourberie des « indigènes », femmes sauvages et capiteuses ou légionnaires nostalgiques sont la base de films tels que *L'Atlantide* de Jacques Feyder (1921) ou *Pépé le Moko* de Julien Duvivier (1937). On se souvient aussi de Léonce Perret, Edmond Gréville, Camille de Morlhon, Albert Samama Chikly, premier cinéaste tunisien, qui ont eu leur part dans le développement de cette imagerie de propagande.
>
> Youssef El Ftouh et Moktar Ladjimi, *Le ciné colonial – Le Maghreb au regard du cinéma français*, 1997, https://imagesdelaculture.cnc.fr/-/cine-colonial-le-le-maghreb-au-regard-du-cinema-francais

Comme pour les auteurs africains, les cinéastes maghrébins ont travaillé sur les aspects identitaires après la colonisation. Mais voulant modifier l'héritage colonial d'un cinéma folklorique ayant comme décor des casbahs dans le désert et des palmiers, ils se sont rapidement occupés de problèmes sociaux, religieux ou politiques. Leur objectif « au lendemain des indépendances – 1956 pour la Tunisie et le Maroc, 1962 pour l'Algérie –, la posture idéologique des premiers cinéastes maghrébins consistera à « désorientaliser » le regard porté par « l'autre » sur leurs sociétés et leur Histoire.[15] »

■ Exemple 1 : *Indigènes*[16] (2006) du réalisateur Rachid Bouchareb (Algérie/Maroc)

SYNOPSIS

Quand la guerre fait prendre conscience de son identité

En 1943, alors que la France tente de se libérer de la domination nazie, le parcours de quatre « indigènes », soldats oubliés de la première armée française recrutée en Afrique. Abdelkader, Saïd, Messaoud et Yassin, réputés pour leur courage, sont envoyés en première ligne. Argent, amour pour la France ou pour l'armée française, foi en la liberté et l'égalité, leurs motivations divergent pour un même combat, libérer la France, les armes à la main.

© Allociné

© Christophel

15. http://www.maghrebdesfilms.fr/l-histoire-du-cinema-maghrebin.html
16. Dossier pédagogique : https://www.grignoux.be/dossiers/220/

■ Exemple 2 : *Un divan à Tunis* (2019) de la réalisatrice Manele Labidi (Tunisie)

> SYNOPSIS
>
> Après avoir exercé en France, Selma, 35 ans, ouvre son cabinet de psychanalyse dans une banlieue populaire de Tunis. Au lendemain de la Révolution, la demande s'avère importante dans ce pays « schizophrène ». Mais entre ceux qui prennent Freud et sa barbe pour un frère musulman et ceux qui confondent séances tarifées avec « prestations tarifées », les débuts du cabinet sont mouvementés… Alors que Selma commence enfin à trouver ses marques, elle découvre qu'il lui manque une autorisation indispensable pour continuer d'exercer…
>
> © Allociné

■ Exemple 3 : *Mektoub* (1997) du réalisateur Nabil Ayouch (Maroc)

Dans la même thématique, le cinéaste marocain Nabil Ayouch expose dans son film *Mektoub* une catégorie de population qui a quitté le pays soit pour aller travailler soit pour étudier à l'étranger et qui redécouvre son pays.

> SYNOPSIS
>
> Après dix ans d'études aux États-Unis, Taoufik, jeune médecin casablancais, brillant et insouciant, revient s'installer au Maroc où il doit ouvrir son cabinet. Au cours d'un dîner, Taoufik est drogué. De mystérieux individus enlèvent sa femme Sophia. Elle est séquestrée et violée sous l'œil d'une caméra, puis abandonnée sur les trottoirs de la ville. Taoufik va retrouver sa femme et tuer un homme. À travers leur folle cavale dans tout le Maroc, ils nous font découvrir la réalité sociale et humaine de leur pays.
>
> © Allociné

2.2. Pistes d'activités d'appropriation et de réinvestissement

Les activités sont proposées à titre indicatif ; l'enseignant les adaptera au niveau de ses élèves. L'accès à des supports filmiques est facilité aujourd'hui par les ressources qu'on peut trouver sur Internet et les médiathèques.

ACTIVITÉ 1 : Extrait du film *Monsieur Lazhar* réalisé par Philippe Falardeau	NIVEAU : à partir du B1 (FLM : collège)

Le visionnement d'extraits du film (https://youtu.be/5lkPWU1DIAA) peut avoir comme premier objectif un travail d'analyse linguistique et culturelle. Dans un second temps, on peut choisir des extraits d'un film sur un thème voisin produit dans un autre contexte et les comparer.
Les élèves peuvent s'appuyer sur le tableau p. 193 pour procéder à l'exploitation du film et repérer les éléments et les aspects à comparer.

Extraits du film	Extraits du film 2	Éléments linguistiques	Aspects culturels

Activité 2 : Niveaux : Tous

Comme pour la chanson, l'enseignant peut amener les élèves, en groupe ou en binôme, à constituer une liste de thèmes en cherchant sur Internet pour trouver des films francophones qui en traitent.

Thématique de A à Z	Titre du film	Réalisateur	Acteurs et actrices	Pays

Activité 3 : Niveaux : Tous

Plusieurs tâches peuvent être proposées pour exploiter le cinéma francophone :
- étude d'une affiche de film ;
- écriture d'un synopsis ;
- écriture d'une critique cinématographique ;
- production d'un documentaire ;
- invention d'un projet de réalisation / mise en scène...

Activité 4 : À la manière du Festival de Cannes... Niveaux : Tous

Il s'agit d'une tâche finale de créativité et de simulation globale. Les élèves sont invités à créer un festival du film francophone à la manière de celui de Cannes. Ils constituent une filmographie de plusieurs contextes et un jury pour attribuer des récompenses.

11

Approche actionnelle et projets pédagogiques

1. Objectifs et méthodologie

Dans la continuité de la partie « tâche finale et projet de classe » (*cf.* chapitre 6), il s'agit maintenant de concrétiser les pistes d'élaboration de projets pour réinvestir les apprentissages et enrichir les connaissances des élèves par une recherche documentaire sur la francophonie dans le monde. Cette manière d'enseigner la f(F)rancophonie s'inscrit dans la pédagogie de projet et dans l'approche actionnelle. Il s'agit de faire passer l'apprenant de l'agir de l'apprentissage individuel à l'agir social *via* un projet collectif. Les principes en sont bien connus des enseignants et ont précédé le *CECR*, comme le montrent ces quelques jalons : dans l'*Émile ou de l'éducation*, le projet de Rousseau (1762) était déjà de faire de son élève un être autonome et capable d'agir dans la société avec ses apprentissages ; au XIXe siècle, Dewey préconisait « l'apprentissage par l'action » ou « learning by doing », basé sur l'utilisation des connaissances de l'école dans la vie quotidienne. C'est ce que Freinet défendait comme nous l'avons dit page 86 et qui est également préconisé aujourd'hui dans les évaluations de PISA[1].

1. Programme International pour le Suivi des Acquis des Élèves, https://www.education.gouv.fr/pisa-programme-international-pour-le-suivi-des-acquis-des-eleves-41558

On considère, à la suite de J.-P. Boutinet, que « le projet pédagogique, centré sur des buts négociés à atteindre et sur des modalités pour les atteindre, appelle son complémentaire, la pédagogie de projet, qui met dans le moment présent les acteurs en situation de choisir, de décider, d'agir ; le projet devient donc le lieu même de l'apprentissage. » (1996 : 49)

Le projet élaboré avec l'enseignant a pour but que ce dernier s'efface peu à peu complètement, permettant ainsi la réalisation de tâches collectives par les élèves. C'est ce que Sensevy et Mercier (2007) appellent l'évolution topogénétique, qui mène l'élève vers une certaine autonomie dans la recherche documentaire et l'apprentissage pour se construire des connaissances et des compétences. Autrement dit, c'est le passage des savoirs enseignés/appris en classe à l'expérience et la manipulation, dans le sens, dit Rozier, de « la pédagogie de Dewey [qui] met l'enfant et ses activités au centre de ses préoccupations. Il propose de repenser ce que nous entendons par *expérience* et de ne plus séparer expérience de vie et expérience d'apprentissage. Par ailleurs, la pensée pédagogique de John Dewey tente de mettre en relation la sphère théorique avec la dimension pratique. » (Rozier, 2010)

Dans cet esprit, nous donnerons à l'enseignant des exemples de pistes qu'il pourra proposer pour accompagner ses élèves dans l'élaboration de projets sur la francophonie institutionnelle, linguistique et culturelle. Le projet permettra ainsi de passer d'une appropriation individuelle des apprentissages à la construction d'activités de réinvestissement contextualisée et collective.

Le projet que nous présentons ci-dessous est d'élaborer un dossier tout au long de l'année ou du programme d'étude. Il se décline en plusieurs volets, qui peuvent être traités indépendamment les uns des autres en fonction du temps dont on dispose et surtout des objectifs de l'enseignant :
- la Francophonie institutionnelle ;
- la variation linguistique du français dans le monde ;
- les francophonies culturelles anthropologiques ;
- les francophonies culturelles savantes ;
- des activités ludiques.

Dans l'élaboration d'un projet sur l'enseignement de la f(F)rancophonie, que ce soit le travail sur la partie institutionnelle, la variation linguistique, la culture anthropologique ou la culture savante, l'adaptation au contexte, l'interdisciplinarité et l'interculturalité sont des éléments essentiels dont il faut tenir compte. Comme on l'avait expliqué (Chnane-Davin, 2018 : 68), l'enseignant élabore son projet avec les apprenants. Il a besoin de :
- déterminer le niveau de l'élève (A1, A2, B1, B2, C1, C2) et choisir un support adapté ;
- introduire des documents parallèles (images, film, appel au vécu...) ;
- aider à se représenter l'univers de référence.

L'apprenant de son côté, en situation de recherche et construction du sens, va :

- procéder à des travaux de recherche sur Internet ;
- situer le texte ou le document dans son espace francophone (géographie) ;
- situer le texte ou le document dans son contexte historique (histoire) ;
- repérer quelques caractéristiques de cet espace francophone (spécificités) ;
- réunir des éléments biographiques sur l'auteur ou le concepteur du document ;
- réunir des informations sur les circonstances de l'écriture du texte ou l'élaboration du document ;
- repérer, s'ils existent, des points communs entre le contexte du texte/document et le sien propre.

2. Pistes de mise en œuvre du projet final de réinvestissement

2.1. La francophonie institutionnelle

L'objectif de ce premier volet est d'impliquer l'élève dans la construction de projets d'appropriation des définitions de la Francophonie, de son histoire, de sa géographie, de son fonctionnement, de son rôle dans le monde en tant qu'organisation internationale, et des ressources qu'elle propose. En s'appuyant sur la boîte à outils[2] figurant sur le site de l'OIF, et à partir de la carte des pays francophones (https://www.francophonie.org/sites/default/files/2019-09/Carte_88%20etats%20et%20gvts%20OIF.pdf), l'enseignant peut mettre en œuvre des activités de recherche en groupe. Il s'agit de proposer aux élèves des pays de différents continents (*cf.* liste p. 197) et de leur demander de préparer un dossier de recherche d'informations sur des pays de leur choix. Dans ce travail, ils vont explorer la géographie, l'histoire, le statut du français. Ils peuvent s'aider de l'émission *Destination francophonie*[3], d'articles dans un magazine, d'une émission télévisée... Pour aider les élèves à réaliser ce projet, on peut leur fournir un tableau de recueil des informations, la liste des États et gouvernements et leur donner des pistes pour la recherche documentaire.

2. https://www.francophonie.org/boite-outils-pour-lenseignant-1100
3. https://www.tv5monde.com/emissions/emission/destination-francophonie

États et gouvernements membres :
Albanie/ Andorre/ Arménie/ Belgique/ Bénin/ Bulgarie/ Burkina-Faso/ Burundi/ Cabo Verde/ Cambodge/ Cameroun/ Canada/ Canada Nouveau-Brunswick/ Canada Québec/ Comores/ Congo/ Côte d'Ivoire/ Djibouti/ Dominique/ Égypte/ Fédération Wallonie-Bruxelles/ France/ Gabon/ Grèce/ Guinée/ Guinée-Bissau/ Guinée équatoriale/ Haïti/ Laos/ Liban/ Luxembourg/ Macédoine du Nord/ Madagascar/ Mali/ Maroc/ Maurice/ Mauritanie/ Moldavie/ Monaco/ Niger/ République centrafricaine/ République démocratique du Congo/ Roumanie/ Rwanda/ Sainte-Lucie/ São Tomé-et Príncipe/ Sénégal/ Seychelles/ Suisse/ Tchad/ Togo/ Tunisie/ Vanuatu/ Vietnam

4 membres associés :
Chypre/ Ghana/ Qatar/ Nouvelle-Calédonie

26 observateurs :
Argentine/ Estonie/ Pologne/ Autriche/ Géorgie/ Serbie/ Bosnie-Herzégovine/ Hongrie/ Slovaquie/ Canada/ Ontario/ Kosovo/ Slovénie/ Corée du Sud/ Lettonie/ Tchèque (République)/ Costa Rica/ Lituanie/ Thaïlande/ Croatie/ Mexique/ Ukraine/ Dominicaine (République)/ Monténégro/ Uruguay/ Émirats arabes unis/ Mozambique

Le tableau ci-dessous peut servir de support à l'enseignant. Il peut le transposer pour construire son projet et le proposer aux élèves de tout niveau qui procéderont par exemple au repérage de cinq pays francophones. Ils en relèveront les spécificités et les compareront à leur propre contexte.

Niveau : ......

	Géographie	Histoire	Le statut du français	Spécificités du pays
Mon contexte et ses spécificités expliquées aux francophones **Contexte :** ______________				
Je propose 5 pays de la Francophonie et leurs spécificités à découvrir 1. ______________ 2. ______________ 3. ______________ 4. ______________ 5. ______________				
Activités langagières				

	Géographie	Histoire	Le statut du français	Spécificités du pays
Supports : textuel, iconographique, vidéo, audio, site				
Exercices				
Tâches finales : – Élaborer un atlas du monde francophone – Réaliser une émission sur les pays de la Francophonie – Programmer un tour du monde des pays de la Francophonie ...				

2.2. La francophonie linguistique et ses variations : *Dis-moi comment tu parles et je te dirai qui tu es...*

Dans cette deuxième partie du dossier, il s'agit d'explorer la francophonie linguistique et ses variations pour réinvestir les apprentissages et élaborer un projet (à partir du niveau B1/ FLM collège). La recherche des variations de la langue française est centrale dans la connaissance des manières de parler des francophones ici et ailleurs. Elle permet de localiser les variétés de français dans l'espace francophone et de montrer la diversité de l'usage de la langue française et son évolution selon les diverses zones géographiques du monde. C'est une occasion d'aborder ses diverses fonctions comme langue vernaculaire ou langue véhiculaire, que Klaus (1967) puis Chaudenson (1991) ont décrites sous les concepts de *status* (statut du français : langue nationale, officielle, étrangère, seconde ; fonction : langue de scolarisation, de l'administration...) et de *corpus* (mode d'appropriation).

Sensibiliser aux particularités lexicales, syntaxiques et phonétiques permet de mieux comprendre la diversité francophone et sa richesse. Walter (1997) explique bien que le français s'est enrichi d'environ 13 % (sur une base de 60 000 entrées) de mots venus d'ailleurs et que les langues n'ont pas de frontières comme le proclame l'intitulé du dernier colloque de ACPLS et de BCATML[4], *Célébrons les langues sans frontières 2020.*

On propose, parmi les premières activités, de procéder à un travail de discrimination auditive par l'exploitation d'enregistrements audio et vidéo sur la prononciation et les accents du français dans le monde (ex. : Québec, Europe, Afrique, Antilles et Caraïbes, Pays arabes, Asie, Wallonie, Canton de Genève...). Rien qu'en France métropolitaine, il existe une trentaine d'accents (ex. : https://www.youtube.com/watch?v=Egrfsn2CU8E). Quant aux accents du français dans le monde, on en retrouve bien sûr une grande variété (ex. : https://www.youtube.com/watch?v=wv36Jer7NgM). On peut se demander alors qui parle le français le plus « pur » (et si cette question souvent posée par les apprenants a un sens !). La planification de projets de recherche documentaire sur les parlers français et leur comparaison selon les contextes francophones peut s'appuyer sur le tableau ci-dessous que l'enseignant peut transposer selon le niveau de ses élèves.

Niveau : ......

	Le français en Europe	Le français en Afrique	Le français en Amérique	Le français en Asie	Moyen-Orient et pays arabes
Ce que j'aimerais qu'on sache sur mon accent français **Contexte** : ________					
Ce que j'aimerais enseigner à mes élèves sur les variétés des accents francophones	Pays 1 : ________ Pays 2 : ________ Pays 3 : ________ ...	Pays 1 : ________ Pays 2 : ________ Pays 3 : ________ ...	Pays 1 : ________ Pays 2 : ________ Pays 3 : ________ ...	Pays 1 : ________ Pays 2 : ________ Pays 3 : ________ ...	Pays 1 : ________ Pays 2 : ________ Pays 3 : ________ ...
Activités langagières (oral/écrit)					

4. L'Association canadienne des professeurs de langues secondes (ACPLS) et la British Columbia Association of Teachers of Modern Languages (BCATML).

	Le français en Europe	Le français en Afrique	Le français en Amérique	Le français en Asie	Moyen-Orient et pays arabes
Supports : textuel, vidéo, audio, site					
Exercices					
Tâches finales : – Réaliser un reportage – Inventer des sketchs – Organiser une émission TV avec des invités avec différents accents …					

2.3. La francophonie culturelle : culture anthropologique (ou quotidienne)

Dans la troisième partie du dossier, il s'agit d'aborder les spécificités culturelles de la vie quotidienne (en s'appuyant sur des représentations, des informations, des exploits...). L'objectif est de réinvestir les apprentissages sur la francophonie culturelle (culture anthropologique) pour élaborer un projet (Tous niveaux). Sensibiliser aux autres cultures anthropologiques, c'est faire voyager l'apprenant francophone dans les cultures quotidiennes.

Comme on l'a vu, « on peut dire que la culture anthropologique, c'est la culture de tous les jours, ce sont les modes de penser, de vivre qui permettent de prendre conscience de sa propre culture et de la confronter à celle de l'*Autre* » (Chnane-Davin, 2018 : 64). Faire connaître ce type de culture, c'est habituer l'apprenant à comprendre et à s'interroger sur les ressemblances et les différences en partant de sa culture quotidienne pour aller vers celles des autres francophones dans le monde. Il s'agit de le mettre dans une situation de questionnement et de recherche par rapport à des thématiques telles que les coutumes, les rituels, les fêtes, l'habillement, le rapport homme/femme dans les sociétés, la vie de famille, l'enfance, les loisirs, la gastronomie, et tout fait culturel quotidien spécifique à une société. On peut compléter un manuel pour l'inscrire dans l'interculturalité, introduire des outils numériques (vidéos, audios) ou des illustrations représentant les différentes cultures afin d'entamer un débat pour travailler sur les représentations, les croyances et les idées préconçues sur telle ou telle culture. Un recueil de représentations sur les modes de vie ou les comportements de certains francophones, travaillé *via* des activités orales et écrites pourrait être une étape qui ouvre par la suite sur la vérification de leur fondement en entamant une recherche plus approfondie sur les cultures francophones. On travaillera par exemple sur les représentations les plus répandues sur les Français chez les étrangers qui apprennent le français :

> *« les Français mangeurs de grenouilles », « manquent de spontanéité, « il faut toujours prendre rendez-vous pour les voir », « Paris capitale de la mode, mais pourquoi dans la rue on ne voit pas de femmes habillées en Chanel ? », « je pensais arriver en France et m'acheter un parfum Chanel n° 5 mais quand j'ai vu le prix, je suis vite sortie du magasin »... ou encore faire la bise et les salutations[5] qui font beaucoup réagir...*
>
> *Au-delà des stéréotypes et du folklorisme, faire réfléchir les apprenants sur les cultures francophones, c'est les mettre dans une situation de problématisation, de recherche et de construction qu'on peut organiser avec des activités, des tâches et des exercices.* » (Chnane-Davin, 2018 : 65)

La planification de projets de recherche documentaire, de découverte et de comparaison de cultures anthropologiques entre contextes francophones, peut s'appuyer sur l'exemple du tableau ci-dessous que l'enseignant peut transposer selon le niveau de ses élèves.

Niveau : ......

	Faits culturels quotidiens	Coutumes	Fêtes	Gastronomie	Loisirs
Ce que j'aimerais qu'on sache sur mon contexte français Contexte : _________					

5. « Karambolage » (ARTE) : http://youtu.be/b9moOEpEoz8

	Faits culturels quotidiens	Coutumes	Fêtes	Gastronomie	Loisirs
Ce que j'aimerais enseigner à mes élèves sur les contextes francophones **Contextes :** 1. ________ 2. ________ 3. ________ 4. ________ 5. ________					
Activités langagières (oral/écrit)					
Supports : textuel, iconographique, vidéo, audio, site					
Exercices					
Tâches finales : Monter des projets culturels francophones (tâche finale) : – journée de la francophonie – jeux de la francophonie – exposition de photos – publication d'un journal – guide touristique – spectacle – émission/ reportage – organisation d'une action humanitaire					

2.4. La francophonie culturelle : culture savante

Dans la quatrième partie du dossier, il s'agit d'aborder les spécificités de la culture savante (appui sur des productions d'auteurs francophones...). L'objectif est de réinvestir les apprentissages sur la francophonie culturelle (culture savante) pour élaborer un projet (choisir un niveau d'apprenants) et en chercher d'autres. On part du fait que la culture savante est inséparable de l'enseignement de la francophonie. Elle permet de « doter l'apprenant d'une richesse intellectuelle universelle et [d']introduire une nouvelle médiation au monde nouveau *via* la langue » (Chnane-Davin, 2018 : 66), et de gérer ses appartenances et ses capitaux culturels par des placements, des investissements, des gains et des pertes, comme l'expliquent Martine Abdallah-Pretceille et Porcher (2001). Littérature, arts, théâtre, cinéma, chanson... dans des œuvres francophones représentant l'être humain dans son contexte et le monde dans sa beauté, font travailler bien sûr la langue mais également la réflexion sur la dimension esthétique et artistique. Ce sont des médiations de l'universalité qui rapprochent les populations comme le fait la littérature, par exemple. La planification de projets de recherche documentaire, de découverte et de comparaison de cultures savantes entre contextes francophones pourrait s'appuyer sur le tableau ci-dessous à transposer ou à compléter par l'enseignant.

Niveau : ......

	Contes/ Fables	Récits/ romans	Théâtre/ cinéma	Poèmes/ chansons	Peinture/ photographie
Ce que j'aimerais qu'on enseigne sur mon contexte Contexte : ________					
Ce que j'aimerais enseigner à mes élèves sur les contextes francophones Contexte(s) : ______					
Activités langagières (oral/écrit)					
Supports : textuel, iconographique, vidéo, audio, site					
Exercices					

	Contes/ Fables	Récits/ romans	Théâtre/ cinéma	Poèmes/ chansons	Peinture/ photographie
Tâches finales : – Compléter les thématiques du manuel avec une entrée francophone – Compléter les textes travaillés en littérature française avec des supports francophones – Lecture rallye – Écriture de textes – Pièce de théâtre – Synopsis d'un film …					

2.5. Activités ludiques

La cinquième partie du dossier peut être consacrée à des activités ludiques. On avance deux exemples qui ont été testés avec des professeurs stagiaires. L'enseignant pourra les enrichir, les réorienter et les transposer selon le niveau de compétences linguistiques et culturelles de ses élèves.

Activité 1 :
Les extraterrestres arrivent sur la planète — **Niveaux : Tous**

Pour ce jeu, le canevas pourrait être :

Des extraterrestres débarquent sur la planète Francophonie et décident de faire le tour du monde pour mener une enquête sur les francophones. Ils commencent par apprendre la langue française. Ils pensent que les humains parlent de la même façon partout, que leurs coutumes, leur vie quotidienne, leurs tenues vestimentaires, leur gastronomie et leurs cultures sont les mêmes. Mais est-ce vrai ? Pour vérifier, une enquête est à faire sur la planète Francophonie sur les cinq continents.

À partir du schéma p. 205, les objectifs seraient de :
- chercher les spécificités des personnes utilisant la langue française dans le monde ;
- comparer pour montrer les ressemblances et les différences ;
- informer et expliquer des faits linguistiques et culturels ;
- développer la compétence linguistique : lexique, grammaire, phonétique, orthographe ;

– développer la compétence communicative : parler, agir et interagir ;
– développer la compétence culturelle/interculturelle : culture quotidienne, culture savante.

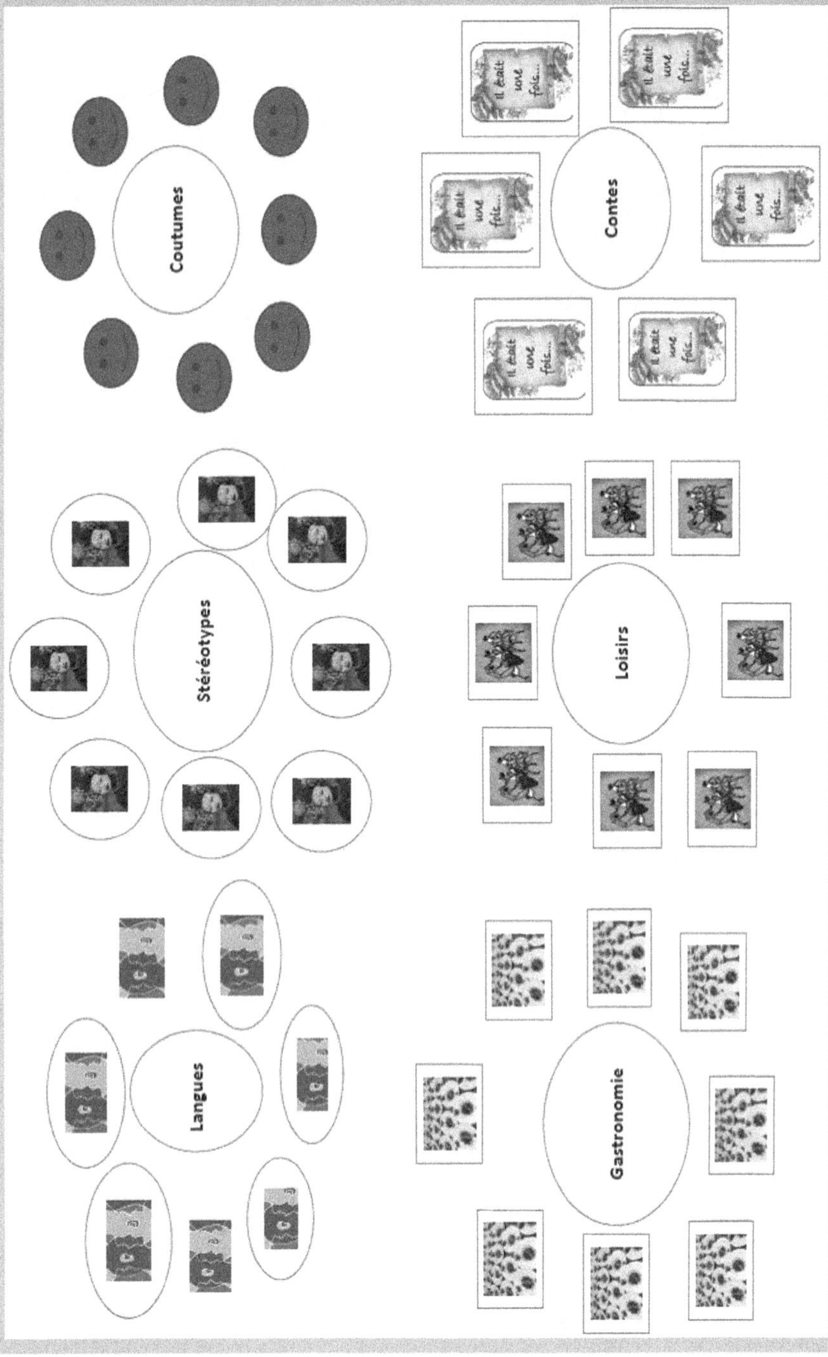

Un travail en groupes est mis en place pour développer les compétences d'oral, d'écrit et d'interaction. Les élèves sont répartis en plusieurs groupes sous forme de galaxies à explorer (les bulles symbolisent les pays, à nommer au choix, où les extraterrestres s'arrêtent) :
- Groupe 1 : la variation de la langue française dans le monde (lexique, accents, syntaxe)
- Groupe 2 : les stéréotypes (*on dit que…*)
- Groupe 3 : les coutumes (exemples à présenter)
- Groupe 4 : les loisirs (*on pratique…*)
- Groupe 5 : la gastronomie (*on mange…*)
- Groupe 6 : les contes traditionnels (des titres)

Activité 2 : Inventer un jeu de la Francophonie — **Niveau : à partir du B1 (FLM : collège)**

Après avoir joué au jeu de la Francophonie, faire élaborer un nouveau jeu[6]. À cet effet, l'élève est amené à procéder à une recherche documentaire pour enrichir ses connaissances sur la francophonie et à réfléchir avec les autres pour élaborer des règles écrites, des questions et des réponses en faisant attention à la cohérence entre celles-ci.
Pour prolonger l'activité, on peut tester le jeu dans une classe qui n'a pas participé à son élaboration et engager entre les deux classes un dialogue portant sur l'évaluation du jeu et les modifications éventuelles à lui apporter (activités orales et écrites).

6. *cf.* l'exemple du jeu sur le site suivant : https://padlet.com/solenapradayrol/jeudelafrancophonieVF

Ressources numériques

1. Le numérique au service de la f(F)rancophonie

La Conférence-débat[1] tenue à l'Assemblée Nationale à l'occasion de la première session de l'Assemblée des Français à l'étranger le 7 octobre 2014 était intitulée *Le numérique, une opportunité pour diffuser la francophonie dans le monde ?* Aujourd'hui, comme l'avait déjà souligné le rapport Attali de 2014 et comme on l'a vu tout au long de ce livre, c'est une question qui ne se pose même plus car l'utilisation du numérique est devenue une réalité quotidienne. Le monde de l'éducation est à l'heure du numérique par l'enseignement à distance : des cours de la maternelle à l'université à distance en synchrone ou en différé, des réunions en visioconférences, des personnels en télétravail... Le numérique est devenu un outil indispensable et la francophonie ne peut qu'en profiter pour s'assurer elle aussi une large diffusion.

Le rapport de 2018 de l'OIF[2] sur l'état de la Francophonie numérique avait souligné l'importance de favoriser au maximum de francophones l'accès aux technologies numériques, qui permettent en particulier d'accéder à leur tour aux ressources pédagogiques. Pour de nombreuses raisons,

1. https://www.erudit.org/en/journals/sp/2014-sp03456/1052436ar.pdf
2. https://ieim.uqam.ca/IMG/pdf/rapport-2018-etat-francophonie-numerique.pdf

dont les plus importantes sont liées aux conditions économiques, ce n'est hélas pas encore le cas pour beaucoup. En revanche, la recherche de ressources sur Internet est depuis plusieurs années bien implantée dans les systèmes éducatifs des pays qui disposent d'un accès facile à la toile et la pandémie du Covid-19 a encore accéléré l'ouverture des classes sur le monde virtuel. Utiliser Internet pour enseigner et pour apprendre, en mode total ou hybride, implique des modifications sans doute définitives des façons traditionnelles d'accéder au savoir.

Cependant, comme l'explique Céline Mézange (2018), si le numérique peut être mis efficacement au service de l'enseignement, et plus particulièrement de la francophonie, certains paramètres sont à respecter par l'enseignant :

> Pour mener une veille efficace et effectuer des choix éclairés, l'enseignant doit cependant développer une connaissance des sites ressources en parallèle de la construction d'une démarche d'exposition à la diversité linguistique.
> Ainsi, nous pensons qu'il est important de signaler que :
> – L'enseignant peut, grâce à un choix de documents éclairé, exposer ses apprenants à la diversité dès le début de l'apprentissage.
> – Il doit accepter de présenter des diversités de parlers dont il ne maîtrise parfois pas lui-même toutes les nuances.
> – Le document authentique, comme document déclencheur, permet de travailler un ensemble d'objectifs linguistiques et culturels…
>
> C. Mézange, « Quand numérique et francophonie s'invitent en classe dans Chnane-Davin F., Lallement F. et Spaëth V. (dir.), *Recherches et Applications*, n° 64, p. 172, 2018.

Et l'auteure cite dans son article une série de ressources authentiques didactisables : journaux radiophoniques ou télévisés, sites radiophoniques spécialisés, clips vidéo, etc. Pour terminer cet ouvrage, nous proposons aussi ci-dessous une série non exhaustive de ressources disponibles sur Internet qui aideront les enseignants dans leur enseignement de la f(F)rancophonie.

2. Ressources pédagogiques numériques

Les propositions de sites ne sont pas exhaustives mais à titre d'exemples et sont destinées à être enrichies par les enseignants et leurs apprenants selon les contextes.

2.1. Informations institutionnelles et activités pédagogiques

- La francophonie dans le monde : https://enseigner.tv5monde.com/articles-dossiers/dossiers/la-francophonie-dans-le-monde
- La Francophonie dans le monde : https://www.leplaisirdapprendre.com/wp-content/downloads/connaitre-la-francophonie/Dossier_enfants_-_Conna%C3%AEtre_la_Francophonie.pdf

- Le cartable numérique de la Francophonie : https://www.francophonie.org/cartable-numerique
- Outils pour la classe virtuelle (regroupe un ensemble de sites) : https://www.francophonie.org/outils-pour-la-classe-virtuelle-1184
- Programme ELAN : https://elan-afrique.org/ressources/outils-pedagogiques
- Rapport de la langue française 2019 : http://observatoire.francophonie.org/wp-content/uploads/2020/02/Edition-2019-La-langue-francaise-dans-le-monde_VF-2020-.pdf
- Centre de la francophonie en Amérique : https://francophoniedesameriques.com/
  et sur les sites :
  - https://francophoniedesameriques.com/enseignants
  - https://francophoniedesameriques.com/sites/default/files/2020-02/Affiche%20Francophonie%20des%20Ameriques_0.pdf
  - https://www.bibliothequedesameriques.com/actualites-litteraires/selection-audio/jeunesse
- France culture *En français dans le texte* : https://www.franceculture.fr/emissions/ecoutez-revisez
- RFI met à disposition des enseignants de très nombreuses ressources de très grande qualité dans la section « Apprendre et enseigner » : https://savoirs.rfi.fr/fr/apprendre-enseigner
- RFI, *Danse des mots* : https://www.rfi.fr/fr/podcasts/danse-mots/
- Émission TV : *Échappées belles* : https://www.france.tv/france-5/echappees-belles/
- Francophonie et interculturel : https://www.elodil.umontreal.ca/
- TV5 Monde[3] : http://www.tv5monde.com/
  Le site de TV5 propose de très nombreuses ressources sur la francophonie et sa diversité linguistique et culturelle :
  - *Destination francophonie* présentée par Ivan Kabacoff : http://www.tv5monde.com/emissions/emission/destination-francophonie
  - La bibliothèque numérique : https://bibliothequenumerique.tv5monde.com/
  - Le Francafrique : https://enseigner.tv5monde.com/fiches-pedagogiques-fle/chirac-et-la-francafrique
  - Variétés de la langue française : https://langue-francaise.tv5monde.com/
  - La librairie francophone, http://www.tv5monde.com/emissions/emission/la-librairie-francophone
  - Voyager en français TV5 : https://langue-francaise.tv5monde.com/decouvrir/voyager-en-francais/la-piste-de-la-francophonie/episode-28

3. L'ensemble de la section « langue française » du site de TV5 propose un grand nombre de ressources en lien avec la francophonie : http://www.tv5monde.com/cms/chaine-francophone/lf/p-26292-Langue-francaise.htm

- *Le français dans le monde* : https://www.fdlm.org/
- *Recherches et Applications* : https://www.fdlm.org/supplements/recherches-et-applications/
- La boîte à outils de la Fédération internationale des professeurs de français (FIPF) : https://bop.fipf.org/
- Accompagner les adultes migrants : https://accompagner.cavilam.com/
- Ressources francophones d'immersion au Canada : https://www.acpi.ca/membres/ressources-pedagogiques/
- Dictionnaire francophone collaboratif : https://www.dictionnaire-desfrancophones.org/
- L'Afrique francophone : https://www.slff.ch/ecoles/dossiers-pedagogiques-2019/
- ACELF : https://acelf.ca/bap/

2.2. Le parler français dans le monde

- Qui parle français dans le monde ? : http://observatoire.francophonie.org/qui-parle-francais-dans-le-monde/
- Le français parlé dans le monde : https://youtu.be/fiqW5rmu4Oo https://youtu.be/XsaukIVx9Zo
- Je parle québécois : https://www.je-parle-quebecois.com/
- Le syndrome des accents : https://youtu.be/P3zLjH-7F6k
- Le parler d'Afrique : https://www.rfi.fr/fr/emission/20190502-le-parler-afrique-langue-francaise
- Les accents : https://youtu.be/6NMuA7uikgg
- L'accent arabe : https://youtu.be/r2nHu39ciBc
- L'accent suisse : https://youtu.be/cKuxlOKagFs
- Les accents du français dans le monde : https://youtu.be/wv36Jer7NgM

2.3. Chansons francophones

- Hymne et ode à la Francophonie : https://youtu.be/c1vuo1TgqkY
- Yves Duteil : *La langue de chez nous* : https://youtu.be/joUeMoDDcYM
- Robert Charlebois : *Cartier* : https://youtu.be/kbN7rA1ro-o
- Ahmadou et Mariama : *Beaux dimanches* : https://youtu.be/O3o-zyU-U3M
- Claude Barzotti : *Le Rital* : https://youtu.be/MwMnr1mCryg
- Patrick Bruel : *Le Café des délices* : https://youtu.be/AeU5GDAN2UA
- Yannick Noah : *Frontières* : https://youtu.be/MCXJlohyxb8
- Grand Corps malade : *Sur la lune* : https://youtu.be/fCsbEcQdFPI

2.4. Littératures francophones

- https://www.bnf.fr/fr/litterature-francophone
- https://www.bnf.fr/fr/les-litteratures-africaines-dans-les-ressources-en-ligne
- https://www.espacefrancais.com/litterature/
- https://bop.fipf.org/anthologie-de-textes-litteraires/
- https://www.bibliothequedesameriques.com/actualites-litteraires/selection-audio/jeunesse
- https://enseigner.tv5monde.com/articles-dossiers/articles/enseigner-la-litterature-francophone
- https://bop.fipf.org/litteratures-francophones-vues-ditalie/
- https://www.cavilam.com/project/decouverte-de-la-litterature-francaise-et-francophone-contemporaine/
- https://eduscol.education.fr/247/francais-cycle-3-pour-une-culture-litteraire-et-artistique
- https://ifprofs.org/gr/ressource-pedagogique/vf-litteratures-francophones-portee/9698

2.5. Contes francophones

- http://touslescontes.com/biblio/touslescontes.php?page=touslesContes
- https://www.iletaitunehistoire.com/genres/contes-et-legendes
- https://www.conte-moi.net/

2.6. Activités ludiques

- Quiz de la Francophonie : https://create.kahoot.it/share/quiz-de-la-francophonie/87c2213a-2d93-4673-82c7-6b3906ed61f2
- Quiz Voyage à travers la Francophonie : https://quiz-digital-incollables.playbac.fr/preview/voyage-a-travers-la-francophonie/5e4d100df0b73
- Jeu de 7 familles : https://fle.mondolinguo.com/7-familles-pays-francophones/
- Le jeu de la Francophonie : https://padlet.com/solenapradayrol/jeudelafrancophonieVF
- Les Français vus à l'étranger (les clichés) : https://www.youtube.com/watch?v=OCIAyHEFTrQ
- Linda Lemay : *Les maudits français* : https://youtu.be/2hgiMJu2CdM
- Le couscous : https://youtu.be/mOIh_19eHLY
- L'art de la bise : https://youtu.be/b9moOEpEoz8
- Les représentations : https://youtu.be/fnu6fRa-BN4

Conclusion

Dès sa première leçon, chaque apprenant de français langue seconde ou de français langue étrangère a rejoint ses camarades de français langue première dans la grande famille des francophones. Tous finiront par avoir une certaine maîtrise de la langue, plus ou moins affermie par l'usage ou l'étude, plus ou moins complète et aboutie. Tous finiront par avoir avec elle une relation personnelle plus ou moins forte, plus ou moins affective. Mais comme dans toutes les familles, les relations ne sont pas toujours faciles : les incompréhensions existent même avec les plus proches. Et on connaît parfois mieux les voisins que les cousins les plus éloignés.

Sans vouloir prolonger cette métaphore plus qu'il ne convient, on peut tout de même dire que l'enjeu de l'introduction d'une dimension francophone dans l'enseignement du français est celui d'une prise de conscience, la conscience d'appartenir à un ensemble humain de plusieurs centaines de millions de personnes, socialement, culturellement, politiquement et historiquement disparates, mais reliées par un élément immatériel et en construction perpétuelle, un élément qui appartient de droit à tous ceux qui l'utilisent : la langue française.

Tous les enseignants de français sont donc, qu'ils le sachent ou non, des enseignants de francophonie. Bien sûr, comme l'ont dit certains écrivains de langue française[1], personne ne parle le francophone, mais chaque francophone parle, à sa manière, la langue qui le fait francophone. Ce qui est nouveau dans la perception actuelle de la francophonie, et ce qui la rend particulièrement intéressante dans le monde moderne, c'est la reconnaissance du droit égal que chaque variété de cette langue et que chaque culture dans laquelle cette variété s'épanouit ont à faire valoir leur spécificité et à promouvoir leurs apports, non seulement auprès des autres membres de ce grand ensemble, mais, justement grâce à la très grande diffusion de cette langue, à l'humanité tout entière.

Cette perception nouvelle du fait francophone est le résultat de nombreux facteurs. Il s'agit du travail des historiens, qui ont peu à peu mis dans leur juste perspective les conditions de diffusion du français ; du travail des linguistes, qui ont peu à peu substitué une vision variationnelle de la langue à une vision rigide et monolithique et ont par là même apporté des connaissances fondamentalement nouvelles sur la langue elle-même. Il s'agit aussi du travail des didacticiens qui ont ces dernières décennies montré l'importance des contextes et des conditions d'appropriation du français. Et sans doute aussi du travail de bien d'autres acteurs de nos sociétés, écrivains, artistes ou scientifiques qui poussent à les rendre moins monocentrées, plus ouvertes et plus tolérantes.

Introduire une dimension francophone dans l'enseignement du français est donc répondre à une exigence moderne. Avec sa dimension francophone, l'enseignement du français dépasse l'aspect utilitaire que peut-être les dernières décennies avaient un peu trop privilégié comme elles l'ont fait pour tout enseignement de langue vivante : il reprend avec les données de notre siècle la dimension humaniste qui lui a été dès l'origine consubstantielle.

Mais les professeurs de français ne savent pas toujours qu'ils ont la compétence nécessaire à cette façon d'enseigner le français. L'ambition de ce livre a été de montrer que, de fait, ils l'avaient déjà ou qu'il ne leur fallait guère d'efforts pour l'acquérir, en activant un simple réflexe d'ouverture à des données linguistiques et culturelles plus larges que celles dont l'usage leur est coutumier ou qui leur sont imposées par les programmes.

Comme toute compétence, elle ne saurait avoir de substance si elle n'est appuyée sur des connaissances solides. C'est ce que nous avons essayé de montrer dans la première partie de cet ouvrage. Il s'agit pour l'essentiel de connaissances historiques, institutionnelles et linguistiques qui sont pour certaines déjà largement présentes dans les formations d'enseignants et qui sont très largement disponibles.

Il en va de l'ouverture à la francophonie comme de toute compétence professionnelle. Elle s'acquiert comme un réflexe. Il s'agit pour l'essentiel

1. Voir chapitre 9

non pas de les reléguer mais seulement de prendre l'habitude de se décentrer des références habituelles au seul français « de France », à la seule littérature française, aux seuls traits culturels de ce pays, aussi importants soient-ils dans le monde francophone et attractifs pour les apprenants de langue étrangère.

Chaque contexte d'enseignement implique bien entendu une prise en compte différente de ces références et on conçoit bien que leur choix et leur dosage par rapport aux exigences des programmes et des impératifs curriculaires puissent largement différer quand l'enseignement se fait en contexte d'enseignement de langue première, de langue seconde ou de langue étrangère. Il en est bien de même du niveau et de l'âge des apprenants ; mais tous les enseignants savent cela pour toutes les autres parties de leur enseignement : c'est leur métier. Nous avons tout de même tenu à rassembler quelques principes méthodologiques qui nous ont semblé utiles à un enseignement ouvert à la francophonie, en montrant notamment comment il était facile de les intégrer aux principes généraux d'un enseignement actif, contextualisé et basé sur un projet de classe qui ne remet pas en question les programmes ministériels ni, le cas échéant, les préconisations du Cadre européen commun de référence.

Nous avons enfin proposé de nombreux exemples d'activités et de tâches à dominante linguistique ou culturelle facilement adaptables en fonction des contextes de classe. Chacune s'insère dans l'une ou l'autre des phases d'enseignement que nous avons proposées sous les rubriques définir, découvrir, retenir et réinvestir.

Au bout du compte, décider d'ouvrir son enseignement à une perspective francophone ne demande que peu d'efforts et d'ajustements à un enseignant de français confiant dans sa formation professionnelle. Mais les gains qu'il constatera pour ses élèves, en termes linguistiques, culturels et éducatifs, le récompenseront largement de les avoir consentis.

Bibliographie

- Abdallah-Pretceille M. et Porcher L. (1998), *Éthique de la diversité*, PUF.
- Abdallah-Pretceille M. et Porcher L. (2001, rééd.), *Éducation et communication interculturelle*, PUF.
- Abdallah-Pretceille M. (2004), *L'éducation interculturelle*, PUF.
- Abdallah-Pretceille M. (2005), « Pour un humanisme du divers », dans *Vie sociale et traitements*, n°87, pp. 34-41.
- Abdallah-Pretceille M. (2010), « La littérature comme espace d'apprentissage de l'altérité et du divers », *Synergie Brésil*, Gerflint, numéro spécial 2, pp. 145-155.
- Albera F. et Tortajada M. (2001), *Cinéma suisse, nouvelles approches*, Payot.
- Attali J. (2014), *La francophonie et la francophilie, moteurs de croissance durables*, rapport au président de la République. https://www.vie-publique.fr/sites/default/files/rapport/pdf/144000511.pdf
- Bakhtine M. (1984), *Esthétique de la création verbale*, Paris, Gallimard.
- Barrat J. (1997), *Géopolitique de la Francophonie*, Paris, PUF.
- Barrat J. et Moisei C. (2004), *Géopolitique de la francophonie : un nouveau souffle ?*, « Les études de la documentation française », La documentation française.
- Beacco J.-C. (2007), *L'approche par compétences dans l'enseignement des langues*, coll. « Langues et didactique », Didier.
- Bertrand D., Viala A. et Vigner G. (coord.) (2000), *Le Français Langue Seconde*, Centre National de Documentation Pédagogique (CNDP), « Collège-repères », publication du Ministère de l'Éducation Nationale.
- Biron M., Dumont F. et Nardout-Lafarge E. (2010), *Histoire de la littérature québécoise*, Éditions du Boréal.
- Bonn Ch. (1985), *Le roman algérien de langue française*, L'Harmattan.
- Bouchard R. (1989), « Texte, discours, document : une transposition didactique des grammaires de texte », *Le français dans le monde, Recherches et Applications*, pp. 60-69.
- Boucher A.-M. et Pilote A. (2006), *La culture en classe de français*, Publications Québec Français.
- Boutet M. (2016), « Expérience et projet : la pensée de Dewey traduite en action pédagogique », *Phronesis*, vol .V, n°2, pp. 23-34.
- Boutinet J.-P. (1996), *Anthropologie du projet*, PUF.
- Bueno Alonso J. (2004), *Francophonie plurielle : l'expression d'une nouvelle identité culturelle*, https://dialnet.unirioja.es/servlet/articulo?codigo=1011658
- Brahimi D. (2016), *Cinémas d'Afrique francophone et du Maghreb*, Nathan Université.
- Bühler K. (1934), *Sprachtheorie. Die Darstellungsfunktion der Sprache.* [*Das Organon-Modell*], Verlag von Gustav Fischer, Iéna 1934. Théorie du langage, Agone, 2009.
- Calvet L.-J. (1999), *Pour une écologie des langues du monde*, Plon.
- Caré J.-M. et Debyser F. (1995), *Simulations globales*, CIEP.
- Carette E., Carton F. et Vlad M. (dir) (2011), *Diversités culturelles et enseignement du français dans le monde, le projet CECA*, PUG.
- Carlo C. et Causa M. (2010), *Civilisation progressive du français*, CLE International.

- Casanova P., Meizoz J. et Debruères P. (2006), *Littérature française et littérature romande : effets de frontière*, https://www.cairn.info/revue-a-contrario-2006-2-page-154.htm
- Castellotti V. et Moore D. (2010), *Valoriser, mobiliser et développer les répertoires plurilingues et pluriculturels pour une meilleure intégration scolaire*, Conseil de l'Europe.
- Cervoni B., Chnane-Davin F. et Pinto-Ferrera M. (2005), *Entrée en matière*, Hachette FLE.
- Chardenet P. (2018), « La francophonie, objet de recherche et d'enseignement : formation et circulation des notions », dans Chnane-Davin F., Lallement F. et Spaëth V., *Recherches et Applications*, n° 64, pp. 138-149.
- Chaudenson R. (1991), *La Francophonie, représentations, réalités, perspectives*, Didier.
- Chaudenson R. (2002), « Le cas des créoles », *Hérodote*, 2002/2 (n°105), pp. 60-72. DOI : 10.3917/her.105.0060. URL : https://www.cairn.info/revue-herodote-2002-2-page-60.htm
- Chevallard Y. (1985), deuxième édition augmentée (1991), *La transposition didactique. Du savoir savant au savoir enseigné*, La pensée sauvage.
- Chnane-Davin F. (2009), « FLE, FLM, FLS, clivages et partages ? », *Les Cahiers Pédagogiques* n° 473, mai 2009, « Enfants d'ailleurs, élèves en France ».
- Chnane-Davin F. (2018), « Quels savoirs pour enseigner la Francophonie et les francophonies », dans Chnane-Davin F., Lallement F. et Spaëth V., *Recherches et Applications*, n° 64, pp. 55-70.
- Chnane-Davin F. (2021), « Aspects culturels francophones en FLE », dans Jean-Louis Chiss (dir.) *Le grand livre du FLE*, Armand Colin.
- Chnane-Davin F. et Cuq J.-P. (2016), « L'évaluation, un paramètre prépondérant en didactique du français langue étrangère et seconde », dans Detroz P., Crahay M. et Flagnant A. (dir.), *L'évaluation à la lumière des contextes et des disciplines*, Louvain-la-Neuve : De Boeck, pp. 91-110.
- Chomsky N. (1973), *Le langage et la pensée*, Payot.
- Cicurel F. (1991), « La lecture littéraire. Propositions pour une approche interactive », *Les cahiers de l'ASDIFLE* n° 3 : « Les enseignements de la littérature », Actes des 7e rencontres de janvier, pp. 12-18.
- Collès L., Dufays J.-L., Thyrion F. (2006) (eds), *Quelle didactique de l'interculturel dans les nouveaux contextes du FLE/S ?*, Cortil Wodon, EME.
- Connac S. (2010), « Freinet, Profit, Oury, Collot : quelles différences ? », *Spirale*, n° 45, *Pédagogies alternatives. Quelles définitions, quels enjeux, quelles réalités ?*, pp. 53-68, doi : https://doi.org/10.3406/spira.2010.1157
- *Conseil de l'Europe* (2018), *CECR*, Volume Complémentaire avec de Nouveaux Descripteurs, p. 116.
- Coste D., Moore D. et Zarate G. (1997), « Compétence plurilingue et pluriculturelle », *Vers un Cadre Européen Commun de référence pour l'enseignement et l'apprentissage des langues vivantes : études préparatoires*, Conseil de l'Europe.
- Crinus V. et Hilsum M. (2019), *Nouvel état des lieux des littératures francophones*, PUL.
- Cuq J.-P. (1991), *Le Français langue seconde*, coll. « F », Hachette FLE.
- Cuq J.-P. (dir.) (2003), *Dictionnaire de didactique du français langue étrangère et seconde*, CLE International.
- Cuq J.-P. (dir.) (2016), *Enseigner le français dans le monde. Le livre blanc de la FIPF*, GERFLINT.

- Cuq J.-P. (2017), « Qu'est-ce qui supporte le support ? », dans Sadiqi A. (éd.), Actes du colloque *Supports en classe de langue ? Spécificité des enjeux et diversité des approches*, dans *Cahiers de l'École Normale supérieure de Meknès*, n° 22, pp. 11-26.
- Cuq J.-P. (2018), « La francophonie peut-elle être un objet didactique ? », dans Chnane-Davin F., Lallement F. et Spaëth, V. (dir.), *Enseigner la Francophonie, enseigner les francophonies, Recherches et Applications, Le français dans le monde*, 64, pp. 14-27.
- Cuq J.-P. et Chardenet P. (dir.) (2010), *Faire vivre les identités, un parcours en Francophonie, Archives contemporaines*, AUF-FIPF.
- Cuq J.-P. et Gruca I. (2002 ; 4e éd 2017), *Cours de didactique du français langue étrangère et seconde*, PUG.
- Dabène L. (1994), *Repères sociolinguistiques pour l'enseignement des langues : situations plurilingues*, Hachette.
- Dabène M. (dir.) (1990), *Des écrits extraordinaires*, LIDIL, n°3.
- David C. et Abry D. (2018), *Classes multiniveaux et pédagogie différenciée*, coll. « F », Hachette FLE.
- Debyser F. (1973), *La mort du manuel et la fin de l'illusion pédagogique*, BELC, CIEP.
- Defays J.-M. (2003), *Le français langue étrangère et seconde*, Mardaga.
- Depecker L. (1988), *Les mots de la francophonie*, Belin.
- Detey S., Durand J., Laks B. et Lyche Ch. (2010), *Les variétés du français parlé dans l'espace francophone*, Ophrys.
- Develay M. (1992), *De l'apprentissage à l'enseignement*, ESF.
- Domingues de Almeida J. (2018), « Élargir les repères. Étude de cas sur la présence francophone dans les manuels de FLE au Portugal : Magie des mots », dans Chnane-Davin F., Lallement F. et Spaëth V. (dir.), *Enseigner la Francophonie, enseigner les francophonies, Recherches et Applications*, n° 64, pp. 90-97.
- Dufays J.-L. (1999), « La littérature belge de langue française dans les programmes et les manuels scolaires du XXe siècle : enquête sur une présence-absence », https://journals.openedition.org/textyles/1119
- Dumont F. (1996), *Le lieu de l'homme*, Bibliothèque québécoise.
- Dumont P. (1990 a), *Le français langue africaine*, L'Harmattan.
- Dumont P. (1990 b), « Francophonie, francophonies », dans *Les représentations de la langue : approches sociolinguistiques. Langue française*, n° 85, pp. 35-47.
- Dumont P. et Dumont R. (1998), *Le français par la chanson. Nouvelles approches de l'enseignement de la langue et de la civilisation françaises à travers la chanson populaire contemporaine*, L'Harmattan.
- Dumont P. *et alii* (2000), *L'enseignement du français langue seconde : un référentiel général d'orientations et de contenus*, EDICEF.
- Dumont P. (2002), *Les manuels de FLS et la francophonie, ELA*, n°125, pp. 111-125.
- Dumont P. (2008), « Unité de la langue, diversité des normes : vers un éclatement du français ? », dans Maurais J. et *alii* : *L'avenir du français, Archives contemporaines* AUF, pp. 145-150.
- Falardeau et Simard (2010), *11e Rencontres des chercheurs en didactique des littératures*, « Quelle articulation langue-littérature pour quels rapports à la culture ? », Genève.
- Féral C. de (2010), « Pratiques urbaines et catégorisations au Cameroun, français, francanglais, pidgin, anglais : les frontières en question », dans Blanchet P. et Marinez P., *Pratiques innovantes du plurilinguisme*, AUF-EAC, pp. 7-22.

- François C. (2020), « Le débat francophone », *Recherches & Travaux*. https://journals.openedition.org/recherchestravaux/413?lang=de
- Freinet C. (1994), *Œuvres pédagogiques*, Seuil.
- Gignac M. et Lanlo J.-M. (2016), *Le cinéma québécois par ceux qui le font*, L'instant même.
- Girard P. (1999), *La langue de quatre auteurs-compositeurs-interprètes québécois : analyse stylistique. Mémoire de maîtrise en linguistique présenté à l'université Laval*, Québec. https://constellation.uqac.ca/956/1/12048750.pdf
- Gourvennec L. (2017), *Paroles et musique : le français par la chanson*, coll. « F », Hachette FLE.
- Hall E.T. (1971), *La dimension cachée*, Éditions du Seuil.
- Hall E.T. (1984), *La danse de la vie – Temps culturel, temps vécu*, Seuil.
- Heller-Goldenberg L. (1989), « La littérature francophone au Maroc. L'acculturation. » dans *Cahiers de la Méditerranée*, n° 38, 1, *Le Maroc, culture d'hier et d'aujourd'hui*, pp. 59-68. http://veille-et-analyses.ens-lyon.fr/Dossiers/Interculturel/sommaire.htm
- Hymes D. (1984), *Vers la compétence de communication*, Crédif-Hatier.
- IFA-A.E.L.I.A. (1983), *Inventaire des particularités lexicales du français en Afrique noire*, AUPELF-A.C.C.T.
- Jakobson R. (1963), « Linguistique et poétique », *Essais de linguistique générale*, Éditions de Minuit.
- Klinkenberg J.-M. (1996), *Précis de sémiotique générale*, Seuil.
- Kloss H. (1967), « Abstand Languages and Ausbau languages », *Anthropological Languages*.
- Komatsu S. et Delmaire G. (2009), « Connaissons-nous la francophonie ? Que faudrait-il en enseigner ? », *Rencontres Pédagogiques du Kansaï*, 2009. http://www.rpkansai.com/bulletins/pdf/023/046_050_komatsu.pdf
- Labou Tansi S. (1989), « Locataires de la même maison », entretien avec Michèle Zalessky, *Diagonales*, n°9.
- Lancien T. (1986), *Le document vidéo*, « Techniques de classe », CLE International.
- Laroussi F. (2004), « Écrire dans la langue de l'autre ? Quelques réflexions sur la littérature francophone du Maghreb », *GLOTTOPOL, Revue de sociolinguistique en ligne* n° 3, janvier 2004, *La littérature comme force glottopolitique : le cas des littératures francophones*.
- Lavrilleux Z. et Zamaron A. (2014), « Quel cinéma ! », *Les Cahiers pédagogiques* n°512, mars 2014, https://www.cahiers-pedagogiques.com/n512-quel-cinema-coordonne-par-guy-lavrilleux-et-alain-zamaron/
- Léger J.-M. (1997), *La francophonie : grand dessein, grande ambiguïté*, Québec, Hurtubise.
- Lévi-Strauss Cl. (1958), *Anthropologie structurale*, Paris, Plon.
- Lévi-Strauss Cl. (1962), *La pensée Sauvage*, Plon.
- Levitt Th. (1983), "The Globalization of Markets", *Harvard Business Review*.
- Li H. (2010), « Enseigner la francophonie avec quel manuel ? », *Synergie Chine* n°5.
- Lipovetsky G. et Serroy J. (2008), *La Culture-monde. Réponse à une société désorientée*, Odile Jacob.
- Mangiante J.-M., Parpette Ch. (2004), *Le français sur objectif spécifique : de l'analyse des besoins à l'élaboration d'un cours*, coll. « F », Hachette FLE.

- Marié-Liger F. (2012), « Grand Corps Malade, le slam : la naissance d'un poète et la question d'une filiation » dans Cecchetto C. (dir.), *Chanson et intertextualité*, https://books.openedition.org/pub/19696
- Marzouki S. (2018), « Pourquoi enseigne-t-on si peu la littérature tunisienne francophone en Tunisie », dans Chnane-Davin F., Lallement F. et Spaëth V. (dir.), *Recherches et Applications*, n° 64, pp. 111-120.
- Massart-Piérard F. (2007), « Espaces linguistiques comparés : trajectoires et processus transversaux », *Revue internationale de politique comparée* 1, Vol. 14, De Boeck Supérieur, 2007.
- Mezange C. (1998), « Quand numérique et francophonie s'invitent en classe de FLE », dans Chnane-Davin F., Lallement F. et Spaëth V., *Recherches et Applications*, n° 64, pp.166-174.
- Miguet A. (1996), « Francophonie et Europe » dans Jones B., Miguet A. et Corcoran P. (dir.*), Francophonie : mythes, masques, réalités. Enjeux politiques et culturels*, Paris, Publisud, 1996.
- Miled M. (2008), *Identité linguistique et didactique convergente dans un contexte bilingue : l'exemple du français et de l'arabe au Maghreb*, dans *Plurilinguismes et enseignement : identités en construction*, Riveneuve, pp. 197-203.
- Mollier J.-Y. et Vigner G. (dir.) (2008), *L'émergence du domaine et du monde francophones*, Documents pour l'histoire du français langue étrangère et seconde, pp. 40-41. Actes du colloque SIHFLES de Saint-Quentin-en-Yvelines.
- Moore D. et Castellotti V. (Eds) (2008), *La compétence plurilingue : regards francophones*, Peter Lang.
- Morin E. (1999, a), *La tête bien faite : repenser la réforme, réformer la pensée*, Seuil.
- Morin E. (1999, b), *Relier les connaissances*, Seuil.
- Morin E. (2000), *Les sept savoirs nécessaires*, Seuil.
- N'Diaye-Corréard G. (2006), *Les mots du patrimoine : le Sénégal*, Éditions des archives contemporaines.
- Noutchié Njiké J. (2003), *Civilisation progressive de la Francophonie*, CLE International.
- Permana T. I. (2017), « Étude comparative et interculturelle. Des deux œuvres littéraires francophones ». Article Disponible en ligne sur : http://ejournal.upi.edu/index.php/FRANCISOLA et sur https://www.researchgate.net/publication/318247453_ETUDE_COMPARATIVE_ET_INTERCULTURELLE_DES_DEUX_OEUVRES_LITTERAIRES_FRANCOPHONES/link/5a2a2a5745851552ae770dff/download
- Perrenoud P. (1998), « La transposition didactique à partir des pratiques : des savoirs aux compétences », *Revue des sciences de l'éducation*, vol. XXIV, n°3, pp. 487-514.
- Piccardo E. et Yaiche F. (2005), « Le manuel est mort, vive le manuel ! » : plaidoyer pour une nouvelle culture d'enseignement et d'apprentissage, *ELA*, n°140, pp. 443-458.
- Pilhion R. et Poletti M.-L. (2019), …*Et le monde parlera français*, éd. Pilhion et Poletti.
- Pochard J.-C. (1996), « Méthodes d'apprentissage du FLE en Zone d'Éducation Prioritaire », *Les Cahiers* de l'ASDIFLE, n° 8, pp. 115-123.
- Poirier C. (2005), « Le "renouveau" du cinéma québécois », Presses Universitaires de France, *Cités*, 2005/3, n°23, pp. 165 à 182, consulté le 20/09/2020, https://www.cairn.info/revue-cites-2005-3-page-165.htm

- Porcher L. (1994), « L'enseignement de la civilisation », *Revue française e pédagogie*, n° 108, pp. 5-12.
- Porquier R. et Py B. (2004), *Apprentissage d'une langue étrangère, contextes et discours*, Didier-CREDIF.
- Prax-Dubois P. (2020), « Histoires langagières et dynamiques circulatoires à La Réunion. Comment penser la mobilité internationale à l'école aujourd'hui en Outre-mer ? », *Recherches et Applications, n°72.*
- Provenzano F. (2011), *Vies et mort de la francophonie. Une politique française de la langue et de la littérature*, Les impressions nouvelles.
- Puren Ch. (1994), *La Didactique des langues étrangères à la croisée des méthodes. Essai sur l'éclectisme*, Didier.
- Puren Ch. (2000), « Méthodes et constructions méthodologiques dans l'enseignement et l'apprentissage des langues », *Les Langues modernes*, n° 1, pp. 68-70.
- Puren Ch. (2006, a), « De l'approche communicative à l'approche actionnelle », *Le Français dans le monde*, n° 347, pp. 37-40.
- Puren Ch. (2006, b), *Le champ sémantique de l' « agir » en didactique des langues-cultures*, https://www.christianpuren.com/biblioth%C3%A8que-de-travail/013/
- Reclus O. (1880), *France, Algérie et Colonies*, Hachette.
- Rey A. (2014), *Le Voyage des mots*, Éditions Guy Trédaniel.
- Richterich R. (1985), *Besoins langagiers et objectifs d'apprentissage*, Hachette.
- Rosen E. et Reinhardt C. (2010), *Le point sur le Cadre européen commun de référence pour les langues*, CLE International.
- Rozier E. (2010), « John Dewey, une pédagogie de l'expérience » dans *La lettre de l'enfance et de l'adolescence* 2010/2-3 (n° 80-81), pp. 23 à 30, https://www.cairn.info/revue-lettre-de-l-enfance-et-de-l-adolescence-2010-2-page-23.htm
- Sales-Cordeiro G. et Schneuwly B. (2007), « La construction de l'objet enseigné et les organisateurs du travail enseignant », *Recherche et Formation*, n° 56, pp. 67-80.
- Semujanga J. (2004), « Panorama des littératures francophones », dans Ndiaye C. : *Introduction aux littératures francophones* », PUM, pp. 9-61.
- Sensevy G. et Mercier A. (2007), *Agir ensemble : l'action didactique conjointe du professeur et de l'élève*, PUR.
- Seoud A. (2001), *Pour une didactique de la littérature*, LAL, CREDIF, Hatier, 2001.
- Serhane A. (1987), « L'artisan du rêve », dans *Visions du Maghreb*, pp. 21-24, Édisud.
- Serres M. (1991), *Le Tiers instruit*, François Bourin.
- Spaëth V. (2018), « Pour enseigner l'histoire de la notion de francophonie », dans Chnane-Davin F., Lallement F. et Spaëth V. (dir.), *Recherches et Applications*, n° 64, pp. 28-41.
- Thiam O. (2014), *Didactique du français langue seconde au Sénégal. Le cas du français dans les établissements moyen et secondaire*, thèse de doctorat, dir. Chnane-Davin F., Aix-Marseille Université.
- Thiam O. (2018), « Enseigner la francophonie en didactique du français langue seconde au Sénégal », dans Chnane-Davin F., Lallement F. et Spaëth V. (dir.), *Recherches et Applications*, n° 64, pp. 120-137.
- Tylor E. B. (1920), *La civilisation primitive. Tome premier.* Traduit de l'anglais sur la deuxième édition (1873) par Pauline Brunet. Paris : Ancienne Librairie Schleicher, Alfred Costes Éditeur.

- Verbunt G. (2005), « Les obstacles culturels aux apprentissages. Ou comment faire de l'interculturel appliqué », dans *Éla. Études de linguistique appliquée,* n° 140), pp. 409-420.
- Verdelhan-Bourgade M. (2002), *Le français de scolarisation, pour une didactique réaliste*, PUF.
- Vial M. (2013), « L'évaluation en éducation, ses paradigmes et les problèmes identitaires », dans Huver E. et Ljalikova A. (dir.), « Évaluer en didactique des langues / cultures : continuités, tensions, ruptures », *Recherches et Applications,* n° 53, pp. 20-30.
- Vigner G. (1987), « Français langue seconde : une discipline spécifique », *Diagonales*, n° 4, pp. 42-45.
- Vigner G. (2003), « La transmission du français d'hier à aujourd'hui », *ELA*, n° 130, pp. 237-246.
- Vincensini A. (1993), « Les structures du cinéma en Afrique noire francophone » dans *NETCOM : Réseaux, communication et territoires/ Networks and Communication Studies*, vol. 7, n° 1, avril 1993, pp. 210-225, https://www.persee.fr/doc/netco_0987-6014_1993_num_7_1_1168
- Walter H. (1997), *L'aventure des mots français venus d'ailleurs*, Robert Lafont.
- Warnier J.-P. (1999), *Construire la culture matérielle. L'homme qui pensait avec ses doigts*, PUF.
- Wieviorka M. (dir.) (1997), *Une société fragmentée ? Le multiculturalisme en débat*, La Découverte.
- Winnicot D. (1971), *Jeu et réalité, l'espace potentiel*, Gallimard.
- Wolton D. (2008), *L'identité francophone dans la mondialisation*, CRSF.
- Yaiche F. (1996), *Les Simulations globales, mode d'emploi*, Hachette.
- Zarate G. (1993), *Représentations de l'étranger et didactique des langues*, Didier.

Bibliographie des œuvres citées

- Balzac H. (1842, rééd. 2004), *Le père Goriot*, Le Livre de Poche.
- Begag A. (2002), *Quand on est mort c'est pour toute la vie*, Gallimard.
- Ben Jelloun T. (2009), *Au pays*, Gallimard.
- Carême M. (1947), *Liberté* dans le recueil *Défier le destin*, Fondation Maurice Carême.
- Colic V. (2016), *Comment réussir son exil en trente-cinq leçons*, Gallimard.
- Cristof A. (2004), *L'Analphabète : récit autobiographique*, Éditions Zoé.
- Dai Sijie (2000), *Balzac et la Petite Tailleuse chinoise*, Gallimard.
- Faye G. (2016), *Petit Pays*, Grasset.
- Kourouma A. (2002), *Allah n'est pas obligé*, Seuil.
- Laferrière D. (2015), *Tout ce qu'on ne te dira pas, Mongo*, éd. Mémoire d'Encrier.
- Maalouf A. (2001), *Les identités meurtrières*, Le Livre de Poche.
- Maximin D. (2008), *Tu c'est l'enfance*, Gallimard.
- Senghor L. S. (1945), À *mon frère blanc*, extraits de *Chants de l'ombre*.
- Semprun J. (1994), *L'Écriture ou la vie*, Gallimard.
- Slimani S. (2019), *Le pays des autres*, Gallimard.
- Waberi A. (1994), *Le Pays sans ombre*, Le serpent à Plumes.
- Wouters L. (1985), *Ça rime et ça rame*, Labor.

Achevé d'imprimer en décembre 2021 en France par Dupli-Print à Domont (95)
Dépôt légal : décembre 2021 - Édition 01
N° d'impression : 2021113154
79/7744/1